人間の尊厳と労働

牧瀬義博［著］

丸善プラネット株式会社

執筆にあたり

本書は働く人々のために書かれたものであり、また、変革を求める書でもある。

我が国は一九四五年八月一五日敗戦を迎え、それから今日まで六五年の歳月が流れた。その間、我が国はドルを獲得するため輸出本位の国家体制を採用し、輸入は制限され輸出は奨励され、次第にドルの蓄積が増加すると、今度は経済戦争、貿易戦争などの声が聞かれ、日本株式会社ともいわれるようになった。そして一九七〇年頃になると経済大国という言葉も出てきた。

日本株式会社ということは、日本全体が利益の追求のために働くことを意味している。したがって、すべての労働者は、日本株式会社のために働くことになり、人間としてではなく人材として、すなわち、話す道具として、全生産過程の中の歯車として組み込まれ、その結果、非人道的なことが日常茶飯事として行われるようになった。

下請けへのいじめ、出向、単身赴任、過労死、労働者派遣など、低賃金で、しかも労働者を極限まで働かせるという社会体制ができてしまった。裁判所も、日本株式会社の意向を受け、これらの諸制度を法律上有効であると認めてきた。

二〇〇八年九月一四日、米国証券業界第四位のリーマン・ブラザーズの経営破綻から始まった世界的な不況の嵐は我が国を直撃し、また同時に円高が進み、トヨタ自動車では円高一円につき四〇〇億の損失が見込まれ、ソニーではそれが四〇億円になるといわれた。

そして、我が国の大企業の、この不況を乗り切るための非正規労働者の解雇と再雇用の拒絶は産業界全体に及び、ついには正社員の解雇という事態になった。

このようにして、労働者の雇用の確保が国民的課題となり、そして、我が国は経済大国であるにもかかわらず国の中に貧困が存在する。

ところで、筆者はすでに一九七〇年代から、経済大国の中になぜ貧困が存在するのかを研究の課題にしてきた。そして一九九三年、『マネーと日本の進路』を発表し、ウサギ小屋から脱出する方法を明らかにした。しかし、二〇〇八年にはもうウサギ小屋もなくなり、解雇された労働者はその年の暮れにには住む所もなくなってしまった。このような社会状況を見て、筆者は本書の著作に取りかかったのである。

しかしながら、本書は、感情的な作品ではなく、筆者がフランスで研究した理論を基にして書かれたものである。

その一は、「マネーの理論」である。「マネーの理論」の研究は我が国ではタブーであった。我が国にはマネーの研究に必要な著作物は一切存在しなかった。したがって、フランスで研究した「マネーの理論」で我が国の経済、金融の分野を見ると、実に多くの問題が出てくるのである。

その二は、民法の契約法の「債務の理論」である。契約によって債権と債務が発生する。金銭の貸借では、貸したほうが債権者で、借りたほうが債務者である。一〇〇万円で車の売買をするとき、一〇〇万円については、請求するほうが債権者で、支払うほうが債務者である。車については、買うほうが債権者で、売るほうが債務者である。ここに、民法は債権を基本にして制定されるべきか、債務を基本にして制定されるべきかの問題が発生する。

ところで、世界の先進国の民法はすべて債務を基本としている。債権を基本にしているのは先進国では我が国だけである。筆者があらゆる法理論を駆使して研究した結果、民法は債務本位に制定されなければならないということである。

そして、「債務の理論」で我が国の社会を見るとき、債権法の下で認められてきた不当と思われる事柄、例えば右に述べた下請けへのいじめ、出向、単身赴任、派遣労働契約など、すべて認められないことがわかった。

本書は、この二つの理論を基礎に置いて書かれたものである。本書が働く人々のために何らか寄与するところがあれば、筆者としてはこれに勝る喜びはない。

二〇一〇年秋

武蔵野・吉祥寺にて

牧　瀬　義　博

目次

序論

現代の課題の基本原則は平等である。しかし、現実には経済大国の中に貧困があり、我が国を経済大国に導いた仕事に就いている人々は富み、そうでない人々は貧困生活を強いられている。原則は平等であるといっても、現実はそうではなく、教育の部門で、現在大学に進学するには相当の額の教育費を必要とし、進学できる家庭と進学できない家庭が存在し、社会の中の格差の存在は非常に顕著である。

そして、このような問題が存在することを明らかにし、これらを批判する著書もいくらか見られるが、ある著書は統計を駆使して格差のあることを強調し、また他の著書は労働者の劣悪な労働条件を批判し、これらの解消を求めている。しかし、これらの著書はいずれも事実関係を述べるだけで、その理由に迫るものではない。

筆者は一九七〇年代、パリ大学で国際私法の博士論文 "Les paiements internationaux en droit japonais et français comparés"（国際支払―日仏比較法）を執筆中、三つの難しい問題に遭遇した。

その一は、マネーに関することである。

マネーの研究がタブーであるということは、大学研究者の間ではすでに了解されていた。しかし、筆者は当時、そのことについて十分な知識がなかった。我が国が一九七〇年代には経済発展を遂げ国際的な取引も拡大してきたことから、このようなテーマを選んだのである。しかし、「支払い」はマネーによる支払いであって、マネーの研究を欠くことができなかった。

その二は、民法に関することである。

契約を締結すると、債権と債務が発生する。民法は、債権を基本に構成されるべきか、反対に、債務本位に構成されるべきか、という問題に遭遇した。

日本の会社がフランスの会社にテレビ一〇〇台を売却したとき、この取引の代金の支払いに日本法が適用されるのか、あるいはフランス法が適用されるのか、という問題である。日本民法は債権の弁済で債権者の住所地法が重要となり日本法が適用され、フランス民法は債務の履行で債務者の住所地法であるフランス法が適用される。この場合、日本法が正しいのかフランス法が正しいのか、という問題になる。

筆者がこの問題を研究した結果、フランス法に軍配が上がった。すなわち、債務法の理論が正しいというわけである。そして、債務法という鏡に照らして我が国の法律を検討するとき、多くの問題が明るみに照らし出されることになった。

その三は、公法と私法の関係である。

従来は、公法と私法は別であると考えられてきた。なぜならば、民法は債権法で契約によって債権が発生するため、公法は債権に干渉できないというのである。しかし、債務法によれば結果はまったく異なる。契約によって発生するのは債務であるから、公法は債務者に対し債務の履行を禁止することが可能になり、債務者は債務を履行できなくなり契約は無効となる。

筆者は一九七五年フランス留学から帰国し、その翌年に『ジュリスト』誌上に「価格と法律」を発表し、マネーの研究の必要性を述べた。また、『判例タイムズ』誌上にも、「債務を本位とする民法研究の提案」を発表し、債務法の重要性を述べた。それ以来今日まで、筆者の理論上の立場にまったく変更はない。

したがって、本書における研究方法は、この「マネーの理論」と「債務の理論」によることになった。そして、本論を二部構成とし、第Ⅰ部では、「マネーの理論」を用いて我が国の「経済と労働」についてこれを分析して批判し、一般の人々の労働が必要以上に低く評価され、格差社会となり、一般の国民はいつの間にか貧困化への道を歩かされ、そのため人間の尊厳を害されてきたことを明らかにする。

また、第Ⅱ部では、「債務の理論」により、「法と雇用」に関し、我が国では国民は債権法の下で多くの被害を受けてきたことを明らかにし、債権法では国民の雇用を守ることができないということを明らかにしたい。

本論

第Ⅰ部

経済と労働

我が国では、日常茶飯事に「人材」という言葉が使われている。人材募集、人材の養成、人材バンク、人材開発、人材派遣会社などである。ところが、このように「人材」という言葉が使われているにもかかわらず、この言葉の意味は明瞭ではない。

一般の国語辞典によると、人材とは「才能のある人、役に立つ人物」という意味に解されている。しかし、我が国では、人材とは「人的財産」、すなわち「社会に貢献する個人」と解されている。つまり、人材を適正に利用することによって活性化された社会を構築できるという考えである。これは、人材は社会に役立つ存在であるが、個人として役立つよりも、組織の中に適当に配置することにより社会の活性化を図ることができる、という趣旨である。

したがって、この思想の中には、人を材料すなわち道具として利用するということが含まれている。英国のあるシンクタンクが、「日本の経済社会では人を極限にまで働かせるようなシステムをとっている」といったことがある。我が国では、働く人々は人間の尊厳を持った労働者であるという意識もないし、また、社会もそのように労働者を見ることはない。

ところで、経済とは、物を生産し消費する社会関係である。したがって、人が物を生産し消費する関係は、歴史上、時代により場所により異なる。

人が生きていくためには食物という物が必要である。原始時代には人は自分の食べる物を自分で手に入れた。そして、人間は知恵により道具を使うことを知った。人が道具を使うようになると、物の生産量が増加し、自分の必要とするものばかりでなくそれ以上を生産することができるようになり、石器時代から青銅器時代、鉄器時代へと進むと、自己の必要以上の余剰が生じるようになった。人が道具を使うことにより余剰物資を生産できることがわかると、今度は道具の代わりに人を使うことによって生産を増やす方法がとられた。奴隷の始まりである。

ヨーロッパの歴史を見ると、古代ギリシャではすでに多くの奴隷がいたことがわかる。ギリシャに関する文献を見ると、しばしば奴隷の話が出てくる。そして、奴隷が輝かしいギリシャ文化の隠れた担い手であったということがわかる。ギリシャでは、奴隷は道具であると考えられていた。したがって「古代ギリシャの奴隷」について述べることとし、第一章をこれに充てる。

次に、古代ローマであるが、ローマは武力を用いて領土を拡張し、拡張した領土を法律を制定してこれを治めた。そのため法の研究が重要視され、奴隷も法の対象となり、法律は奴隷制度を定め奴隷について詳細な規定を設けた。したがって、第二章を「すべての道はローマに通じる」と題し、古代ローマの奴隷について述べたい。

さらに、ヨーロッパ中世には、奴隷ばかりでなく農奴も存在していた。しかし、キリスト教が次第に勢力を伸ばし、神の慈悲が奴隷にも注がれるようになり、他方、工業が発達して多くの道具が発明されると、奴隷の必要性が次第に減少し、ルネッサンスの到来とともに解放されるようになった。また同様に、農奴も次第に自作農になり解放されていった。したがって、第三章を「封建社会と奴隷・農奴制」と題し、奴隷と農奴について述べる。

このようにして、ヨーロッパでは次第に奴隷の数は減少し、奴隷は姿を消すかのように思われたが、ヨーロッパ諸国がアフリカの開発に乗り出し、また、コロンブスの新大陸の発見により奴隷の必要性が起きてきた。ヨーロッパ諸国は競って黒人奴隷をアフリカから新大陸に運び、新大陸からヨーロッパに必要な物資を輸入し、稼いだ資金で再びアフリカに行って奴隷を手に入れるという三角貿易が始まった。そして多くの奴隷商人も誕生した。第四章は「アフリカと新大陸の発見」と題し、三角貿易について述べたい。

ところで、第Ⅰ部のテーマは、「経済と労働」である。それゆえ、経済学者が労働についてどのような見解を持っていたかを知らなければならない。このため四人の有名な経済学者、すなわち、テュルゴ、アダム・スミス、マルクス、ケインズの見解を述べることにする。なぜならば、これらの学者は、世界の経済学の歴史の中で重要な地位を有しているからである。これを第五章として「経済学と労働」について述べる。

そして、我々は以上のような経過をたどり、現代における経済と労働という課題に到達する。労働の価値はマネーによって評価され賃金となる。したがって、経済と労働という問題を考えるとき、「マネーの理論」が必要になり、「マネーの理論」によって経済と労働という問題を分析するとき、労働者にとって非常に多くの不利益な事実が存在することを明らかにすることができる。このため、第六章を「人間の尊厳を傷つける経済事情」と題することにしたい。

そして最後の第七章で、第Ⅰ部の「結論」を述べる。

第一章　古代ギリシャの奴隷

―ギリシャの繁栄は奴隷による―

ヨーロッパの文明は、政治、哲学、法律、文学などすべて、輝かしい古代ギリシャの文明に負っている。しかし、古代ギリシャ時代は戦いが多く、戦いに敗れた者は勝者の奴隷となった。したがって、古代ギリシャの輝かしい文明の背後には多くの奴隷がいた。このことはよく知られている。

一　古代ギリシャ（奴隷と人間の尊厳）

古代ギリシャでは、エジプトからの慣例に従って、多くの奴隷がいた。寓話で有名なイソップが紀元前六世紀にギリシャで実在していたことは知られているが、最初の身分は奴隷であった。また、当時のギリシャ語の辞典を見ても、奴隷という言葉が存在する。

古代ギリシャでは働くことが蔑視されていた。神官、政治家、哲学者などが尊敬され、奴隷はもちろんのこと、手仕事をする人々も蔑視された。したがって、奴隷は一般の人として認められず、その地位は非常に低かった。

1　奴隷になる理由

人が奴隷になる理由。それは、まず、奴隷の家に生まれるということである。運悪く奴隷の家に生まれると、その子もまた奴隷になった。奴隷と結婚することも、その道の一つであった。犯罪者、債務奴隷、すなわち、借金を払うことのできない人も、奴隷になる運命の道をたどった。

しかし、これらは、奴隷の供給源のほんの一部に過ぎない。最も多い供給源は戦争である。古代ギリシャ以前もそうであったように、古代ギリシャでは多くの戦争があり、ギリシャはその大部分で勝利し、負けた敵方の兵隊を、おそらく殺すこともできたが、奴隷にすることもできた。

ギリシャの哲学者プラトンは、実世界を超越したイデーの世界の哲学を論じ、精神の高揚を述べた。しかし、現実には多くの奴隷が存在し、人間らしい生活も取り扱い方もされていなかったので、さしもの大哲学者も奴隷の存在について説明に窮し、彼らは必要であるばかりでなく、奴隷になるように不平等に生まれたのである、といわざるを得なかった。

奴隷の仕事はさまざまである。激しい肉体労働を必要とする耕作は健康な成人奴隷の仕事で、羊の群れを見張る仕事は若い奴隷の仕事である。女奴隷は女主人の仕事を手伝った。

エーゲ海に浮かぶデロス島は太陽の神アポロンの生まれた島として知られているが、実は奴隷取引の中心地であったことでも知られている。この島では、当時すでに銀行取引があり、帳簿による多数の債務の決済がなされていたとの記録がある。

奴隷は、政治上も、社会上も、一切権利を持っていなかった。反対に、主人は奴隷に対し、無制限の権利を持っていた。そして、奴隷は人として扱われるのではなく、物として扱われた。すなわち、売買、賃貸借、抵当権の目的となり、物々交換され、遺贈も可能であった。また、主人の命令は絶対であった。

２　奴隷は話す道具

奴隷は、古代ギリシャ時代には、「話す道具」といわれていた。奴隷は、物を運んだり、土を掘ったり、畑を耕したり、物を作ったりするとき、人が使用する道具と同じように使われた。しかし、当たり前であるが、道具としての物は無生物で、中に血液が流れているわけではなく、動くこともなく、手で触っても反応はなく、語りかけても返事はない。これに対し、奴隷は生きている道具であった。食事も必要であったし、夜の睡眠も昼の休息も必要であった。また、当然のことながら、結婚ということもあった。したがって、奴隷は話す道具であるといっても、物としての道具とはもちろん異なっている。

そして、この話す道具は、1、主人の権力に服し、2、人間の尊厳を喪失し、3、鞭の下で働くこと、を余儀なくされた。

ヨーロッパでは、長い歴史の間にさまざまな形の鞭が考案されてきた。比較的短い柄に、なめした柔らかい皮の紐を一〇本以上もつけ、その先には結び目がつけられていた。そして、これでも満足しない残酷な主人は、この結び目の中に金属の破片を入れた。このようにして、奴隷はいつも、これらの三つの条件の下で働くことを強要された。

第二章　すべての道はローマに通じる

古代ローマは、戦いではギリシャを制したが、文化ではギリシャに屈服した。ギリシャの上流社会の家族は、子弟をギリシャにあるアカデミアに留学させた。子弟をギリシャに留学させることのできない家庭では、ギリシャ人の家庭教師を付け、ギリシャ語の勉強のほか、哲学、論理学、修辞学などを勉強させた。そして、それもできない家庭ではギリシャ人の奴隷からギリシャの知識、文化を吸収した。

ローマ人は思弁的ではなく実務的であるといわれている。彼らが第一に行ったことは、ローマを中心とした道路網の整備である。水道もヨーロッパの至るところに建設した。また、彼らが特に力を入れたのは円形劇場の建設である。ローマ人の足跡のあるところには必ずと言っていいほどこれらの施設が見られる。次に多く見られるのは浴場である。

一　古代ローマでは奴隷制度が法制化された

古代ローマ文化は、ヨーロッパ文化の源泉である。特にローマ法は、ギリシャ哲学の精神を受け継いで作られたものである。古代ローマで用いられていたラテン語は、その後のヨーロッパ社会の学問の共通語となり、中世の終わりまで古代文明を近代に結びつけるという重要な役割を果たした。

伝説によれば、古代ローマは、紀元前七五三年、狼に育てられた双子の兄弟のうち兄のロムルスによって建国された。その後六人の王が即位し、前五〇九年、エトルリアの王が追放されローマ共和国が建設された。前四五〇年、ローマ法の基礎となった『十二表法』が制定され、その中に、自由市民に傷害を与えた場合と、奴隷に傷害を与えた場合では、損害の額が異なることが記されていた。

また、奴隷売買に関する法規も整備されていて、役人は次のような条項を定めていた。

奴隷の売人は購入者に奴隷の病気や欠点、逃亡したり放浪したことがあるか、債務がないかどうかを知らせねばならない。……同様に、もし奴隷が大きな罪を犯したり、自殺を図ったことがあったり、野獣と闘うために闘技場へ下りたことがあれば、販売のときそのことを明言しなければならない。(1)

二　キケロの奴隷に対する寛容について

古代ローマの有名な哲学者で弁論家であるキケロは、一年間のうち、半年はローマの裁判所で弁論をし、後の半年は田舎で静かに思索にふけり哲学の仕事をしていた。キケロの作品はきわめて多く、彼はまた、法律の弁論者としても知られていた。

このようなキケロも、当時の人々と同様に多くの奴隷を抱えていた。しかし、キケロに仕えるということは奴隷にとって素晴らしいものであった。キケロの書記、会計係、手紙の運搬人など、すべての奴隷が主人から温かい待遇を受けていた。キケロは奴隷たちに、忠誠と愛情、そしてしばしば自己犠牲を要求したが、他方で、彼らの主張を考え、彼らの激しい労働と献身に感謝した。そして、このことは、彼の人柄の一端として後世に長く伝えられてきた。

三　奴隷の地位（道具理論）

ローマ人は実務的な人々である。また、ローマ法はギリシャ思想の影響を受け、奴隷を社会の中で必要な存在と認め、奴隷についてかなり詳細な規定を設けた。したがって、人々は安心して奴隷を持つことができ、特に都市で多くの奴隷を持っている主人は、奴隷を使用するばかりでなく奴隷を貸し出して多くの利益を挙げることができた。

東ローマ帝国のユスティニアヌス帝は、学者に命じ、長い歴史をもつローマ法の整備に着手し、五三三年『ローマ法大全（Corpus Juris Civilis）』を公布した。その中の一つに学説を含む法令集『学説彙纂（Digesta）』があり、この法令集に奴隷に関する次のような規定が見られる。

1　奴隷の定義

第一巻（正義と法）

五条一項　人の地位について
同条三項　人に関する法律上の区別の原則は、すべての人は自由人であるか奴隷である。
同条四項　自由とは、人が力または法律によってその行使が妨げられない限り、自由になすことができる自然の権能である。
1　奴隷の地位は万民法によって定められ、人はこの法律により、自然に反し他人をその支配の下に置くことができる。
2　奴隷は、軍司令官が捕虜を奴隷として働かせるため売却し、殺さないという習慣に従ったため、このように呼ばれる。
3　彼は敵の手によって捕らえられたため、真に所有権の対象となる。
同条五項　奴隷は一つの地位を有し、生まれながらの自由人と解放された自由人については異なる。
1　奴隷は市民法または万民法により、我々の支配の下に置かれる。[2]（以下省略）

2　奴隷の賃貸借

第一九巻（賃貸借関係）
二条四二項　もし汝が汝の借りている奴隷をひそかに隠したならば、〔原告（貸主）には、〕汝に対する賃貸借または窃盗による訴権が与えられる。
同条四三項　もし汝が汝の借りている奴隷に傷害を与えたならば、アキリア法（lex Aquiliae）の名において同じ傷害を、そして賃貸借による訴権が〔原告に〕与えられる。しかし、原告はそのいずれかで満足すべきであり、かつ、審判官は職権としては彼の下で賃貸借の問題として処理することが望まれる。[3]

3　奴隷制度の効用

このようにして、華やかなローマの文化も最強といわれた軍隊も、奴隷制度のお陰で維持されていたのである。

4　奴隷の数

ところで、奴隷の数であるが、オルランド・パターソンによれば、次の数字であることがわかる。

名称と所在地	おおよその時期	奴隷の比率（％）
ギリシャ	前五世紀―ローマ帝国時代初期	三〇―三三
ローマ（イタリア）	前二二五―前二〇〇年	一〇
〃	前一五〇―後一五〇年	三〇―三五
ローマ帝国	後一―一五〇年	一六―二〇[4]

ところで、ジュリアス・シーザーは、紀元前四四年三月一五日、ローマが共和国であるにもかかわらずこれを無視し皇帝の地位に就任しようとしたので、それを阻止しようとした同僚のブルータスらによって殺害された。このシーザーの死によって、それ以降、ローマは衰退の一歩をたどることになった。

四　ローマ帝国の滅亡（五つの理由）

英国の歴史家エドワード・ギボン（一七三七―九四年）は『ローマ帝国衰亡史』を著した。我が国ではこの翻訳があり、筑摩書房の文庫本で全一〇巻[5]、岩波書店の文庫本でも全一〇巻[6]の大作である。これは、ローマ帝国の滅亡の原因として多くのことを述べているが、いずれも単独ではなく、それぞれの原因が複合してローマの滅亡に至ったものと考えられる。

それでは、ローマ帝国滅亡にいかなる原因があったのか、次に、これらの原因を要約する。

1　ローマ帝国の細分化

ローマ帝国を支えるのは法律であり、その法律はローマ法と呼ばれている私法の性格を持った法体系である。したがって、ローマ皇帝はローマ帝国の主人で、ローマ帝国の支配者であり、すなわち、ローマ帝国はローマ皇帝の私的財産であるという考えが強かった。このため皇帝が死亡すると、ローマ帝国は皇帝の私的財産として相続人に相続されることになり、ここからローマ帝国の分裂と細分化が始まった。

2　キリスト教の誕生と伝播

キリスト教は、ユダヤ人の伝承に端を発している。東方の学者の予言したとおり、キリストはナザレの貧しい大工の馬小屋の中で聖母マリアから生まれた。

キリスト教の教義は、天なる父である神を信じ、その子であるキリストを信じ、聖霊を信じ、三日後のキリストの復活を信じ、教会を信じることで、聖霊から「福音（evangel）」を受けるというものである。この「福音」という言葉は、元来はギリシャ語で「知らせ」という意味であったが、キリスト教では「キリストの救いがある良い知らせ」というように解されている。キリスト教の聖典は、当初は『使徒行録』であったが、後に『新約聖書』がその役割を負うことになった。

このささやかな教団は、最初、ユダヤ人の間に信者をつくり、そして、この教えは人々の心を打ったため、瞬く間に東方諸国に広がった。また、聖パウロはこの教えを異邦人の中に広めた最初の人であった。彼はローマで二回投獄され、紀元六七年頃、ローマで亡くなった。

3　キリスト教の勝利

キリスト教は、その後、幾度となく迫害を受けたが、信者はひるむことなく信仰を守り、信者の数も次第に増加し、ついに紀元三一三年の初め、コンスタンティヌス帝（二七二―三三七年）とリキニウスにより発布されたミラノ勅令によって、キリスト教が公に認められることになった。この勅令は、キリスト教信者に信仰の自由を与え、国家の没収した全財産（転売された財産を含む）の返還を命じ、聖職者の公租・公課を免除し、また、次第に異教徒は冷たく扱われるようになった。そして、キリスト教の未来は明るく輝かしいものとなったが、これに反し、ローマ帝国とローマ皇帝の地位は次第に低下するのを免れなかった。

4　ローマ帝国の東西分裂

ローマ帝国の支配者、皇帝コンスタンティヌスは、三三〇年、イタリアのローマにあった都をビザンチン帝国の都のあったコンスタンティノープルに移した。以後、この街は東ローマ帝国の都として栄えた。そして、ここに、ローマ帝国は東ローマ帝国と西ローマ帝国に分裂した。

前述のとおり、その後、東ローマ帝国のユスティニアヌス帝は、ローマ法の編纂をすることとし、多くの学者を招聘し、『ローマ法大全』を完成させた。帝は、新しい文化を打ち立て、静かな生活を送りたいと考えたからである。

これに対し西ローマ帝国では、次々と侵入してくるゲルマン人との紛争が絶えなかった。

5　ゲルマン人の侵入

ゲルマンについては歴史家タキトゥスが著した『ゲルマニア』でかなり詳細に知ることができる。ところで、三七五年、アジア系遊牧民であるフン族の襲撃を受けた東ゴート族は壊滅、次に、西ゴート族が圧迫を受けドナウ川を越えてローマ領内に侵入した。この西ゴート族のローマ領土内の侵入が、後の民族大移動を引き起こすのである。フランク族は、三世紀頃、幾つかの氏族に分かれ、ライン川の右岸の中・下流地域に定住した。この後、多くのゲルマン人が次第にローマ帝国内に侵入し、各地に定住した。この結果、ローマ帝国の統一は乱され、その権威は失墜し、西ローマ帝国の滅亡の引き金となる。西ローマ帝国は、四七六年、ロムルス・アウグストゥルス帝の退位とともに終わりを告げた。

しかし、東ローマ帝国はその後、前記のとおり、ユスティニアヌス帝が法学者に命じて作成させた『ローマ法大全』が五三四年に完成した。この学説・判例による法規集は、後に世界の法律制定の際の模範となったことで知られている。そして、東ローマ帝国はその後も命脈を保ち、そのローマの文化は封建時代を経て近代、現代に受け継がれている。

（1）G・ルフラン『労働と労働者の歴史』小野崎晶裕訳（芸立出版、一九八一年）五〇頁。
（2）*Corpus Juris Civilis*, vol.1, T. Mommsen, P. Krüger (eds.), Berlin: Weidmann, 1888.
（3）*Ibid.*
（4）オルランド・パターソン『世界の奴隷制の歴史』奥田暁子訳（明石書店、二〇〇一年）七七二頁参照。
（5）エドワード・ギボン『ローマ帝国衰亡史』第一―一〇巻、中野好夫・朱牟田夏雄・中野好之訳（ちくま学芸文庫、一九九五―九六年）。
（6）エドワード・ギボン『ローマ帝国衰亡史』第一―一〇巻、村山勇三訳（岩波文庫、一九五一―五九年）

第三章　封建社会と奴隷・農奴制
―土地に従属―

五〇年ほど前に我々は学校で「中世の封建社会は暗黒の社会である」と習った。しかし、その後、多くの研究者が多くの文献を発掘し、中世社会の内容が次第に解明され、今日では、中世の封建社会は、近代社会の前提となる準備期間であり、その社会の中に現代につながる多くの萌芽が見いだせるということが明らかになってきた。

封建社会の始まりは、西ローマ帝国が崩壊した四七六年である。ローマの版図内に侵入したゲルマン人たちは、それぞれの部族に従い、それぞれの場所に王国を樹立したが、この時期は戦いが多く、その結果敗者は奴隷となった。そして奴隷制度は続いた。しかし、ゲルマン人たちの社会は、ローマ帝国のように上意下達ではなく、下の意思が上に上げられるという傾向が強かった。よって、この時期にゲルマン人たちが奴隷解放の儀式を持っていたことは特筆に価する。

また封建時代は、キリスト教の勢力が拡張した時代でもある。封建社会は、封建領主が臣下に封土を与え、臣下はこれに対し忠誠を誓うという構造であった。したがって、封建領主がキリスト教徒となったため臣下もキリスト教の影響を受け、神の恩寵を説くキリスト教の人々は神の前では平等で、すべての人々に愛を与えなければならないという教えも容易に受け入れられた。このためキリスト教は奴隷制度に対し、次第に批判的となっていった。

さらに、封建時代に入ると手工業が発達し、この分野での奴隷の必要性はなくなった。また、この時代には多くの発明があった。その一例を挙げると、馬を馬車につなぐ新しい軛《くびき》の発明である。これまでは、馬を馬車につなぐ馬具が不十分であったため、馬を馬車に完全につなぐことができず、不完全な馬具は馬の首を絞めたり、馬の方から外れたりして、五〇〇キログラム以上のものを運ぶことができなかった。ところが、新しい軛ができたため、馬はその一〇倍の重さのものまで運べるようになった。そうすると、馬による運搬が非常に容易になり、人々は次第に高価な奴隷を必要としなくなって、奴隷の解放も進むようになった。こうしてヨーロッパではルネッサンスの来訪とともに奴隷制度は次第になくなっていった。

ところで、ルネッサンスはいつ来訪したかであるが、学者によってその見解はまちまちである。しかし筆者は、一二五二年にイタリアのフローレンスで花と子供の天使を刻印した品位の高い金貨が鋳造され、イタリアばかりでなく広くヨーロッパでフローレンス金貨として流通するようになったときをもってルネッサンスの到来を象徴するものであると考える。

一　ゲルマン社会と奴隷解放の儀式

封建時代は、西ローマ帝国が滅亡してからまだあまり時間が経過していないため、西ローマ帝国の影響が残り、ゲルマン人の侵入の時期と重なって戦いが多く、奴隷制度も西ローマ帝国時代とあまり変わらなかった。だが、ゲルマン人の部族の中には奴隷解放の儀式を持っていた部族もいた。それらについて説明する。

1　東ゴート族

東ゴート族は、イタリアに東ゴート王国を建設したが、その後にやって来たのがロンゴバルト族である。イタリア半島の東ローマ帝国の勢力を退け、五六八年、そこにロンゴバルト王国を建設した。ロンゴバルトという言葉は「長いひげ」という意味で、その部族民は、皆、長いひげを持っていた。最近の研究では、法律制度もきわめて進んでいて、彼らの知識の程度も高かったと思われる。この国のロンゴバルト人は、ローマ人と混血して同化し、ローマ人も自分自身をロンゴバルト人と考えるようになり、この国は七七四年まで続いた。

ロンゴバルト人の部族では奴隷解放の儀式が定められていた。それは次のようなものであった。

人々が集まって武器がガチャガチャとぶつかり合っているところで、奴隷は主人の手から別の自由人の手に引き渡され、そうやって四人目になるまでその手続きが続く。次に四人目の人が奴隷に対して「お前は自由になった」と宣言し、十字路のところに奴隷を連れて行き、彼に好きなところに行っていいと告げて儀式は終わる。それから奴隷は武器を与えられ、完全に自由なロンゴバルト人となった(1)。

2　フランク族

フランク族は、もと、ライン川の右岸（ライン川の東）の中流・下流地方に居住していたが、四世紀にはライン川を越えて北ガリア地方に広がっていった。そして、今のベルギーにあたるフランドル地方にはフランク族の中の一部族であるサリー族がいたのだが、四六五年にその王家の子として生まれたクロヴィスは、戦略に長け、次々と敵を破りフランク王国を統一した。このようにしてクロヴィスは、メロヴィング王朝の開祖となった。

彼がキリスト教に改宗したのは、アラマン族との戦いに負けそうになったとき、カトリック信者であった妻の勧めを受けて神の庇護を求め、戦いに勝った暁にはキリスト教に改宗することを誓ったからだった。そして、神がその願いを聞き入れ、彼は戦いに勝ったため、彼ばかりでなく、その部下三〇〇〇人も、キリスト教の中でも正統派のアタナシウス派に改宗した。

フランク人の社会では、「集まった人民の前で王が奴隷の手から一ペニー硬貨を取って、奴隷の頭を越えるよう投げることで奴隷は解放された。これは奴隷の勤めや義務が不要になったことを示するしである(2)」。

その後、メロヴィング王朝はカロリング王朝へと続き、そして、現在のフランス国家の基礎となった。

二　彼らに愛を

キリスト教では、「同胞愛」という思想と感情を導入することで、次のように述べられている。「ユダヤ人、ギリシャ人、男、女、奴隷、自由人、すべてお前たちは、イエス・キリストから見ればみな等しく同じである」と。

キリスト教は、奴隷に従順と服従を説いたが、同時に、主人には愛を命じた。

メロヴィング王朝になると、大きな領土は、国王、教会、大貴族に所属していた。しかし、小さい領土は独立農民の所有であった。

大領土には小作人がいた。小作人は、自由民と農奴に分かれる。彼らはどちらも領主の私有地のために働く義務があり、特に農奴は週三日、領主の所有する私有地のために働いた。この制度の下で、農奴はわらぶきの家と週三日自分のために働く権利を得た。そして領主はこのようにして労働力を確保した。また、当時まだ奴隷がいたため、領主はこれら奴隷の中から牧者、鍛冶屋、パン屋、女性の仕事をする女奴隷をかき集めた。

三　ルネッサンスと奴隷の解放
―職業的自立―

封建社会の終焉が近づくにつれて、奴隷の解放も進み、職業を得て自立する者が多くなってきた。当時、フランス、ドイツ、英国、イタリアのボローニャで、奴隷解放が実際にどのように行われていたかを見ることにしたい。

1 フランス

フランスでは、封建社会の終期には、固有の意味の奴隷はもはや存在していなかった。しかし、コロンヌと呼ばれる一群の隷属する人々がいた。コロンヌはローマ帝国の時代には植民地の人々を意味し、フランク王国の時代には身分は自由人であったが、領主の土地を保有し土地に結ばれていた。九世紀のコロンヌは、戦いが始まると領主の旗の下に戦いに参加した。裁判のとき、コロンヌは領主を裁判官と認めた。このようにして領主とコロンヌの関係は非常に強い人的関係を形成していった。その結果、コロンヌは領主の土地の外に住むことが禁止され、自由人との結婚が制限され、教会はコロンヌが聖職に就くことを禁じた。そして、カロリング王朝時代になると、コロンヌは一つの従属した身分を構成するようになっていた。

他方、奴隷は、フランク王国になってから次々と解放された。カロリング王朝になってからも奴隷は次々と解放された。例えば、九世紀のある村では、家長一四六人、コロンヌ一三〇人、奴隷一一人であった。そして、聖王ルイの時代（戴冠式は一二二六年一一月二九日）にはほとんどの住民が農奴になっていた。しかし、「従属」という言葉の下にコロンヌも解放奴隷も農奴も、みな農奴の中に組み入れられた。

2 ド イ ツ

ドイツでは、エルベ川以東と、旧ドイツの中心地方（エルベ川とライン川に挟まれた地域と、シュワーベン、バイエルン、フランケンといったドイツ南部地域）とでは、社会の人々の間の従属関係について差異がある。すなわち、エルベ川以東では領主制度はまだ未成熟であったが、後者では領主制度はすでに完成していた。

ドイツの記録保管所では自己委譲文書が多数見られる。九世紀から一一世紀のドイツには、この新しい被保護民と古くから存在する領主の下の従属民とが存在し、この両者は次第に接近することになる。九世紀のアルザス地方では、自由な保有地農民と隷属的な保有地農民が存在していたが、一二世紀には、隷属的保有地農民のみが存在するようになった。

封建時代には、ドイツでは、本来の意味の奴隷は無視していいというわけにはいかなかった。近くのスラヴ人の地方では、略奪した奴隷の取引をしていたからである。英語の奴隷（slave）という言葉はスラヴ人奴隷という言葉に由来している。

3　英　国

英国では、ノルマンの征服（一〇六六年）の時代には、奴隷の数は全人口の一〇％を越えていたものの、この頃からその数は急激に減っていった。ゴットフリート・フォン・シュトラスブルクの『トリスタンとイゾルデ』の物語は、英国南西の地域で、一人の奴隷が存在したことを物語っている。人も知るように、貧窮した英国の家族は、生まれる子供をアイルランドに奴隷として売却し、この風習は一三世紀末まで続いた。

英国の領主制で特に顕著な事実は、領主が、自領の農奴や、保有地を有する自由人を、自領にとどめておくことについて、大陸の領主たちよりもはるかに成功していたということである。古くから中央集権が成立していたこの国では、領主が逃亡した隷属民を取り返すために追求することができたからである。

4　大学都市ボローニャ

ルネッサンスの発祥の地、フィレンツェ、ボローニャなどでは都市化が進み、多くの市民が居住していた。特に、世界で最初の大学が設立されたボローニャでは、法律と医学の研究が盛んで、公証人の活動も著しかった。したがって、一三世紀当時の記録も存在する。

一二五六年、同市では奴隷解放令が発布された。奴隷解放令の中でまず定められたのは、一二五六年六月七日の「女奴隷を妻とするものについて」であった。そして、一二五七年六月三日「女奴隷を妻として受け入れている自由人に関する条例の保持について」が制定され、ボローニャ市およびその支配区域に、現在および将来にわたって住む者はすべて自由人と見なされることになった。この解放令の示す意味は、当時、ボローニャでは奴隷が存在したことを明らかにしている。また、奴隷を解放しなければならないということを示している。しかし、いかなる理由で奴隷を解放しなければならないかを示していない。右の解放令の流れを見ると、自由人と奴隷の女との結婚問題の解決にあることがわかる。

当時、ボローニャでは、市民（ポーポロ）が都市貴族の勢力を凌駕し、また、奴隷の解放者に保証金を支払うということで、多くの奴隷を保有する大貴族の歓心を得ることができた。

また、幸運にも、ボローニャでは有名な『天国の書』が存在する。この書によれば、奴隷解放の具体的な方法は次のとおりである。

……都市当局はボローニャ支配地域にいる奴隷、女奴隷を解放する。都市当局は、性別を問わず一四歳以下の奴隷については八リブラ、一四歳以上の奴隷については一〇リブラをその所有者に支払う。支払いは三期に分けてなされ、第一期は一二五七年の最初の四ヶ月、第二期は一二五八年最初の四ヶ月、第三期は一二五九年最初の四ヶ月に設定されている。ボローニャ市およびその支配領域においては、このの ち奴隷所有は認められない。この禁令を破ったものは罰金を払わねばならない(3)……

さらに、この書は、奴隷の数について次のとおり詳細に記載している。

地区名	所有者数	奴隷総数	一四歳以上	一四歳以下
聖プロコロ門区	一八七	二〇九二	一一一六	九七八
ラヴェニャーテ門区	六九	七一二	三五六	三五六
聖ピエトロ門区	一〇七	一五二八	八四一	六八七
スティエーラ門区	一九六	一五二五	八四二	六八三
計	五五九	五八五七	三一五五	二七〇四(4)

（1）Agnes Mathilde Wergeland, *Slavery in Germanic Society During the Middle Ages*, Whitefish, MT : Kessinger Publishing, 2007, pp.115-116.
（2）*Ibid.*, p.117.
（3）山辺規子「『天国の書』にみる13世紀のボローニャ」『史料が語る中世ヨーロッパ』國方敬司・直江眞一編（刀水書房、二〇〇四年）一八〇頁。
（4）同前、一八九頁参照。

第四章　アフリカと新大陸の発見
―新たな奴隷商人の誕生―

ルネッサンスはイタリアのフローレンスから始まった。しかし、一三〇〇年の後半以来、ペストの流行によって多くの人々が死亡し（このとき、疫病を避けて集まっている人々のサロンでボッカチオの作品『デカメロン』が生まれた）、働く人がいなくなった。この人手不足を解消するため奴隷の保有が認められ、スラヴ諸国、ギリシャ、北アフリカなどから連れてこられた奴隷がいた。そして、そのほとんどが若い女性であった。

メディチ家の領主コジモは、永遠の都の中のチボリに居を定めた。そして、ヴェニス銀行の支店長に自分のために女奴隷を用意するよう頼んだ。ほどなくして、二一歳の病気を知らない乙女が来た。コジモは彼女をマッダレーナと呼んだ。彼女はカルロスという男の子を産んだ。コジモは、カルロスを嫡出子と共に育てた。このようにして、イタリアでは、一四世紀になっても奴隷の存在が認められる。これに続く一五世紀は、古代ばかりでなく封建社会からも抜け出して、大きく変化する時代となる。

一　ポルトガルとアフリカ奴隷
―アフリカ奴隷の先駆者―

ポルトガル人は、一四〇二年カナリア諸島を発見し、一四一五年モロッコの北部にあるセウタ港を占拠した。一四一八年マデイラ諸島を占拠し、一四三四年西サハラにあるボハドールに達した。この地はまさにアフリカ開発のための最初の地である。しかし、その後数年は、技術上の問題で発展することはできなかった。それは水の問題と風の問題があったからである。

一五世紀には、小型の三角の帆を持ったカラベル船と、三角と四角の帆を組み合わせた船が開発された。また航海術も進歩した。海図作成法も進歩し、航海のための道具（コンパス、天文観測儀）も進歩した。これで長期間の遠洋航海が可能になった。

さらに、金への欲望と、麦の栽培可能な土地を求める欲求に加えて、砂糖が欲しいという欲望が加わった。砂糖の栽培は、カナリア、マデイラ、アルコス各諸島で行われたが、これらの島々ではほとんど人手がなかった。仕事は非常にきつく、それに従事する人はいなかった。

それで、人手は強制的に調達せざるを得なかった。一四二〇年代、マデイラ諸島で砂糖きびの植林は、ほとんど全部、地中海で買われポルトガルに連れてこられた奴隷によって初めてなされた。これは、当時、シシリー島で行われていた奴隷による植林方法に従ったものである。この手法は後に繰り返され、そのときになると奴隷は、アフリカから直接、新世界に向けて送り込まれた。

当時、ヨーロッパは、より多くの砂糖を消費したいという気持ちに駆られ、常に多くの労働者が必要であった。それで、法律に従い、伝統に従い、奴隷によってその仕事をさせるという方法がとられた。

黒人蔑視の人種的偏見は、さらに別のことをさせた。それは、さらに多くの黒人奴隷を獲得するために出かけるということである。そして、いろいろなところに行って、そこの住民を拉致してきた。

ポルトガル人たちは南の方向の道をたどっていった。アフリカ西部のギネ（Quinée）の発見と征服の記事（一四五三年）の著者であるポルトガル人のゴメス・エアネス・デ・アズララは、奴隷として拘束されて荷物になっていたその一つの陸揚げに立ち会った。

それはイスラムのアフリカ人で、彼らが大きな苦しみの好餌となっているのは誰の眼にもはっきりと見ることができた。これらの取引は、最初からエンリケ航海王子（一三九四―一四六〇年）によって直接命令されていた。

一四九三年、スペイン人たちは、正義の戦いで征服した土地の住民をキリスト教徒にするためであると教皇アレクサンドル六世に願い出て、征服した土地の支配権を取得し、印璽《いんじ》文書「真に長く（Bulle Dudum Siquidem）」の交付を受けた。そして、同年、同教皇によりポルトガル人とスペイン人の衝突を避けるため地域協定が結ばれ、植民地の所有について東はポルトガルに、西はスペインという裁定がなされた。しかし、その一年後、ポルトガル王の抗議により、一四九四年六月七日、トルデシリャス条約（le Traité de Tordesillas）が締結され、ブラジルはポルトガルに帰属することが認められた。

この頃になると、ポルトガルでは人手が足りなくなり、その需要をアフリカから連れて来た黒人に求めた。すなわち、アフリカのコンゴなどからの黒人奴隷の輸入である。ポルトガルは、ブラジルの開発に乗り出し、砂糖きびの栽培を行い、そのため膨大な人手が必要になった。

奴隷の取引はどのようにして組織されたのであろうか。

一六世紀の前半、ポルトガル人が奴隷を買いに行ったのはアフリカの海岸沿いに位置するセネガル、コンゴなどの河川の河口であった。そこでは、アフリカの仲買人が彼らの来るのを待っていた。ポルトガル商人は、幾つかの地点に恒久的な施設を持っていたが、例えば、ルアンダ（現在のアンゴラ）ではその数は三〇〇に達していた。船はポルトガルの船で、奴隷はあらかじめグループにまとめられて貯蔵庫から出発し、行き先はポルトガル、スペイン、アメリカ植民地で、そこでまた再売買された。また、カリブ諸島では、その後、常に増大する人手の需要があり、ポルトガル王ジョアン三世は、一五三三年、奴隷をアフリカからアメリカに直送することを許可した。これが歴史上有名な三角貿易の始まりである。

ポルトガルでは、一五五〇年には至るところで奴隷が見られた。そしてその数は、首都リスボンでは、一〇人に一人が奴隷であった。

ポルトガル人は、一五一七年、カナリア諸島で砂糖きびの植林に成功した。そして一五三五年からジェノヴァの資本家の協力を得て砂糖の風車小屋を建て、一五五〇年には三〇基が稼働していた。一五六〇年から一五七〇年までの間、ヒスパニア島（現在のハイチ共和国、ドミニカ共和国）では、一万二〇〇〇人から二万人の黒人奴隷が働いていた。彼らはポルトガルの奴隷商人によってそこに運ばれてきた(1)。

さらに一六世紀後半になると、ブラジルが黒人奴隷の市場として注目された。それは、一方では、広大な土地を有して植林が経済的に安定し、また、奴隷契約の締結と実行が他の地域よりも容易であったためで、他方では、ポルトガル当局が、砂糖の風車小屋を設立したときの減税措置をとったためである。ポルトガル当局がこの地理的事情を考慮してとった政策は、ブラジル地方で植林をして砂糖を生産し、自主的な産業を育成するのに役立った。ブラジルの風車は大きくて効率的がよく、生産力を推進した。また、ブラジルの製品は、安い労働力のため他国のものより競争力があった。このようにして、ブラジルは砂糖のほかタバコ、綿、コーヒーを生産し、アフリカは奴隷を供給した。ここに明白に三角貿易の存在が見られる。

また、ポルトガル人は一五四三年、種子島に漂着し、ヨーロッパ人として最初に日本の土を踏み、我が国に鉄砲を伝えた。このようにポルトガルには海洋国に相応しい歴史と文化と芸術がある。ポルトガルの最西端のロカ岬はヨーロッパ大陸の最西端でもあるが、そこには石碑が立っていて、ポルトガルの詩人カモンイスが叙事詩『ウズ・ルジアーダス』の中で詠んだ「ここに地果て、海始まる」という言葉が刻まれている。

二　スペインと三角貿易（スペイン・アフリカ・南米）

スペインは、長らくイスラム教徒の侵入を受け、イスラム教徒との戦いで勝ったときはイスラム教徒の捕虜を奴隷とし、負けたときはスペイン人の捕虜がイスラム教徒の奴隷となった。したがってスペインは国内問題に忙殺されていて、海外に眼を向けることが遅くなり、ポルトガルの後を受けて海外の遠征に着手した。

1　クリストファー・コロンブス

彼は、一四五一年イタリアのジェノヴァに生まれ、若いときからイングランド、アイスランドなどを訪問し、一四七八年ポルトガルに移住し、船乗りの娘と結婚した。

コロンブスはまた、地理学者と手紙を交換し、多くのことを学び、地球が丸いということを確信した。彼は地球は丸いということを信じていたが、その大きさについては誤りがあった。それは当時、地球の周囲は約一万キロ（実際は四万キロ）であると考えられていたからである。

彼は、早くから古代と中世の地理を研究し、地中海を航行した船員から大洋の秘密を聞き、また、千年前に北アメリカに遠征したヴァイキングの話も聞いた。そして、自分こそがインド航路の発見者であると確信していた。彼は、一四八三年、ポルトガル王ジョアン二世にインド航路の開発の援助を申し出たが、その熱心さにもかかわらず、願いは聞き入れられなかった。

それで彼は、スペインの王家に近づくことになった。そして、メディナ・セリ伯と女王の聴罪司祭の助力で、イサベル女王の面前で計画を説明する機会を得た。当時スペインとポルトガルは敵対関係にあることが幸いし、女王から支持を受けることができた。そして、無視できないことに、発見される島と大陸の海軍大将の地位を約束され、総提督に任命された。

彼は三隻の船を従え、一四九二年八月三日、パロス・デ・モゲル港を出発し、同じ年の一〇月一二日の早朝バハマ諸島に到着し、その数週間後、西インド諸島に到達した。彼はインドに到着したと思ったが、それは新しい大陸の発見であった。コロンブスは、その後三回（二回目が一四九三―九六年、三回目が一四九八―一五〇〇年、四回目が一五〇二年）、大西洋を往復した。

これを機会にスペイン人たちは続々と新大陸に向かって出発した。

一四九九年、スペイン人のために働いていたフローレンス出身のアメリゴ・ヴェスプチは、ブラジルの東海岸を南下し、ブラジルという広大な新大陸を発見した。

また同じ年、スペイン人、ポルトガル人たちは、ヴェネゼーラの海岸を探検し、他のグループは、黄金郷（エル・ドラード）の噂を聞いてコロンビア地方の海岸に到達した。

さらに、ヴァスコ・ヌニュス・デ・バルボアは、一五一三年、パナマ地峡を横断し、一五一九年、パナマの太平洋岸に銀行の支店を開いた。さらに、同年、スペインのために働いていたポルトガルの水夫、マゼランは地球を一周する最初の航海に出発し、一五二〇年、リオ・デ・ラ・プラタに到達し、現在彼の名のついているマゼラン海峡を渡り、太平洋を横切り一五二一年フィリピンに到着した(2)。

2　中・南米諸国の征服

カリブ海地方では、プエルト・リコが一五〇八年、ジャマイカが一五〇九年、キューバが一五一一年に占拠された。キューバの総督となったディエゴ・ヴェラスケスは、メキシコ方面に続けて三回の探検を試みた。最初は一五一七年で、二回目は一五一八年、三回目が一五一九年から一五二一年であった。三回目はエルナン・コルテスが指揮を執った(3)。

コルテスは、単に調査するだけで征服する権限は与えられていなかった。しかし彼は、数人の部下を伴ってメキシコ地方の海岸に歩を進めたとき、すばらしい文明に遭遇した。

それはアステカ帝国であった。当時アステカでは過酷な課税がなされ、不満を持っている者が少なくなかった。彼は計略を用い、これらの人々と組んでアステカ皇帝モクテッーマを拘束し、その後、いろいろな紛争を経て、一五二一年、アステカ帝国は完全にスペインの支配下に置かれるようになり滅亡した。また、ヴェラスケスとその後継者はフロリダに至り、合衆国南部を開発し、カリフォルニアにまで到達した。

パナマ進出以後、スペイン人たちは、コロンビアの太平洋岸を南に下り、一五二六年、フランシスコ・ピサロとディエゴ・デ・アルマルゴはペルーに到達した。そこで、輝かしい文明が存在し、その中心がクスコであるインカ帝国を発見した。すぐにピサロはコルテスと同様に、この帝国の脆弱性を見いだした。そして、奸計を用い、インカの皇帝を逮捕した。皇帝はピサロに対し、この宮殿の天井の高さまである金を全部差し出すから命を助けてほしいと懇願した。ピサロは同意し、金のありかを教えてもらった。それにもかかわらず、ピサロは一五三六年、インカの皇帝を殺害した。その後、インカの最後の皇帝の後裔トゥバック・アマル一世は最後まで抵抗したが捕らえられ、一五七二年処刑をされ、ここにインカ帝国は滅亡した。

3　スペイン人の征服地

アステカ王国を破壊したスペイン人たちは、次に、ペルーから金銀をスペインに運ぶようになった。ところが、それを知った英国の海賊たちは海上で金銀を積んだスペインの船団を襲うようになり、これを守るためスペインは海軍力を強化し、世界一の海軍王国になった。金銀がなくなると、銅鉱、亜鉛鉱の開発が始まった。そうすると、どうしても人手が必要になってきた。それで、アフリカから奴隷を連れて来るようになった。

新大陸から財宝を積んだ帆船はセビリアの港に到着する。帆船はこれらの財宝を下ろし、それをマネーに換え、このマネーを持ってアフリカに行き、そこで奴隷を購入する。次いで、奴隷を船に乗せて南米諸国の目的地に行く。このようにして大西洋を渡って、南米、スペイン、アフリカと取り引きするようになったが、これを地図の上で書くと三角形になるところから、三角貿易と呼ばれるようになった。

三　フランスと三角貿易（ナント・アフリカ・マルチニック諸島）(4)

フランスは、ヨーロッパの中でも比較的奴隷の少ない国であった。それは、キリスト教思想が広く行きわたっていたことと、中世以降、手工業が発達したからであった。

フランスの主要な港は、南は古くから存在する地中海の覇者マルセーユ、北はル・アーブルであるが、奴隷貿易に関しては、ナント、ボルドー、ラ・ロッシェル、サン・マロの港が有名である。

フランスの五大河川の一つ、ロワール川は、フランスの中央を走るミディ山脈を源とし、フランスの中央部を北上し、次いで西に静かに流れ、その流域に一〇〇以上の著名なシャトーを有する。この静かな景色のよいロワール川が大西洋に注ぐ河口の手前、五十数キロメートルのところにナントの町がある。

一三世紀頃のナントは国内貿易港として栄え、資金も豊富であった。奴隷を運ぶに必要な船の建造も問題なかった。船は生きた道具を運ぶため特別の構造が必要であったが、ナントには奴隷を運ぶ船の建造に必要な知識と経験を持つ人々がいたのである。一般に奴隷船は新たに造った船ではなく、中古船を改造して使用した。船倉の内部を幾層にも区分し、それぞれに柵を設け、多くの奴隷に食事を与えるために大きな台所と食料品の貯蔵庫が必要であった。

フランスの奴隷貿易は、コルベールが一六六四年に西インド会社の設立を認めたが、それ以来国王の与える特権の下に行われた。一七一六年一月一六日の開封王書は、ギニア向けの奴隷船の艤装港をナント、ルアン、ラ・ロッシェル、ボルドーに限定した。ナントがギニア貿易で有利な地位に立てたのは、その前の年になされた砂糖の再輸出税の全面的な免除措置であろう。

ナントの商人は、多くの奴隷を輸出すればするほど、それを砂糖に交換することができたので、ナントに輸入された砂糖は、免税のままヨーロッパ各地に再輸出された。このようにしてナント商人は、ナントの港から綿布、ガラス、珊瑚などを積んでギニア海岸に行き、そこで積荷を下ろし、今度は奴隷を積んでマルチニック島、グァドルップ島、アンティル諸島などに向かい、植民地で奴隷商品を売却して、その代金で砂糖、コーヒーを購入し、これらを積んでナントに帰港した。ナント商人の奴隷取引は典型的な三角貿易であった。

ボルドーはガロンヌ川の河口に発達した港町で、ワインの産地として有名であるが、かつて英国王がこの地方を支配したため、現在でも英国との関係が深く、若い学生は米国に行くよりも英国のオックスフォードなどに留学することが多い。ラ・ロッシェルは小さな港町で、港の入り口の両側にそれぞれ塔が立っていて、美しい景観の港である。サン・マロは、フランス北部、ブルターニュ地方に位置し、周囲が城壁で囲まれた港町である。

一八世紀を通して観察してみると、この間にフランス全土から出港した奴隷船の数は三三二一隻であるが、そのうちナントで艤装したのは一四八一隻であり、ボルドーでは四六一隻、ラ・ロッシェルでは四〇八隻、サン・マロはわずか五隻であった。したがって、奴隷貿易に関しナントの優越は明白である。

四　英国と労働契約と三角貿易（ブリストルとリヴァプール・アフリカ・西インド諸島）

コロンブスが一四九二年に新大陸を発見すると、ポルトガルとスペインが鎬《しのぎ》を削って海外に進出した。そして、両国が至るところで競い合ったため、ローマ教皇に調停を求め、ローマ教皇は前記のとおり一四九四年、トルデシリャス条約によりその裁定を下したが、しかしこの裁定は守られなかった。

英国では、ジョン・カボットがこの裁定に反し、一四九七年、北米大陸へ航海した。英国の著名な政治家は、王国を意のままにすることのできる教皇の権限に異を唱え、英国政府は一四八〇年、統治権を左右することができる権限は教皇にはないという見解を述べた。そしてスペイン、ポルトガルに対抗して、英国、フランス、オランダなどが海外領土の獲得に乗り出した。

1　労働契約（人を物として契約）

ヨーロッパの国々が海外に植民地を設けるとき、植民地で働く労働者の問題があった。彼らは、最初からアフリカ黒人の奴隷を労働力として利用したいと考えたのではない。

最初の段階では、先住民の労力に頼る前に、まず、貧困層の白人労働者がいた。それには、幾つかの契約のタイプがあった。本国を出発する前に契約し、法の定める期間だけ働くという「契約労働」の制度や、植民地に到着したとき、一定期間内に船賃を払うまで船長がその船賃を代払いする制度で、後者では契約者が代払いされた船賃を期間内に支払わなかったとき、船長は代金を支払わなかった者を売り飛ばすことができた。また、国外追放をいい渡された犯罪者も労働契約の当事者となった。

英国本土は土地が狭かったので、フランスのような重農主義ではなく、重商主義がとられていた。こうなると、白人労働者を新世界に送るのも一つのビジネスになった。大人は酒を出されて連れて行かれ、子供はお菓子で連れて行かれた。少年院も誘拐の対象になった。当時、英国の刑罰は非常に重かったため、犯罪を犯して逃亡中の者は、容易に船に乗せることができたし、また、自ら乗ることを希望した。

クロムウェルは、アイルランド人の政敵を西インド諸島に送った。これら白人労働者の移送は、経費を節約するため極度に悪い条件の下、非人間的な方法でなされた。彼らは、びっしりと鰊《にしん》のように船積みされた。奴隷の事情に詳しいミッテンベルガー博士によれば、寝床として彼らに許されたスペースは、幅二フィート（約六一センチメートル）、長さ六フィート（約一八三センチメートル）であった。船は小さく、船旅は長く、冷蔵庫がなかったため食料は腐った。

労働者と囚人の植民地への移送は、英国では大きな利権を生んだ。一六七〇年、英国から囚人を植民地に移送することを禁止する法案が審理されたが、廃案になった。幼児略奪を禁止する法案も否決された。上は宮廷の秘書官から、下は看守や牢番まで、重罪犯人の移送について甘い汁を吸うことを考えていた。また、白人の契約労働者は人と人の間の契約であったにもかかわらず、いつしか、人と物の間の契約であると考えられるようになった。そして、白人契約労働者は後に述べる奴隷に匹敵するようなひどい取り扱いを受けるようになった。

2　英国の三角貿易

英国では、まず、白人奉公人から始まり、白人の落ちこぼれの人々が労働契約で植民地に送り込まれたが、次第にさらなる労働力の必要から、労働力の強いアフリカ奴隷の獲得へと進んでいった。次にこの両者について説明する。

(1)　白人奉公人

英国では、一七世紀の終わり頃になると、重商主義の重点が貴金属の蓄積から国内企業の設立と発展、雇用促進、海外輸出に変わってきた。重商主義者たちは、自分たちのやっていることが果たしてその目的にかなっているか疑問を持つようになった。

しかし、英国官界は、白人奉公人の身分がそれほど悪いものではあるとは考えていなかった。時には、ジャマイカで働いている白人奉公人のほうが英国本土で働いている農夫よりも良い暮らしをしていると考えた。英国の大臣たちは、一六七六年、束縛と隷属のしるしである「奴隷」という言葉の使用を禁止し、代わって「奉公人」という言葉を使うことにした。奉公人は、植民地で「白い屑」と呼ばれ、黒人奴隷と同じ扱いを受けた。『ロビンソン・クルーソー』を書いたダニエル・デフォーも、白人奉公人は奴隷であると断言している。もっとも、扱われ方は同じであっても白人奉公人の法律的な立場は奴隷の立場とまったく異なる。

このようにして白人奉公人の数は増えていったのであるが、これで低賃金の黒人奴隷を使う企業と国際的な競争ができるかという問題が真剣に討議された。

そこではまず、白人奉公人の主人に対する忠誠心が問題になった。彼らは、いつも独立したいと考えているというのがその理由である。そしてこれに、白人奉公人を一〇年雇う金があれば、黒人奴隷を一生雇えるという金銭的理由が加わった。その結果、イベリア半島の国々に負けないよう黒人奴隷の労働力に頼るという考えが勝利した。

(2)　アフリカの黒人奴隷

英国の人々、特に白人奉公人に関係を持った人々は、多くの経験を蓄積していた。したがって、アフリカで黒人を捕らえてきて船に乗せるということは、船長にとっても船員にとっても容易なことであった。

一八世紀の英国は海外貿易において飛躍的な発展を見せる。英国の産品は元来毛織物が中心であったが、東方のレヴァント地方の交易でフランス製品に押され、凋落の一途をたどっていた。またヨーロッパ各国との交易も、それぞれの国が保護貿易をとったため、英国はその他の方面に進出せざるを得なかった。それで英国が目をつけたのが、大西洋の海の向こうの西インド諸島とまだ未開発であったアメリカであった。これらの海外貿易の役割を担当したのは、まずブリストルであり、次にリヴァプールであった。

したがって次に、これらの港がどのように繁栄し、どのように産物取引していたか、三角貿易について考えたい。

①ブリストル

ブリストルは一〇世紀、商業港として栄えた。一一世紀初め、アイルランドとの羊毛取引の中心地となった。一四世紀になると毛織物工業が発達し、ヨーロッパから近東にかけて取引が盛んになっていった。一四九七年、英国王ヘンリー四世の命令で、イタリアの航海者カボット父子がブリストルから出航し、新大陸の探検に出発した。しかし、一八世紀に毛織物工業が衰退すると、ブリストルは、西インド諸島との貿易に参加し、当時発展途上にあった金属工業製品と黒人奴隷の貿易に参加した。

奴隷貿易商は、当時の指導的な人道主義者たちの中にもいた。奴隷貿易の擁護者であったジャン・キャリーは、高潔さと慈悲の深さについては並ぶ者のいない人物であり、「救貧社」という団体の設立者であった。ブリストルの奴隷船「サウスウェル」はブリストル出身の国会議員の名に因んでつけられた。この新しいビジネスは重商主義者の心を刺激した。

まず、この頃、新たに航海法が制定されたことを挙げなければならない。なぜならば、この法律は、英国の重商主義政策にこれを支える基盤を与え、奴隷貿易を含む英国と植民地との交易を把握することを目的としていたからである。

この法規の成立に先立って英国は、当時、海上貿易で英国の利益を脅かすのはオランダの覇権であると考えたので、オランダに使者を派遣して海外貿易について協定を結ぼうとしたが、オランダはすでに英国よりも先に海外貿易における地位を確立していたため、英国の提案に関心を持たなかった。この法律が制定されたとき、まだ、両国の間に戦争は勃発していなかった。しかし、英国のオランダに対する憎しみが最高潮に達したとき、英国はオランダの覇権を封じるため、クロムウェル率いるイングランド国会の審議を経て、一六五一年五月、「航海法」という名称でこの法律を制定した。

この法律には、「英国と植民地の間の取引には英国船を使用すべし」という規定が設けられていた。このため、英国では奴隷の運搬には英国船の使用が義務づけられた。その後、この法律がもとで最初の英蘭戦争が勃発したが、一六五四年、両国間で締結されたウェストミンスター条約で、オランダは全面的に英国の主張を認め、その結果、一六六〇年の「航海法」が制定された。

この法律は、一六五一年制定の航海法に新たに次の事項を付加した。船舶の乗員の四分の三は英国人であること、母国の産物でなくしかも法規に列挙されたタバコ、綿花、砂糖などは、植民地から英国または英国植民地へのみ出荷できる、というのである。この法律のお陰で英国では海運業と造船業がさらに大幅に発達した。

当時、商船と軍艦との間に大きな差異はなかった。商船は海軍にとって大きな援軍であり、長い遠洋航海は、船員たちが船の中でいろいろな経験をし、また植民地では広く見聞を広げるところとなり、若い船員の養成のためにこの上なく役立った。

ブリストルの貿易は三角貿易であった。英国は植民地貿易に関し、輸出品と船舶を提供した。そしてアフリカは商品としての黒人奴隷を、そして植民地は原料を提供した。

奴隷船は製品を積んで、本国からアフリカに向かい出航した。製品はアフリカの海岸で黒人奴隷と交換され、そこで利益を生んだ。黒人は船で植民地に運ばれ、そこで現地の産物の砂糖、その他の原材料と交換されて、さらにまた新たな利益を生んだ。そして、その産物は本国に運ばれた。三角貿易は英国の産業に三重の刺激を与えた。国内で生産された商品はアフリカの黒人と交換するためのものとなり、植民地に送られた黒人はプランテーションで砂糖、綿花、砂糖きびなどの熱帯産物を作り、これらの産物を製品化する過程で英国に新たな産業が発生した。

一七三〇年頃のブリストルでは、約二七〇人の黒人奴隷を積んで無事航海が済めば、象牙による収益を差し引いても、七〇〇〇ポンドから八〇〇〇ポンドの利益があるといわれていた。そして、もっと利益の低い交易でも五七〇〇ポンドの収益が見込まれた。この三角貿易の中間航路、すなわち、アフリカから黒人を積んで植民地に至る航路であるが、非人道的なものであった。一般の商船の中でも反乱や自殺があったが、奴隷船の中ではもっとひどかったことは否定できない。航海は長く、食料や飲料水を保存することは困難であった。また、船にはできるだけの物資と人を詰め込む習慣があった。

奴隷船の設計図を見ると、船の中を幾階にも区切り、各階にたくさんの仕切りをつけ、黒人が寝るときは二人ずつ足と足を向かい合わせて寝かせ、互いに、自分の右足と相手の左足が、また、自分の左足と相手の右足が鎖で結ばれた。

奴隷商人の目的は、できるだけ多くの奴隷を植民地に送り込むことであったので「デッキを黒人で覆いつくすこと」が当然となっていた。したがって、九〇トンの船で三九〇人の奴隷を運んだとか、一〇〇トンの船で四一四人の奴隷を運んだというような話は珍しくなかった。英国では、一七五〇年まで何らかの形で植民地貿易に関係を有しない者はいなかった。これらによって得られた利益は、後の産業革命のための資本の一部になった。

ところで、ブリストルが町を挙げて確立した三角貿易も、その後、一八三〇年に内陸の工業都市マンチェスターと鉄道が結ばれたリヴァプールに、その地位を譲ることになる。

②リヴァプール

リヴァプールは、ロックバンドのビートルズが誕生した地である。また、同じ名のサッカーチームの本拠地でもある。しかしこの地はかつては奴隷貿易の中心地であった。

一六世紀のリヴァプールは人口六〇〇人程度の小さい港町であった。しかし近郊のチェスター港が泥《どろ》の堆積によって衰退し、代わってリヴァプールがイングランド北西部の産業都市となった。

一七一五年、ここに英国初の係船ドックが建設されたことで、英国は植民地との交易が進み、ヨーロッパからアフリカへ日用品と火器を、アフリカから新大陸には奴隷を、新大陸からヨーロッパに砂糖などを持ち込む三角貿易で独占的な地位を築いていった。そして、マンチェスターと鉄道で結ばれたことによりリヴァプールは鉄道交通の要所となり、それ以後、マンチェスターで生産された毛織物は、リヴァプールを通じて世界に輸出された。また、その頃、アイルランドからの移民が多く流入し、人口は急激に増加した。

リヴァプールの奴隷船は、利益率一〇〇%が珍しいことではなかった。ある航海は三〇〇%の利益を挙げた。

リヴァプールの主要な通りは奴隷の歩くところが鎖で区切られ、ある通りは「黒人通り」と呼ばれた。一七九〇年には、リヴァプールからアフリカに向けて出航した奴隷船は一八三隻で、合わせて一〇〇万ポンドの価値があるといわれた。

リヴァプールはいろいろな物品を輸出した。そして、マンチェスターで作った綿製品は、リヴァプールから船でアフリカに運ばれ、そこで奴隷と交換された。綿製品は熱帯の温度と湿気と風通しに適合した。したがって、綿製品があらゆる輸入品の中で最も人気があった。

また、植民地では砂糖きびの栽培が盛んに行われていたため、本国で黒い砂糖を白く精製する産業が盛んになってきた。そして、白い砂糖は保存が利くためヨーロッパ各地に輸出された。この頃から英国では紅茶を飲み、砂糖を入れるようになってきた。砂糖はぜいたく品から必需品に変わっていった。

リヴァプールには八つの精糖所があった。そのうち奴隷貿易に参加していたブランカーズ社の精糖所は、英国の中で最も大規模なものであった。

ところで、砂糖精製所はなぜ植民地になくて英国本土にあるのか、という問題である。植民地では、現地で穫った砂糖きびは現地で精製したいという強い希望があった。しかし、英国本土政府は、黒人を運ぶのに五隻の船が必要であるところ、精製された砂糖の運送ならば三隻の船で十分となり、もしそうなると英国の海運業はひどい打撃を受けると考えた。したがって、植民地での砂糖の精製を許すことはできないと考え、植民地から精製された砂糖を本国に輸入するときは黒糖の税率の四倍の関税をかけた。また、英国本土政府は、砂糖の精製について非常に神経質で、英国本土の精製所での外国産の砂糖の精製を禁止した。この結果、英国は砂糖の精製権を独占することとなり、諸外国の批判に晒《さら》された。

また、冶金産業も発達した。これは奴隷貿易と密接な関係があった。奴隷を運ぶ奴隷船の上では、船上の奴隷を確実に拘束し暴動や自殺を防止するために足かせ、鎖、南京錠などが必要である。また、奴隷を見分けるために焼印を押すが、それには熱く焼けたこてが必要であった。このようにして奴隷貿易は冶金産業を刺激した。アフリカに行く船はすべて、鉄で作られた製品を載せていた。冶金産業はアフリカに新しい販路を見つけた。

また、アフリカに行く人々に銃は必携品であった。バーミンガムでは、新たに銃を製造する工場が続々と建てられ、銃一丁の値段は奴隷一人当たりの値段に相当した。そして、アフリカ向けのマスケット銃は、バーミンガムから年間一〇万丁から一五万丁が輸出されていた。後にバーミンガムの銃がアフリカの椰子油と交換されるようになったが、それは一九世紀になってからである。

五　デンマークと三角貿易（コペンハーゲン・ギニア・西インド諸島）(5)

デンマークはバルト海の門番と呼ばれてきた。デンマーク人の先祖はヴァイキングで、彼らの故郷はデンマーク、ノールウェイ、スウェーデンであった。そして、バルト海を根城に近隣の海を荒らし、多くの人々から恐れられていた。しかし、ヴァイキングも平和な生活を持っていた。彼らのうちの多くは行ったところで交易をした。また他の者は農場や家族を養った。またある者は腕の良い職人で、船大工であった。

ところで、ヴァイキングはかってフランク王国と国境を接したことがあり、国境には大きく堅固な要塞を四カ所に造った。また、戦士の武器は長剣、斧、槍で、その他に弓矢もあった。これらの武器の中で最もすばらしく高価なものが長剣である。剣は武器として用いられたばかりでなく、所有者の社会的地位を表し、王侯貴族の贈与にも使用された。

ヴァイキングが船に乗って各地を荒らしたことはよく知られている。そのため、造船技術にも優れていたことがわかる。船にはいろいろな種類があるが、北欧の船の特徴は、それぞれが重なり合った厚板で構成され、鋲で一緒に留められ、動物の毛で固定されていたと信じられている。デンマークで美しい船が二隻発見されているが、これらは軍艦であるということである。彼らは、イングランド、スコットランド、アイルランド、フランス、アメリカ、グリーンランドなどに行き、交易をしている。また同時に、攻撃を加え、多くの家屋を破壊し、財産を奪った。

その後、ヴァイキングは紆余曲折を経て長らく英国を支配し、一一世紀の初めの三〇年間は、クヌート大王がデンマークばかりでなく、北欧一帯を支配し、英国まで支配するところとなった。一〇三五年、大王が死亡すると、英国での支配力が弱まり、英国から撤退した。

ヴァイキングが交易した商品は、織物、絹、ガラス製品、石の壷、ワイン、長剣であるが、その他に奴隷も含まれていた。奴隷は一般的な日用品の中に数えられた。幾つかの文献は、奴隷を所有し、また奴隷の売買のあったことを記している。ドイツ人の教会関係者は、ヴァイキングについて奴隷取引のあったことを記している。

その後、デンマークは、一七世紀の終わりまでに政治上、戦略上、多くの誤りを犯し、次第に疲弊し、小国に転落していった。しかし一七二〇年、スウェーデンと講和を結び、その後八〇年間平和を享受する。

この間、デンマークは東洋貿易への願望が強く、一七三〇年に中国に航海した商船が二年後に東洋の物産を満載して帰国したのを契機に、新たに「アジア会社」が設立された。その後、それまでの経験を活かし、かなりの成果を挙げることができた。

アジア会社の設立に刺激され、「西インド・ギニア会社」が一六七二年、カリブ海の小島セント・トーマスに植民地を獲得することによって近隣諸島との交易を可能にした。同社の最初の活動はきわめて小規模なものであった。しかし、しばらくすると、ギニア湾から西インド諸島への奴隷輸送が本格的になり、本国とアフリカ、西インドを結ぶ三角貿易が形成されるようになった。

デンマーク政府は、植民地から利益を得られることがわかったので、植民地の拡大を目指し、一七一八年には隣に浮かぶセント・ジョン島を取得し、また、一七三三年にはフランスからセント・クロイ島を買収した。

ところで、西インド・ギニア会社は、一七二九年、コペンハーゲンで精糖業を開始していたが、その材料となる砂糖の生産と輸入をすることになった。すなわち、プランテーションの経営の始まりである。そして、西インド貿易は、植民地物産によって利潤を挙げることができたが、ガーナを中心とするアフリカ貿易では要塞の建築と維持のために膨大な費用がかかり、政府にとっても大きな負担となった。それで、政府は奴隷貿易を促進するため、一七六五年に「ギニア会社」の設立を許可した。

その後、紆余曲折を経て、デンマークでは、ヨーロッパの国々に先駆けて一七九七年に奴隷貿易が禁止されたが、完全禁止までの一〇年の猶予期間の間に輸送された奴隷の数はかえって増大した。すなわち、デンマーク船でギニア湾から輸送した奴隷の数は五万人で、西インド諸島から再輸出された奴隷の数は約七万人と数えられている。

以上、第四章は、新たな奴隷商人の誕生とヨーロッパ主要国の奴隷に関する三角貿易について述べた。

この歴史的事実から、我々は多くのことを学びとることができる。人間の金銭追求の欲望がいかに大きいかを、また三角貿易の形をとった奴隷貿易によってアフリカの黒人がいかにひどい扱いを受けていたかを、知ることができる。彼らは銃と鞭と暴力で拉致され、二度と帰ることのない町の門を出て、海岸の倉庫に運ばれた。そして、最悪の状態の艤装船に乗せられて海を渡り、渡った先ではプランテーションなどの過酷な仕事が待っていた。さらにヨーロッパの主要各国は、いずれもコロンブスから始まった大航海時代とともに、世界の各地に植民地を獲得し、その開発には多くの労働力を必要としたため、奴隷貿易を認め、三角貿易を推進したのである。

（1）Cf. Christian Delacampagne, *Histoire de l'esclavage : De l'Antiquité à nos jours*, Paris : Librairie Générale Française, 2002, pp.155-156.

（2）Cf. *ibid.*, p.140.
（3）Cf. *ibid.*, pp.140–141.
（4）藤井真理「ナント商人の奴隷貿易——商事会社の組織形態について」『近代ヨーロッパの探究⑨　国際商業』望田幸男・村岡健次監修、深沢克己編著（ミネルヴァ書房、二〇〇二年）参照。
（5）井上光子「デンマーク王国の海上貿易——遅れてきた重商主義国家」（同前所収）参照。

第五章　経済学と労働
―経済学者の労働に対する視点―

経済学は、有限な資源からいかにして物を生産して価値を生み、その価値をいかに分配するかを研究する学問で、法学、数学、哲学などと異なり、比較的新しい学問である。

物を生産して価値を生むには労働によることが必要で、このため労働が経済学の研究の対象となり、したがって経済学者が労働について目を向け、関心を持つのは当然のことである。そのため我々の研究からみても興味があり、また、特に関係があると思われる学者としてフランスの経済学者テュルゴ、英国の学者アダム・スミス、ドイツ人で長く英国に滞在していたカール・マルクス、次いで英国の学者ケインズらの学説を概観し、経済学における労働とはどういうものであるかを説明したい。

一　テュルゴ（一八世紀フランスの経済学者）
―『富に関する省察』の著者―

まず、フランスのルイ一六世の治下にあって、大蔵大臣として活躍したテュルゴの経済学からみた労働について述べたい。

1　テュルゴの人となり

ここで、テュルゴについて述べることにしたのは、彼の学説『富に関する省察』が、アダム・スミスの『国富論』が発表される一〇年前に発表されていたからで、日本でも、彼の学説がアダム・スミスに影響を与えたのではないかと考えられているからである。

アンヌ・ロベール・ジャック・テュルゴは、一七二七年五月一〇日、ノルマンディの旧華族の子としてパリに生まれた。祖父はメッツとトールの知事を務めた人であり、父ミッシェル・エチエンヌ・テュルゴは、一七二九年、パリの市長に任ぜられている。

テュルゴは、容姿端麗で体躯も優れていたが、臆病で遠慮がちな性格であったといわれている。それで彼の母は、彼に非常に厳格な教育を施した。彼は当時の慣例に従い、まず神学教育を受け、次いで一七四九年、ソルボンヌに入り、その年の末、修道院長に推薦されたが、これを断って司法行政官になることを決意した。彼の行政官としての業績はいろいろあるが、彼が『富に関する省察』を書くに至った事情を述べると次のとおりである。

テュルゴは当時、ほとんどの有名な哲学者との交際があった。そして、『百科全書』を編纂したダランベールとの付き合いから、彼自身も『百科全書』のために五つの論文を提出した。その中の論文「存在」は論理が緻密で透徹していて、哲学者たちを驚かしたということである。その後、彼は、一七六一年八月八日にリモージュの知事に任ぜられ、一三年間この地位にあったが、その間、この地方が窮乏であったため財政を立て直す必要があった。それで、彼はどうしても経済の問題に立ち向かわざるを得なかった。彼は、自らグルネーとケネーの弟子であると任じていて、特にケネーの影響が強かった。

フランスは国土が広く、我が国の二倍の面積を有する。そして山岳地帯が少なく、山岳地帯としてはわずかにスイス国境のサボア地方、フランス中部のミディ地方、そして、スペイン国境のピレネー山脈があるに過ぎない。その他は平坦な原野で、農耕に適した土地が広大に存在する。したがって、フランスの富は農産物である（現に、二〇世紀末のフランスの食料の自給率は一六〇％で、農作物はフランスの重要な輸出商品である）。

フランスでも、一時、コルベールなどが重商主義政策に傾いたこともあった。しかし、彼の師のケネーは、フランスという国柄から、都会では多くの商品が存在し、多額のマネーが取引に使用され、外見的には華やかで商品取引が重要な地位を占めるように思われるが、農業が国を支える重要な存在であると考え、農業を重視する重農主義の思想に達したのである。ケネーとその後を継ぐ経済学者たちは、一括して重農主義者（フィジオクラット）と呼ばれているが、けだし、フランスの経済学者が重農主義の立場をとるのはきわめて自然なことである。

2　『富に関する省察』について

テュルゴは、リモージュの知事時代に、ケネーの教えである重農主義の政策に従い、多くの改革を実行した。まず、土地税制の改革である。それは、従来、恣意的に徴税され、土地の評価もまちまちであったのを、純収益に基づく単一課税を実現した。これには二年の歳月がかかった。その後、商業の自由、独占の禁止、救貧制度の確立、農業の奨励を行った。彼が『富に関する省察』（原題は『富の形成と分配に関する省察』）を書いたのもこの頃である。

その『富に関する省察』の内容は次のとおりである。

(1)　富とは何か

『富に関する省察』は富に関するものであるから、まず、富とは何かという問題について答えなければならない。

経済学の立場から、一国の富とは何かを考えるとき、それは非常に重要な問題で、かつ、困難な課題である。テュルゴは次のように説明している。

> 国家に於て真に自由に処分し得る富は土地の純生産以外にはない。前述せしところに依つて、貸付貨幣の利子は土地の収益若しくは耕作・産業又は商業の諸企業に於ける利潤から取られると謂ふことが解る。
>
> 併し乍ら、斯かる利潤其れ自体は、既に説明したやうに、土地生産物の一部分にすぎぬ。土地の生産物は二個の配分に分たれる。一は耕作者の労銀・利潤及び元資の回収並びに利子に当てられ、他は地主の分前、即ち地主が勝手に使用し且つ国家の一般的経費に寄与する収益である。斯う謂うことも既に説明した。

猶ほ、社会の他の階級が受取る総てのものは、或は地主が其収益から支払ひ、或は生産階級の代理者が産業階級より買はねばならぬ必要品に当てられる部分から支払ふ労銀及び利潤に過ぎぬことも既述したところである。斯かる利潤が労働者の賃銀に、企業者の利潤に、元資の利子に分配せられるとしても、其れは其本質を変ずるものでもなければ、又勤労階級が其労働の限度に於て参与する労働の価格以上に、生産階級に依つて生ずる収益の総額を増加するものでもない。

故に常に不変なることは土地の純生産以外に収益なく、而して有らゆる他の年々の利潤は或は此収益に依つて支払はれ或は収益を生ずるに役立つ費用の一部を構成すると謂ふことである。(1)（第九八節）

彼によれば、国家の富は土地の純生産物であるという。商業活動によって発生した貸付貨幣の利子は、土地の収益と産業・商業の利潤から支払われる。それでは、この利潤はどこから来るかという問題であるが、それは土地生産物の一部であるという。そして、他の階級が受け取るすべてのものは、地主の支払いと生産階級の代理人が支払う賃金と利潤の合計である。すなわち、彼の考えはどこまでも重農主義の思想に立脚したものである。

(2)　『富に関する省察』の構成

①分業の必然

『富に関する省察』は、分業が必然であるという分析から始まっている。

まず、「土地を均等に分割し、其処で各人が自己の生存に必要なもののみを持つと仮定すれば、商業は不可能である」(2)（第一節）という前提から、「上記の仮定は曾て存在しなかつたし、又、其れは存続し得なかつたであらう。耕地が雑多であり、欲望が多種多様であることは、土地の一生産物と他生産物との交換を招致する」(3)（第二節）と判断している。

この部分は、論理に従った非常にしっかりした構成で、短い文章の中に分業と交換の必然を証明している。そして、この証明を可能にしている前提は、雑多な耕地と多種多様な欲望の存在である。

テュルゴは、まず、土地の生産物が人々の必要に応じるためには、「土地の生産物は永く且つ困難な加工を経てはじめて人間の欲望に応じ得るものである」(4)（第三節）と述べ、土地生産物の加工が必要であると説いている。そして、労働には農業生産物を直接生産するための労働があり、他の一つに、農業生産物に加工するための労働がある。この労働の違いが分業発生の契機であると述べている。

②労働の本質

テュルゴは、「労働者の賃銀は、労働者間の競争によつて、生活必要費額に限定される。労働者の得るところは僅かに生命を維持するにすぎぬものである」(5)（第六節）と述べて非常に厳しい注文をつけ、そして、さらに、次のように説明する。すなわち、「腕と能力とを有するにすぎざる単純労働者は、他人に其辛労を売る以上何物をも持たぬ。彼れは、之を或は高く或は安く売却する。然し此価格の高下は彼れ自身の自由にはならぬ。其れは彼れと彼れの労働購入者との間の一致より生ずるものである。此購入者は出来得る限り安く支払はうとする。彼れは多数労働者間からの選択権を持つて居るので、最も安価に働くものを選択する。この故に労働者は、相互に競つて労働価格を引下げることを余儀なくせられる。労働者の賃銀が其生活必要費額に限定せられることは、如何なる種類の労働に就ても起らねばならぬことであり、且つ事実上、起るのである」[6]（第六節）。

しかし、この見解は、労働者の生活にまったく余裕を認めないことであり、労働者自身や家族が病気になったときはもちろんのこと、子供の教育についても不可能であることを考慮していない。さらに、労働者が老年になったときのことも考えていない。要するに、労働者の福祉はまったく無視されているといってよい。

しかし、また他方、彼は重農主義の理念に従い、「農業労働者は其労働が労働賃銀以上に生産する唯一のものである。故に彼れは総ての富の唯一の源泉である」[7]（第七節）と述べている。すなわち、農業労働者の労働には付加価値があるということである。かかる意味で、労働者は価値があるという趣旨であろうか。

③地主の収益

テュルゴは、また、地主が土地より収益を挙げる方法について述べている。それは、賃金労働者による耕作、奴隷による耕作（当時、ヨーロッパでは各国が植民地を持ち、奴隷制度が存在していたから不思議ではない）、農奴による耕作、折半小作制度（métayage＝収穫を地主と小作人の間で折半する）、小作すなわち土地の賃貸、である。

④商業の発生

次に商業の発生について述べている。

社会の経済が交換を前提とする限り、これが大量に反復して継続されるとき、ここに商品の交換経済である商業が発生する。商品交換の原理は、最初は、当事者間の個別的な取引として始まる。

そして、彼は市場価格の概念を導入している。市場価格は、個別の取引ではなく集団的な取引において発生すると述べている。すなわち、小麦の所有者もぶどう酒の所有者も複数存在するとき、自然と市場価格が発生すると考えた。そして、各商品は、一切の他の商品との価格比較のための共通尺度、もしくは標準として役立つことができるというのである。

そして、各商品の価値を共通する一定の尺度で評価するために貨幣の概念が必要になった。フランという単位は、すべての財貨の価値を評価し、これを価格として表現し、その等価あるいは価値の大小を決定することができるようにした。

⑤資本

次に、彼は資本について言及している。

「今や、吾々は貨幣導入後の時代を考察しよう。貨幣は其蓄積容易なる為め直に動的富の中で最も多く求められ、単純なる節約法に依り其量を絶えず増加するところの手段となつた。土地の収益に依るにせよ、或は労働の賃銀、若しくは産業の報酬に依るにせよ、自己の消費に要する以上の価値を年々取得する者は誰でも、此余剰を保蔵し、之を蓄積することが出来る。此等の蓄積せられたる価値は資本と呼ばれるものである[8]」（第五八節）と。

なお、テュルゴについては、もう少し付け加えることがある。まず、彼はアダム・スミスと文通していたということである。したがって、アダム・スミスが彼の思想の影響を受けたことを否定することは難しいのではないかと考えられる。

問題になるのは、『富に関する省察』に書かれている内容の順序である。右に述べたように、本書は、労働、商業、マネー、資本について述べているが、それは、まったく、重農主義者の見解が色濃く出ているといってよい。この点について、次に述べるアダム・スミスの『国富論』の内容の配列と比較していただきたい。

二　アダム・スミス（一八世紀の英国・スコットランドの経済学者）
―『国富論』の著者―

まず初めに述べなければならないのは、彼の主著『国富論』の原題は、「諸国民の富の性質と原因の研究（An Inquiary into the Nature and Causes of the Wealth of Nations）」というのである。本書は、単に国富の性質を論じるばかりでなく、それがいかにして発生したかを論じ、そして、それらを研究しているのである。「国富論」という翻訳語では本書の内容を十分理解することは困難で、原題こそ本書の内容をよく示すものである。

1　アダム・スミスの人となり

アダム・スミスは、一七二三年六月五日、スコットランドの小都市、カーコーディに生まれた。

一四歳でグラスゴー大学に入学し、そこでハチソンから道徳哲学の指導を受け大きな影響を与えられた。ハチソンは、キリスト教的なあの世の幸福よりも現世の幸福を求め、そのため必要な社会ルールを研究する立場であった。大学を卒業すると、教会の牧師に就職するか、貴族の家庭教師になるのが慣例であったが、スミスはスネル奨学資金を得たので、オックスフォードのベリオル・カレッジに留学した。彼はスコットランドからイングランドに来て、スコットランドとイングランドの生活水準の差に驚いた。また大学では、教授の不勉強にも大きな失望を受けた。さらに、当時、イングランドでは保守派の反乱があり、この間、スミスは隠れてヒュームの『人間本性論』を読み、それが見つかり処罰されたという経緯がある。彼はこれらの理由からイングランドの滞在に失望し、スコットランドに帰国した。

一七四八年、エディンバラに移ったスミスは、そこで三年間公開講座を開く。そのテーマは修辞学、哲学史、法学であった。この公開講座は非常に評判が良く、一七五一年、母校グラスゴー大学の論理学教授に招かれた。

彼の最初の著書は『道徳感情論』で、一七五九年に発行された。個人はそれぞれ自分の利益を持ち、それを追求する間に他人との間で共通の意識を持ち、相互の同感で個人と個人を結ぼうという見解である。ロシアのエカテリーナ女帝がこれを読んで感動し、彼のところに二人の留学生を送ってきたという逸話がある。彼はまた、右に挙げた『道徳感情論』の末尾で、近いうちに「法と統治の一般的原理」について自己の法律見解を発表することを予告したのであるが、ついに果たせないまま晩年を終えた。しかし、彼が一七六三年にグラスゴー大学で法律に関し講義したのを筆記した学生のノートが残っていたので、その後『法学講義』として出版され、現在、我々もそれを読むことができる。この著書は、経済学者としてのアダム・スミスが書いた法学の著書ということで関心の深いものであるが、これを読んでみると、彼の学識の深さがしみじみと伝わってくるのである。これは法律書ではあるが、成人であればだれでも理解できる内容で、いわばエッセイのようなものである。しかし深い内容を持っている。

その後、スミスがヨーロッパ大陸に旅行したことを忘れることはできない。なぜならば、彼のこの旅行は、『国富論』の著述に大きな影響を与えたからである。

スミスは、タウンゼントという大佐から、大佐が後見をしているスコットランドの名門バックルー侯爵の家庭教師として外国旅行に付き添ってもらえないかという依頼を受け、これを受諾した。

ヨーロッパ大陸の戦乱も終わり、彼は大学を辞めて旅立ち、一七六四年二月、スミスと侯爵はパリに着いた。そして、翌年一〇月まで南フランスのトゥールーズに滞在し、帰途にジュネーヴでヴォルテールに会い、翌々年の一月から一〇月までパリの生活を楽しんだ。このとき、彼はフランスの経済学者ケネーと親交を持ち、またその他の哲学者たちと交友を深めた。テュルゴと会ったという記録も見られる。その後、彼は、ロンドン、パリでの生活で多くの知識人たちとの交友し、また図書と記録を収集してこれらを国に持ち帰って整理し、『国富論』の著述に取りかかった。そして、一七七六年、『国富論』を「諸国民の富の性質と原因の研究」という原題で発表した。

2　自由主義と国富論

アダム・スミスの時代はまだフランス革命の前で、「個人の尊重」という思想は一般的ではなかった。

それにもかかわらず、スミスは、『道徳感情論』で個人の存在の重要性を説き、新しい思想の持ち主であることを示した。彼はフランスの進歩的な百科全書派の人々と交友し、当時最も進歩的であるといわれていたジャン・ジャック・ルソーの影響を受け、彼を尊敬した。

ところで、社会科学の文献を読むと、しばしば「原始生活」という言葉が出てくる。なぜこのように原始生活ということを想定するのであろうか。

それは、原始生活を想定すると、一番初めに人々にあったものは何であったかということが明瞭になるからである。すなわち、神または自然が人類に与えたものと、その後、人間がつくったものとの区別が明瞭になるからである。我々が、テュルゴを研究し、スミスを研究するのも、「労働とは何か」を考えるとき、無駄なものを省き、原始にさかのぼって簡単明瞭に労働の本質を理解したいからである。原始生活を想定することは社会科学の研究にとって非常に大切であるということを、ここで改めて述べたい。そして、次に、スミスの生存していた時代の背景を考えてみたい。

彼の生きていた時代は、英国もフランスも王政であった。王と王の家族、社会の隅々まで行きわたっているキリスト教と教会の勢力の存在、多くの封建貴族、そして国家から自治権を与えられた裕福な市民などが存在している中で、個人の存在、自由、平等を主張することは、困難な、そして非常に勇気のいることであった。それにもかかわらず、スミスは自由主義の原則を掲げた。

スミスの理念は自然法の精神に根差しているといわれる。なぜならば、スミスは『国富論』の中で、何回となく「自然」「自然の」「自然に」という言葉を使っている。また、具体的にいうと、『国富論』の冒頭の第一編は、「労働の生産力の改良、および労働の生産物が国民のさまざまな階層のあいだに自然に分配される順序について[9]」というテーマである。

さらに、「自然価格」ということもいわれている。したがって、彼が自然法の精神に従って物事のルールを考え、秩序を述べているということができる。

自然法はヨーロッパ中世の法思想である。自然法は、人間の社会に明文の法規がなくとも自然に存在している法である、という思想である。明文の法規がない原始社会でも、人を殺してはならない、人を騙してはならない、人のものを盗《と》ってはならないという自然法がある、というのである。人が人に自由を認めたからといっても、そこには自然法があって、人間の行動には一定の制限があることを知らなければならない。

このように考えていくと、スミスの考えは非常に新しく進歩的であった。

多くの人々は、彼が『国富論』の中で、「みえない手に導かれて」と述べている部分を引用するが、その意味するところは非常に多義である。

彼がこの言葉を使っているのは次のパラグラフの中である。

> ……彼〔自分の資本を国内の勤労の維持に使用するすべての個人〕はただ彼自身の安全だけを意図しているのであり、またその勤労を、その生産物が最大の価値をもつようなしかたで方向づけることによって、彼はただ彼自身の儲けだけを意図しているのである。そして彼はこのばあいにも、他の多くのばあいと同様に、みえない手に導かれて、彼の意図のなかにまったくなかった目的を推進するようになるのである[10]。

宇宙は生成し、変化し、発展する。そこに大きなルールの存在が認められる。それは、いわば自然法のようなものである。しかし、それは見えない。それは見えないが、宇宙の法則が「みえない手」のように個人の些細で浅薄な決定を自然の力で覆すということを述べていると考えられる。すなわち、我々の生活は宇宙の法則に従い、我々は自然法に支配されているという思想である。

3　労働と『国富論』

それでは次に、本書『人間の尊厳と労働』のテーマであり最も関心のある労働が、『国富論』の中でどのように説明されているかを検討したい。

スミスは労働を説明するについて、原始的状態から出発し、次のように述べている。

各人の貧富は人間生活の必需品、便益品、娯楽品を享受する能力がどの程度あるかによる。しかしいったん分業が徹底的に行われたのちは、人が自分の労働でまかないうるのは、これらのうちのごくわずかな部分にすぎない。その圧倒的大部分を彼は他の人びとの労働にまたねばならず、彼の貧富は彼が支配しうる労働、つまり彼が購買しうる労働の量に対応する。したがってある商品の価値は、その商品を所有し、かつそれを自分で使用するつもりも消費するつもりもなく、他の商品と交換しようと思っている人にとっては、それによって彼が購買または支配しうる労働の量に等しい。したがって労働がすべての商品の交換価値の真の尺度なのである。(11)

そして、すべての価値は、根源的に労働によって生じ、労働によって生じたものはこの労働の価値を含み、このものは、同じ量の労働によって生じた他のものと交換できるというのである。すなわち、次のように述べている。

あらゆるものの実質価値〔real price〕、すなわち、あらゆるものがそれを獲得したいと思う人に真に負担させるのは、それを獲得する上での労苦と手数である。それをすでに獲得していて、それを処分しあるいは何かほかのものと交換したいと思う人にとって、すべてのものがもっている真の値うちは、それによって彼自身が節約でき、またそれによって他人に課することができる労苦と手数である。貨幣または品物で買われるものは、われわれがわれわれ自身の身体の労苦によって獲得するものと同じく、労働によって購買されるのである。事実、その貨幣またはその品物がこの労苦をわれわれから省いてくれる。それらのものは一定量の労働の価値を含んでおり、それをわれわれは、そのときに等量の労働を含んでいると考えられるものと交換するのである。労働こそ最初の価格、すなわちあらゆるものにたいして支払われた本源的な購買貨幣であった。世界のすべての富がもともと購買されたのは、金によってでも銀によってでもなく、労働によってだったのであり、富を所有していてそれを何か新しい生産物と交換したいと思う人びとにとって、その富の価値はそれによって彼らが購買または支配しうる労働の量に等しいのである。(12)

ところで、労働が唯一の交換価値を示すものであるといっても、実際にそれを示すのは困難で、現実には貨幣でもって示されるのである。しかし貨幣の価値は、貨幣の流通量の変動、貨幣の含む貴金属の量・質の変動などにより絶えず変動する。したがって貨幣で示された価値は、労働の実質価値を貨幣の名目価値で評価したものであって、労働の名目価値にほかならない。このように、労働には実質価値と名目価値がある。

次に、スミスは原始社会に戻り、そこで労働によって生産された生産物はだれの所有になるかを論じている。スミスは、原始社会では労働が唯一の価値の尺度であり、一時間の労働は一時間の労働の価値があり、二時間の労働は二時間の労働の価値がある、したがって、二時間の労働の価値は一時間の労働の価値の二倍であるという。しかし、労働には、激しい辛苦を伴う労働もある。また、非凡な技巧や創意も労働の価値を考えるについて斟酌されることを認めている。そして、このことを前提にして、次のように述べている。

ものごとのこの状態にあっては、労働の全生産物は労働者のものとなり、ある商品の獲得あるいは生産に通常使用される労働の量が、その商品が通常購買し、支配し、あるいは交換されるべき労働の量を、規制しうる唯一の事情である。(13)

この部分は素朴な記述であるが、非常に重要な部分である。なぜならば原始社会では、労働者が労働によって生産したものは労働者のものになるということを明確に示しているからである。

次に、労働によりものを生産するとき資材が使用されたならば、生産されたものはだれの所有になるかという問題が出てくる。

スミスは、この点につき、生産されたものの価値は、一部は労働を支出する労働者に帰する、そして他の部分は、資材を提供した者の利潤に帰するであろうと述べ、次のごとく説明する。すなわちここで、貯えの利潤とは、指揮、監督という労働に対する対価であるという者もいるが、これは間違いであり、貯えの利潤は、労働の観点から考えるのではなく、その他の原理に従うものであって、それは貯えの価値によらなければならない、と述べている。そして、このような場合は、生産物が全部労働を提供した者に帰属するということはできないと述べている[14]。

そして、一般に、労働によって生産された生産物の価値は、労働者、資材提供者、地代（ヨーロッパやイングランドでは、建物は土地の一部分である）を受け取る権利のある土地所有者に配分されなければならないとし、国全体を見た場合、年々の全生産物の価格は、賃金、利潤、地代から構成されると結論する。

この視点は非常に重要である。現代社会では、貯えは設備投資という形式で資本家が提供しているように見える。しかし、現実には、企業は銀行からの借り入れによってこの資金をまかなっている。この銀行からの借り入れはいったいだれが支払うのであろうか。この借り入れは、企業の貸借対照表の「負債の部」に記入される。この債務の支払いは労働者の労働によって支払われるのであって、それ以外の支払方法はない。したがって、ここに重大な問題が伏在しているが、この点については後に詳述する。

三　カール・マルクス（ドイツ一九世紀の経済学者・哲学者）
―『資本論』『剰余価値学説史』の著者―

労働問題は、経済学の重要なテーマの一つであって、そして、カール・マルクスの名を挙げることを忘れることはできない。マルクスは一八一八年五月五日、プロイセンのライン州トリーアで裕福なユダヤ人の家族として生まれた。一八二四年には家族全体がプロテスタントに改宗した。彼は一八三五年から一八四一年の間、ボン大学で法律、哲学、歴史を学んだ。一八四二年には、急進的な新聞『ライン新聞』の主筆になったが、同紙は数カ月後、当局の弾圧を受けて廃刊となった。翌四三年の夏、政府高官の娘イェニー・フォン・ヴェストファーレンと結婚し、秋にはパリに移った。

彼は、初めてのエンゲルスとの共著『神聖家族』を発表してヘーゲル左派を批判したためギゾー（一七八七年、南仏のニームに生まれ、一八一二年よりソルボンヌの歴史教授となり、三〇年、内務・文部大臣、四〇年より四八年二月まで内閣首班として国政を担当した）に追われ、ブリュッセルに移り共産主義者同盟に参加した。一方、『哲学の貧困』を一八四七年、『共産党宣言』を四八年にパリで起きた二月革命の直前に発表した。その後、共産主義活動をするかたわら著作に励み、パリを経てロンドンに渡り、そこを永住の地とした。そして、新聞の記事を書きながら収入を得て経済学の研究を続け、『経済学批判』を一八五九年、『資本論』第一巻を六七年、同二巻を八五年、同三巻を九四年にそれぞれ発表した。マルクスは偉大な経済学者であるばかりでなく、ドイツ出身のジャーナリストであるエンゲルスと共に共産主義活動に身を捧げた実行家でもあった。

彼の理論は、まず資本家である支配階級と労働者である被支配階級の二階級が存在し、その対立抗争を通じてこの両者の関係がテーゼ、アンチテーゼと弁証法的に発展し、資本主義社会が周期的な金融恐慌に襲われ、最終的には資本主義社会は滅び、労働者の福祉を目的とした社会主義社会が誕生するというのである。

そして、ロシアでは、一九一六年の大寒波のあと食料不足が原因で民衆と兵士の抗議行動が発生し、翌一七年、ニコライ二世が退位した。これは二月革命と呼ばれている。この後、程なく、政府勢力によって臨時政府が発足し、他方、労働者と兵士を代表するソビエトが発足した。

その後、スイスの亡命先から帰国したレーニンに率いられたボルシェヴィキが次第に労働者と兵士の支持を得るようになり反対党のメンシェヴィキを抑え、ついに一九二二年、ボルシェヴィキは全国ソビエト大会で国家樹立を宣言し、他派を排除し、一党独裁国家としてソビエト社会主義共和国連邦を成立させた。

このようにして、マルクスは、レーニンと共に共産主義国家を樹立したが、マルクスの成したことは、この共産主義国家の経済の理論的武装であった。

しかし、このソビエト連邦も、第二次世界大戦後、米国との冷戦の時期を経て、経済的に行き詰まり崩壊の一途をたどった。一九八五年、ミハイル・ゴルバチョフがソ連共産党の書記長に就任した。彼は、フルシチョフ以来タブーとされていた民主化に着手した。すなわち、社会主義の範囲内で、ペレストロイカと称する自由化、民主化改革運動を行い、グラスノスチと呼ばれる情報公開にも努力した。

さらに、東欧衛星諸国に対するソ連とソ連共産党の指導制の否定を行い、一九八七年、当時米国の大統領であったロナルド・レーガンとレイキャヴィックで会談し、世界の二大国の指導者が直接会ったことは意義があると高く評価された。

そして、一九八八年、新ベオグラード宣言で、東欧諸国に対する指導権を放棄したことが明文に掲げられた。翌八九年八月、ハンガリーおよびポーランドで民主化運動が起こり、これが引き金となって、同年一一月、ベルリンの壁の崩壊につながった。その結果、各国の共産主義政権は次々と下野し、自由選挙による新政権が誕生した。

このように共産主義国家が崩壊した原因は、ソ連共産党の指導者たちが労働貴族になって共産主義社会が硬直化し、理論どおり運営されていなかったからである、といわれている。例えば、黒海地方に多数存在する避暑地とそこにある豪華なプール付きの建物は指導者とその家族のためのもので、一般の労働者には縁の遠いものであった。また、経済的基盤が十分でなかったにもかかわらず、軍事費の膨大な増加が挙げられている。

ところで、マルクスの経済理論は、共産主義のためのものであったが、しかし、その内容をつぶさに検討すると、彼の『資本論』の構成の大略は、商品、物品の交換、貨幣（マネー）、労働に関する著述で、これらはいずれも非常に優れた見解であり、一つの経済学の理論を示すもので、ここにその内容の要約を説明するのも無益ということはできないであろう。

したがって次に、商品、物品の交換、貨幣（マネー）、労働の四点について順次説明する。

1　商　品

マルクスの『資本論』の第一の問題点は商品である。

(1)　商品の概念

マルクスは、『資本論』の冒頭で次のように述べ、商品が欲望の対象であることを明らかにしている。

商品はまず第一に外的対象である。すなわち、その属性によって人間のなんらかの種類の欲望を充足させる一つの物である。これらの欲望の性質は、それが例えば胃の腑から出てこようと想像によるものであろうと、ことの本質を少しも変化させない。ここではまた、事物が、直接に生活手段として、すなわち、享受の対象としてであれ、あるいは迂路をへて生産手段としてであれ、いかに人間の欲望を充足させるかも、問題となるのではない。(15)

さらに、次のことを付け加えている。

一つの物の有用性(中略)は、この物を使用価値にする。しかしながら、この有用性は空中に浮かんでいるものではない。それは、商品体の属性によって限定されていて、商品体なくしては存在するものではない。だから、商品体自身が、鉄、小麦、ダイヤモンド等々というように、一つの使用価値または財貨である。このような商品体の性格は、その有効属性を取得することが人間にとって多くの労働を要するものか、少ない労働を要するものか、ということによってきまるのではない。使用価値を考察するに際しては、つねに、一ダースの時計、一エレの亜麻布、一トンの鉄等々というように、それらの確定した量が前提とされる。商品の使用価値は特別の学科である商品学の材料となる。使用価値は使用または消費されることによってのみ実現される。使用価値は、富の社会的形態の如何にかかわらず、富の素材的内容をなしている。われわれがこれから考察しようとしている社会形態においては、使用価値は同時に――交換価値の素材的な担い手をなしている。(16)

(2)　商の概念

それでは、ここで、「商」という言葉について考えてみたい。商は商いであり、利益を挙げる行為である。それでは、どのようにして利益を挙げるのか。それには、次のようなことが考えられる。

1　利益を得るために譲渡する意思をもって動産、不動産、有価証券を有償で入手する行為

2　このようにして有償取得したものの譲渡を目的とする行為

3　他人より取得する動産または有価証券の供給契約

4　供給契約の履行のための有償取得行為

したがって、ある物品が商品となるためには、この物を売るにしても買うにしても利得の意思が必要である。利得の意思のない譲渡行為は単なる贈与に過ぎず、利得の意思のない取得行為は、商品としての取得行為ではなく、単なる自己使用のためのものである。

(3) 分業

次に、物品が商品になるためには分業が必要である。分業は、各自が全生産組織のうちの一部分を担当するのであるから、各自は、それぞれが生活するに必要な生活手段を他人から全部または一部を入手しなければならない。ここに交換経済が存在し、発展する。

2　物品の交換

原始生活の下では、人は生産したものを自分のためにのみ使用していた。しかし、人類が道具を発明したため生産力が向上し、余剰物品が生産されるようになり、これを他人の物品と交換することができるようになった。前にも述べたように交換社会の発生である。

交換は異なる物品の間でなされる。ある人は自分の余剰生産物を他人の余剰生産物と交換したいと欲する。例えば、マルクスがしばしば使う例を考えてみよう。すなわち、亜麻布織職は、自分の作った亜麻布二〇エレを他人の作った上着一着と交換したいというのである。

この場合、亜麻布を持っている亜麻布織職は亜麻布の価値と上着の価値が同一であるか否かを吟味するよりも、これをどうしてもあの人の持っている上着と交換したいという気持ちのほうが強いだろう。そして、上着を持っている人がたまたま、亜麻布を持っている亜麻布織職と交渉に応じ、最終的に自分の上着と亜麻布とを交換する気持ちになり、最終的にこの交換は成立した。マルクスは、この交換をもって、「亜麻布二〇エレ＝上着一着」であるということができると説明している。確かに、この二つの物品が交換されたということは、一見して、この両者の物品の交換価値がイコールであるように思われるが、しかし、交換を基本とするこの経済生活の段階では、まだ、マネーがないのであるから、両者の交換価値が同等であるということはできない。

3　マネー

物々交換は、理論としては成立するが、実際には不便である。しかし人類は、交換を容易にするためマネーを発明した。

(1)　マネーの誕生

マネーは、時代により、国により、社会環境により、交換の便宜のため、いろいろなものが選ばれた。金、銀、銅など貴金属をはじめ、時代は異なるが、家畜、貝殻、ウイスキー、石などもマネーになった。

英国はもともと銀本位制であったが、一九世紀、世界に先駆けていち早く産業革命を達成し、また、世界の至るところに植民地を有し、強い輸出競争力を行使し、植民地で産出した金を本国に持ち帰って多くの金を保有するに至り、ここに金本位制に必要な金を準備することができた。そこで英国は、一八一六年、一ポンド金貨の鋳造を開始した。

ところで、金の価格であるが、金一オンスにつき、三ポンド一七シリング一〇ペンス半と決められたため、一ポンド金貨は純金一二三・二七グレインを含んでいた。

同様に、米国では、南北戦争の後のハミルトン大統領のとき、フィラデルフィアに造幣局が設立され、造幣局の鋳造する金貨と銀貨が、広く米国の基礎通貨になることが確認された。そして、この貨幣に自由の女神の像を刻印するのか、あるいは、著名な政治家の肖像を刻印するのかの争いがあった。そして最終的に、一〇ドル金貨（イーグル）は、一ドル当たり、二四・七五グレインの純金を含むと定められた。

我が国では、一八九七（明治三〇）年に貨幣法が制定され、一円は純金七五〇ミリグラムを含むと定められた。

このようにして、金本位制は、金の一定量でもってマネーの単位とするものである。そして人々は、この金で決められたマネーの単位で物の価値を計り、マネーの単位の数でその大きさを決めた。マネーの単位の数で測定された価値の評価は「価格」と呼ばれる。

ところで、マネーの単位となった金の価格は、商品の価格が変動すると同じように変動する。したがって、マネーの単位の数で物品の価値を測定し、交換価値として価格を算定するといっても、マネーの単位に含まれる金の価格が絶えず変動するため、マネーには二つの価値のあることが判明した。すなわち、マネーの実質価値を考えず、マネーの表示する通貨単位の数で物品を評価するのか、あるいは、通貨単位の含む金の価値を考えて物品の価値を評価するのか、という問題である。

ヨーロッパでは、歴史上、長い間、マネーの実質的な価値を考えるという習慣があった。少し時代はさかのぼるが、フランスの法曹シャルル・デュムランが、一五五五年、「通貨の本質は自然的な物質ではなく、それが表示するところの数である」と述べ、マネー単位の数で物品の価値を評価することが可能になり、それ以来、このマネーの名目価値による評価が一般的となった。それで、ここでも、物品の交換価値を評価するためにマネーの名目価値によることになり、マネー単位の数で名目価値が評価され、価格で表現される。
　マルクスは、この商品とマネーとの関係を分析し、次のような命題に到達した。

(2)　マネーと商品

①商品の交換過程

「そこで亜麻布織職にとって大事なことは、その取引の最終結果であるが、彼は亜麻布のかわりに聖書を、すなわち彼の最初の商品のかわりに、同一の価値の、しかし有用性をことにする他の商品をもっている。同様にして、彼は、その他の生活手段と生産手段とを獲得する。彼の立場からすれば、この全過程は、ただ彼の労働生産物を他の人の労働生産物と交換すること、すなわち生産物交換を媒介するだけである。
　商品の交換過程は、こうしてつぎのような形態変化をなして遂行される。
　　商品—貨幣—商品
　　W—G—W」[17]

②W—G

「W—G　すなわち、商品の第一の変態または売り。商品価値の商品体から金体への飛躍は、私〔マルクス〕が他のところで名づけたように、商品のSalto mortale（生命がけの飛躍）である。（中略）社会的分業は、彼の労働を一方的に偏せしめると同時に、彼の欲望を多方面にする。まさにこのゆえに、彼の生産物が彼にとって用をなすのは、交換価値としてだけであることになる。しかしその生産物が一般的な社会的に通用する等価形態を得るのは、貨幣としてだけである。そして貨幣は、他人のポケットの中にあるのである。これを引出すためには、商品は、とくに貨幣所有者にたいして使用価値でなければならない[18]」

③Ｇ―Ｗ

「Ｇ―Ｗ　商品の第二、または終局変態、すなわち、買い。――貨幣は、すべての他の商品の脱皮した姿、またはその一般的な売渡しの産物であるから、それは、絶対的に売渡しうる商品である[19]」。商品は貨幣と交換されることによって消滅する。しかし、貨幣は、どのような経路を経てその所有者に達したかは問われない。貨幣は、一方では売られた商品を代表するとともに、他方では、買われるべき商品を代表する[20]。

このようにして、商品はマネーとなり、マネーは商品に化体する。

(3)　マネーの資本化

マネーは最初、商品と商品の交換の媒介の役割を担った。すなわち、Ｗ―Ｇ―Ｗである。ところが、資本主義社会における商品の流通形態は、商品の使用価値を問題にすることなく、商品の交換価値のみが問題となる。すなわち、商人は、利益を得ることを目的として商品の売買をしている。したがって、商人が商品を買うということは、商人がマネーを出して商品を買うのであるから、Ｇ―Ｗということである。そして、利得を取得するため取得した商品を売ることは、商品がマネーに転化することであるから、これは、Ｗ―Ｇということである。

この式を商人がマネーを出して商品を買う行為、すなわち、G―Wとつなぎあわせると次のようになる。

G―W―G
マネー―商品―マネー

これは、マネーが商品を媒介として、マネーを追っかける構図である。そして、この構図こそ資本主義社会の取引の本質を示すものであって、これを明確に示したマルクスの功績は大きい。

4　労　働

人は、いったん生を受けたからには生きていかなくてはならない。そのために人は食物をとり、衣服を着て家に住み、働かなくてはならない。そして、これらの行為のどの部分をとってみても、人が自ら自分のために体を動かし必要なことをしているわけであり、これらすべての行為が労働である。

(1)　労働の本質

まずここでいう労働とは、人が生きていくための労働である。趣味、趣向、スポーツなどのための労働はここでは除外される。

原始社会で、土地を耕し、動物を追い、魚をとり、草の繊維から衣料を作り、林や森から木を伐採して住居を造る行為は、すべて生活のための労働である。そして、ここで注意しなければならないのは、労働によって生産された土地の収穫物、動物、魚、繊維で作った衣服、木材の住居はすべて労働を加え生産した者の所有になるということである。今、夫、妻、子供一人の三人家族のとき、この三人の家族が働いて生産した生産物は、すべてこの家族の所有物となり、家族三人の間で分配が始まる。

次に、一人の男が土地を耕しているとき、他の男が来て、道具を使わないで土地を耕すのは大変だろうということで、鋤《すき》と鍬《くわ》を最初の男に貸したとする。この男は借りた道具を使っていつもの二倍の収穫を得た。その収穫は、土地を耕した男だけではなく、道具を貸した男にも分配しなければならない。さらに、社会が進歩して、他人が生産者に資本を提供したとき、この資本の提供者が生産物の分配にあずかることはいうまでもない。

このようにして、複数の人がある生産に何らかの形でかかわっている場合、収穫された生産物はこれらの人々の間で分配しなければならないということがわかるであろう。これらの予備知識を前提にして、少し長いが、マルクスが労働について述べたことを『賃労働と資本』から引用したい。それは次のとおりである。

> 〔商品〕価格は生産費によって決定されるということは、価格は商品の生産に必要な労働時間によって決定されるということに等しい。けだし、生産費を構成するものは、第一には、原料と用具磨損分、すなわち、その生産に一定量の労働日を要し従って一定量の労働時間を表示する産業生産物であり、第二には、やはり時間を尺度とする直接的労働だからである。
>
> さて、商品一般の価格を規制する同じ一般的法則は、もちろん、労賃すなわち労働の価格をも規定する。

労働の賃銀は、需要供給の関係に応じて、すなわち、労働力の買手たる資本家たちと労働力の売手たる労働者たちとの間の競争の状態に応じて、ときには騰貴し、ときには下落する。商品価格一般の変動に応じて、労賃も変動する。だが、この変動の内部において、労働の価格は生産費によって、すなわち、この労働力という商品を生産するに要する労働時間によって、決定されるであろう。

では、労働力そのものの生産費とは何か？

それは、労働者を労働者として維持するために、また労働者を労働者として育てあげるために必要とされる費用である。

だから、ある労働が必要とする育成時間が少ければ少いほど、その労働者の生産費が少く、彼の労働の価値すなわち彼の労賃がそれだけ低いわけである。ほとんど全く教育時間を必要とせず、労働者の単なる肉体的生存だけで間にあうような産業部門では、彼の生産に必要な生産費は、ほとんどただ、彼の労働可能な生活を維持するために必要な商品だけに限られる。だから、彼の労働の価格は、必要生活手段の価格によって決定されるであろう。

ところが、まだもう一つ注意すべきことがある。工場主は自分の生産費を計算し、これに従って生産物の価格を計算するのであるが、彼は労働用具の消耗をも勘定に入れる。彼がある機械に例えば千マルクを要し、そしてこの機械が十年間に消耗するとすれば、彼は、十年後に消耗した機械を新機械と取換えうるために、年々百マルクを商品の価格に加算する。同じような仕方で、簡単な労働力の生産費にも、労働者種族が繁殖して消耗労働者を新労働者と取換えうるための繁殖費が加算されねばならぬ。だから労働者の消耗は、機械の消耗と同じ仕方で勘定に入れられるのである。

だから、簡単な労働力の生産費を総計すれば、労働者の生存＝および繁殖費となる。この生存＝および繁殖費の価格は労賃を形成する。こうして決定される労賃は労賃の最低限と呼ばれる。[21]

(2)　労働の剰余価値理論

労働の剰余価値には、マルクスの発見した剰余価値と、本書で述べるところの会社の債務を支払うために用いられる剰余価値の二種類がある。次に、これら二種類の剰余価値について説明する。

①マルクスの剰余価値理論

マルクスは、労働者の労働力の中に剰余価値の存在することを見つけた。

労働者は、一日六マルクの価値のあるものを生産することができ、労働者の半日の労働、すなわち、三マルクが彼の労働の生産費である場合、後の半日の労働力が三マルクの剰余価値を生み出すのである。雇用主は、この三マルクを自分のものとして取得する。

一般に、雇用主は、労働者を雇用するとき、労働者の生活を維持するだけの価値を有する労働力の提供で満足することはない。雇用者は、できるだけ労働者を働かして労働力を行使させ、生産物を最大限度に生産させるのが普通である。したがって、労働者の労働力の行使は必ず剰余価値を生むことになるのである。このようにして理解される剰余価値は、『資本論』だけではなく、『剰余価値学説史』などマルクスの全著作の中に見られる。

特に後者の『剰余価値学説史』では、マルクスは、ウィリアム・ペティの『租税貢納論』の批判に始まり、テュルゴ、ケネーなど重農主義者の学説からそれに続くアダム・スミス、デヴィッド・リカードの学説を批判している。そして、労働者が商品の生産に要した労働の価値よりも生産された商品の価値のほうが大きく、その価値の差をもって剰余価値となると述べ、従来の学説は剰余価値を利潤と混同しているというのである。

そして、この剰余価値理論が終局的には彼の経済学説の根幹をなし、また彼の哲学として、哀れな労働者を守らなければならないというある種の人道主義の精神につながるのである。

②本書『人間の尊厳と労働』で述べる新たな剰余価値理論

マルクスは、雇用主が労働者を雇用し、その指揮の下に労働者を働かせ、労働者が労働力を発揮して生産物を生産するとき、剰余価値が発生することを明らかにした。

しかし、雇用者が労働者を働かせるとき、銀行から資金を借り入れ、土地を賃借りし、その上に商品を生産するための工場を建設し、その内部に必要な機械を設置し、労働者を雇い入れる。この場合、雇用者の生産設備と生産手段は大部分、銀行からの借金によるものである。

つまり、この場合、この雇用主の事業の経営は他人資本によるものである。マルクスは、このような他人資本による商品の生産について述べている。

借入れた資本で仕事をする生産資本家にとっては、総利潤は二つの部分に割れる。すなわち、彼が貸し手に支払わねばならない利子と、利子を超える超過分で、利潤中の彼自身の取り分をなすものとに。一般的利潤率が与えられていれば、この後の方の部分は利子率によって規定されている。利子率が与えられていれば、一般的利潤率によって規定されている。そしてさらに、総利潤が、利潤総額の現実の価値の大いさが、各個のばあいにいかに平均利潤から偏倚しようとも、機能資本家に属する部分は、利子によって規定されている。なぜならば、利子は一般的利子率によって（特別な法的な取決めは別として）確定されていて、生産過程が始まる前から、したがって生産過程の結果である総利潤が獲得される前から、先取りされるものとして前提されているからである[22]。

これを見ると、マルクスは、生産過程に資本が投下されたとき、利子は、総利潤の中から優先的に支払われるというのである。

ところで、雇用者は、銀行との間で、生産手段を入手するため銀行から借り入れた借金を一〇年間で利息とともに毎月均等額で返済する約束をしていたとする。そして、借入金は順調に支払われ、一〇年が経過しすべての債務が完済されたときどうなるであろうか。借入金で生産施設を購入しても、借入金の返済が済んだときこの生産施設はすべて雇用者のものとなる。

しかし、だれがこの借金を支払ったのであろうか。それは労働者の労働力によってであり、それ以外には考えられない。なぜならば、価値を生み出すのは唯一労働者の労働力であり、労働者の働きがないと何一つ生まれてこない。銀行の借金は、労働者の剰余価値から支払われたのであり、それ以外に借金を支払う者はいないし、支払うこともできない。

雇用者は、労働者の働きによって生産施設を自分のものとした。それは、労働者の働きによる労働力の結果であって、労働者が知らない間に生産施設を雇用者にプレゼントしたのである。

マルクスは、労働者が生産した価値のうち、労働者の受領した賃金を超える部分を剰余価値と名づけ雇用者の手に帰すると述べたのであるが、ここで研究しているところの剰余価値は、計算上は雇用者のために帰するが、直接雇用者の手に帰するのではなく、銀行の借金の支払いに充てられ銀行の手に入るのである。したがって、マルクスに従えば、剰余価値はすべて雇用者の手に帰することになるが、筆者の見解に従えば、労働者の生産した剰余価値は、一部は直接雇用者の手に帰するが、他の一部は雇用者の計算で銀行の手に帰するということになる。

マルクスは、剰余価値の種類は一つであると述べたのであるが、筆者の見解によれば、剰余価値の種類は一つであっても、その価値が雇用者の手に落ちる経路には二つの種類があり、一つは直接雇用者の手に落ち、他の一つは雇用者の計算で銀行の手に落ちることになる。ここに、剰余価値の種類に二つあることが明らかになった。

そして、銀行の手に落ちる剰余価値は労働者の低賃金から生まれたものである。企業はこの新しい種類の剰余価値によって莫大な資産を取得した。そして、毎年、設備投資の総額が我が国の経済の成長の指数として選ばれている。このような低賃金政策が戦後から今日まで行われてきた。

マルクスのいう「雇用者の手に帰する剰余価値」を「第一の剰余価値」というとすれば、「銀行に帰する剰余価値」を「第二の剰余価値」ということができる。ここで我々は新たに、第二の剰余価値という重大な存在を知ったのである。

労働者が第一の剰余価値を雇用者にプレゼントし、さらに第二の剰余価値をもって雇用者の銀行の借入金を支払うという形でいつの間にか雇用者の借金を支払って、生産手段をプレゼントしていたのである。雇用者は、借金をすることによって莫大な資産を取得し、このようにして労働者は貧困化の道を歩んできたのである。

四　ケインズ（英国二〇世紀の経済学者）
―『雇用、利子および貨幣の一般理論』の著者―

次に、ケインズの経済理論について検討したい。

ケインズは、経済学者であるジョン・ネヴィル・ケインズを父として、一八八三年、英国の大学都市ケンブリッジに生まれた。学校はイートン校に進み、ケンブリッジ大学を卒業した。

そして、インド省に入り、インド省を二年で辞めると、一九〇八年からその生涯を終える一九四六年までケンブリッジ大学で経済学を教えた。一九一九年、大蔵省の首席代表としてパリの平和会議に出席し、第一次大戦の敗戦国であるドイツが支払う賠償金の額を軽減するよう主張したが、容れられず辞職した。このように彼は代表の地位にあっても、相手のことを考える人物であった。

そして彼は、一九二四年、オックスフォード大学で「レッセ・フェールの終焉」というテーマで講演し、また、二六年には、ベルリン大学で「平和の経済的結果」というテーマで講演した。オックスフォード大学の講演では、一九世紀の思想であったレッセ・フェールはもはや時代の要請ではない、国家は積極的に国民生活の中に入り、国民の生活の維持と向上に尽くすべきであるという見解を示した。これは次に述べる『雇用、利子および貨幣の一般理論』の先駆けとなるものであった。ベルリン大学の講演の内容は、「はじめに」「戦前のヨーロッパ」「国際会議」「条約」「賠償」「条約後のヨーロッパ」「損害の回復」から成るものであった。

1　雇用の確保

ケインズは、一九三〇年の米国発の世界大恐慌のとき、経済が沈滞し人々が職業を失って苦しんでいるさまを見て、なぜこのような失業が発生するのかということを深く考えるようになった。そして、一九三六年、不朽の名作『雇用、利子および貨幣の一般理論（The General Theory of Employment, Interest, and Money）』を発表した。

彼は、従来の経済学が単に理論の学問であり、事実をよく見ていないと考えた。そして、アダム・スミス、リカードなど以前の経済学者の見解を批判し、彼らの見解は、限られた特殊な場合にだけ成立するに過ぎないとして先輩経済学者の意見を批判し、自己の学説は、雇用、利子、貨幣のそれぞれに関する一般的な理論で、特殊な場合に関する先輩学者の提唱する学説をも含むものであると主張した。彼は、このような意味で特に力を込めるべく、この著書の最初の言葉を「一般（general）」という言葉にしたと説明している。

彼の関心は、いかにして雇用を確保できるかということである。したがって、この著書のテーマも雇用が先に来ている。

ケインズに至るまでの経済学の主流は、フランスのセーの学説である。この学説はケインズに至るまで約一〇〇年間ヨーロッパの経済学を支配してきた。セーの学説というのはきわめて単純である。供給が需要をもたらすというのである。この意味は必ずしも明白ではないが、生産費の全額は、直接にまたは間接に、必ず生産物の購入に充てられるというセオリーである。

ケインズはまず、右の一般理論の中で、セーの理論が誤りであることを証明している。セーの理論は、ジョン・スチュアート・ミルの次の理論に負っている。

商品を買うための支払い手段となるのは端的に言えば商品である。他人の生産物を買うために各人が用いる支払い手段は彼自身が保有している商品から成り立っている。すべての売り手は定義上、必ず買い手である。一国の生産力を突然二倍にすることができたら、どの市場においても商品の供給は二倍になるが、同じ調子で購買力も二倍になる。供給も二倍。需要も二倍、交換に提供できるものを二倍もっているわけだから、買うことができるものも二倍になる。[23]

これに対し、ケインズは、総需要関数と総供給関数の関係から有効需要の理論を考え、この理論からセーの理論が間違っていることを証明している（なお、有効需要については次に説明する）。

この問題は、経済学で、供給が先か、需要が先か、という問題であるが、これを常識で考えると次のようになる。まず、人が生活していることを考えてみる。人は生きていくために食料が必要である。したがって、人は労働力を使ってまず、食料を生産する。これを見ても明らかなように、まず、人間の生産への意思が必要である。これは、すなわち、需要を求める意思ということができる。

2　有効需要

次に、有効需要に関し労働者の雇用の問題を考えてみよう。

ケインズ以前の古典的経済理論では、経済は、需要と供給が均衡を保つという傾向があり、需要と供給が均衡を保つとき雇用は完全雇用の状態になり非自発的失業者は存在しないと考えられていた。しかし、現実には常に、労働者が働きたいと思っても仕事がないという状態が存在した。

ケインズはこのような状態を見て、従来の経済学は理論に走り実際を見ていないのではないかと考え、現実の事実から出発した雇用の理論を樹立した。

すなわち、最低賃金で働いてもいいという労働者（この集団を仮にNとする）がいなくなるまで、賃金水準は最低賃金以上には上がらない。Nをすべて雇用しても必要とされる労働者が不足する場合には、新たにα人の雇用を行わなければならず、そのためには賃金水準を引き上げる必要がある。また、反対に、労働者に対する需要がα人だけ減ってN－αになっても、個々の賃金は引き下げることができない。なぜならばNの賃金は生活をするのにやっとの金額であり、その金額を下回ってしまえばだれも働こうとは思わなくなるからである。そして、あらゆる事情から、雇用の需要がN－αにとどまっているにもかかわらず、賃金の総額からα人分の賃金に相当する引き下げができないとすると、α人の労働者を削減するしかなくなり、そこに必然的に非自発的失業者が発生するというのである。

したがって、多数存在する労働者のいずれも雇用される可能性はあるが、しかし、現実に雇用されであると主張した。これが有効需要の原理である。

　またケインズは、従来の学説が賃金は生産のための費用であると考えていることを批判し、賃金は、現代の経済学では、総需要の一部を構成する主要なる需要で、それは生産のためのコストではなく収入であるため、全需要の重要な一部になると述べている。ケインズによれば、雇用水準は、賃金に依存するのではなく、企業によって予測される財産とサービスの需要に依存するという。実際に、一企業が労働者を雇用する動機は、何よりも、生産物の量を増加しなければならないという将来の展望である。したがって、労働者を雇い入れるという決定は、有効需要、すなわち、全企業によって予測される総需要にほかならない。もし有効需要が弱いとき、企業の雇い入れは少なく、したがって生産物の減少となり、それが原因で失業を引き起こす。この結果、雇用水準は経済活動の水準に依拠する。この経済活動は、また、それ自身有効需要に依存する。失業があるとすると、それは非自発的失業である。

　古典派の学説は、失業が発生するのは賃金が高いからで、賃金を低くすると失業はなくなるという。しかし、賃金の切り下げは消費の減少を招き、消費の減少はペシミステックな気分にさせ、さらに有効需要の低下を招く。そうすると、雇用の需要が減少し、さらにサラリーの収入の減少につながり、消費は減少し、ここに悪循環が発生する。

　失業は有効需要が低すぎるとき発生する。したがって、もし、自由市場が完全雇用を達成するに十分でない水準に至るならば、国家が介入してこの低水準の向上を図らなくてはならない。

　ところで、有効需要といっても具体的には明瞭でない。それは、具体的には多くの事情に依存する。

次に、その中でいくらかの事例を示すことにしよう。

(1)　企業、行政官庁、家計による国全体の全消費

消費は一般に需要を喚起する。この需要に応ずるためには生産が必要である。したがって雇用の有効需要が生じる。特に家庭の消費が重要である。国内の全家庭の消費を考えるとき、その額は非常に大きなものになる。そしてこの消費は零細な人々の収入を構成し、最も貧困な人々の収入を増加させる。そして、これら零細な人々の更なる消費が新たな雇用を創設する。

(2)　投資（企業、行政官庁、家計）

投資によって生産が始まる。ここにも雇用の有効需要がある。需要をさらに増加させるためには、投資水準を上げることが必要である。それには、公共投資（高速道路や新幹線の工事、ダム工事などに伴う大規模土地開発など）の増加である。私的投資が弱いときこれを補充するものである。またさらに、私的投資に関し、国がいろいろな方法でこれを援助することができる。例えば、利息、税金を減額・免除することである。

(3)　財産・サービスに関する国全体の需要

財産・サービスに関する国全体の需要は、先に挙げた「企業、行政官庁、家計による国全体の全消費」よりも大きい。

(4)　輸出される商品・サービス（非居住者の需要）
商品が輸出されるとき、雇用を含むあらゆるものの国内需要を喚起する。また、サービスの輸出も、また同様に、国内の需要を呼ぶものである。

3　公共投資

ケインズ以前の理論は従来、「国家は小さい国家が望ましく、国家は必要最小限度の範囲内で私人間の諸関係に介入すべきであり、原則として、私人間の諸関係は私人間の諸関係として私人にその処理を任せるべきである」と述べていた。この理論は「レッセ・フェール（laissez-faire）」（「好きなようにさせる」の意で、一般に自由放任主義と訳される）と呼ばれる。しかし、ケインズはこの見解に疑問をもっていた。

国の中では、産業、商業が栄えて企業が好景気のときも、多くの失業者はいるし、貧困な人々は跡を絶たなかった。そこで、ケインズは、「国家が発展し国威が高揚しているときでも、なぜこのように多くの失業者がいるのか、また、なぜこのように多くの貧困な人々がいるのか」と自問自答した。そして彼は、経済学がこの問題について回答すべき責任があると考えた。

その結果、「国家は、国民生活を一定の水準に保つため、積極的に公共投資をなし、雇用を維持し、拡大しなければならない」と考えた。すなわち、「投資が不足するときは、雇用を確保し、貧困な人々の生活を守るため、国家が追加の公共投資という形式で私人間の生活関係に介入すべきである」という主張をした。

彼がこの研究を発表したのは前記のとおり、一九三六年である。その少し前、米国大統領フランクリン・ルーズベルトは、一九二九年の恐慌の対策としてニューディール政策を実行し、その一環として一九三三年、米国政府の機関であるテネシー川流域開発公社（Tennessee Valley Authority：TVA）を設立し、テネシー川流域の総合開発を目指した。これは三二個の多目的ダムを中心にした総合開発で、大量の失業者を救済し、賃金を払い、購買力の向上を目的としたものであった。その効果については否定的な意見もあるが、一般には、地方自治体の貧困の克服、マラリアの撲滅、図書館の建設などがなされ、世界最初の地域開発となったと評価されている。

しかし、その後まもなくして世界は第二次世界大戦に突入した。したがって、それが終了する一九四五年までは、彼の理論の正当性を確かめられるような事情ではなかった。だが、第二次世界大戦が終了し、それから程なくすると、雇用を確保するために米国で大規模の公共投資が考えられるようになった。米国では「経済学者はケネジアン（ケインズ主義者）である」という見解が大勢を占め、ニクソン大統領が、「我々は、皆ケネジアンである」といったことは周知のことである。我が国も、ケインズの学説の影響を受け、政府が積極的に公共投資をし、戦後の復興に大きく寄与したのである。

4　ケインズ学説の批判

ケインズの学説は「弱者を守り雇用を促進したい」という考えの上に樹立されており、世界の各国が彼の学説に従い公共投資を実施したということはまことに意義が深い。

しかし、公共投資により雇用を創設するという彼の学説は、一九七五年に起きた石油ショックのとき、原油価格が四倍になったため多くのエネルギーを必要とする公共投資は赤字となり、維持することができなくなった、と批判された。また、その他にも、ケインズのまったく予想しなかったような事情、例えば、金融ビッグバンによる金融の自由化やその後に導入されたグローバリゼーションの思想などが、ケインズの学説を覆した。

この金融ビッグバンによる金融自由化の思想とグローバリゼーションの思想は、ケインズが決別したはずのレッセ・フェールの思想を再び経済、金融、財政の中に持ち込むこととなった。その結果、国際経済は無政府状態になり、二〇〇八年の世界的規模の金融危機の発生となった。そして、行き過ぎた自由経済を批判してきたプリンストン大学教授クルーグマン氏は、経済学の分野で二〇〇八年のノーベル賞を受賞した。

(1) チュルゴオ『富に関する省察』永田清訳註（岩波文庫、一九三四年）一二〇―一二一頁。
(2) 同前、一二一頁。
(3) 同前、一二一頁。
(4) 同前、一二三頁。
(5) 同前、一二六頁。
(6) 同前、一二六―一二七頁。
(7) 同前、一二七頁。
(8) 同前、七四頁。

（9）アダム・スミス『国富論（一）』水田洋監訳、杉山忠平訳（岩波文庫、二〇〇〇年）。

（10）アダム・スミス『国富論（二）』水田洋監訳、杉山忠平訳（岩波文庫、二〇〇〇年）三〇三頁。但し、〔　〕内は筆者による補筆。

（11）アダム・スミス、前掲『国富論（一）』六三頁。

（12）同前、六三―六四頁。但し、〔　〕内は筆者による補筆。

（13）同前、九二頁。

（14）同前、九三―九四頁参照。

（15）マルクス『資本論（一）』エンゲルス編、向坂逸郎訳（岩波文庫、一九六九年）六七―六八頁。

（16）同前、六八―六九頁。

（17）同前、一八七―一八八頁。

（18）同前、一八八―一八九頁。但し、〔　〕内は筆者による補筆。

（19）同前、一九五頁。

（20）同前、一九五頁参照。

（21）カール・マルクス『賃労働と資本』長谷部文雄訳（岩波文庫、一九八二年）五四―五六頁。但し、〔　〕内は筆者による補筆。

（22）マルクス『資本論（七）』エンゲルス編、向坂逸郎訳（岩波文庫、一九六九年）六四―六五頁。

（23）ジョン・スチュアート・ミル『経済学原理』第三編第一四章第二節。ケインズ『雇用，利子および貨幣の一般理論（上）』間宮陽介訳（岩波文庫、二〇〇八年）二八頁所収。

第六章　人間の尊厳を傷つける経済事情
―「マネーの理論」による経済の分析―

我々は、文明も進歩し、文化も進んだ現代に生きている。第二次世界大戦後、何もない焦土の中から不死鳥のようによみがえった我が国は、国民の努力によってここまで成長してきた。つい最近までは貿易黒字額も中国に次いで世界第二位であった。日本という国は経済的な観点から見て非常に立派で、世界の中でなされる国際貢献も高く評価されている。これに対して、日本人は、個人収入は世界第一九位である。したがって、世界第二位の経済大国の中で、個人収入が世界第一九位の人が暮らすことは、非常に苦痛であるということができる。

筆者は以前、「ウサギ小屋からの脱出」というテーマで『マネーと日本の進路』（信山社出版、一九九三）という一冊の本を書いた。そして一七年という歳月が経過した。

当時、人々は少なくともウサギ小屋に住むことができ、それぞれが自分は中流であると自負していた。今考えればよき時代であった。しかし現在は、時代が進歩したにもかかわらず、個人の生活はかえって悪くなっている。トヨタ、日産、ソニー、キヤノンなど世界的な大企業が輸出に行き詰まり、多くの人々が雇用契約を打ち切られて仕事を失い、生活に困る人が続々と増えている。あちらでもこちらでも、職がなくなったという話ばかりである。住むところも仕事もない人が多い。頼みの年金も五〇〇〇万件が消失したという話もある。

日本人はよく働いた。世界中から、働き蜂とか仕事中毒というような批判の声が上がった。憲法も民法も夫婦同居義務を定めているのに、最高裁判所も企業に同調し、単身赴任命令を合法と解した。また、サービス残業という言葉も聞かれるようになった。このようにして、国民は汗水を流し、日夜奮起し、努力し、我が国はわずか半世紀の間に世界に冠たる国となった。しかし、この国民の努力は報われなかった。なぜであろうか。それは、次のとおりである。

一　序論（価格決定の理論）

価格はいかにして決まるか。この問いに答えたのがフランスの法曹ジャン・ボダンである。

彼は、一五三〇年、フランスの中央を静かに流れるロワール川の下流の町アンジェに生まれた。当時の文献はすべてラテン語で書かれていたが、彼はフランス語で『フランス共和国のための六巻の書』を著した。

この頃は、ヨーロッパの人々、とりわけポルトガル、スペインの人々がコロンブスの後を追って続々と新世界に行き、南米の富、特に金銀をスペインのセビリアにもたらした。

スペインに到着した金銀は、陸路または海路を経てヨーロッパ各地に広がっていった。それとともに、ヨーロッパの物価も二、三倍に騰貴した。

ジャン・ボダンは、ヨーロッパにおける金の流入と物価の騰貴の関係に着目し、金と物価の関係について経済学で初めての理論を発表した。その理論は次のとおりである。

貨幣を鋳造し発行する権利はすべて国王に帰属する。臣民は、財貨の交換のため貨幣を必要とし、国王は、臣民のため貨幣を鋳造してこれを流通させなければならない。

貨幣はあらゆる物の価値の尺度で、食料品の価格、衣服の価格、土地の価格もすべてそれで表示される。このため、フランスではリーヴル・トルノワ、英国ではポンド・スターリング、ドイツではマルクが使用される。

フランスの王フィリップ・ル・ベル（一二六八―一三一四年）は、どうしたことか、歴史上、贋金造りという悪評を受けた。この王は、当時流通していた金貨、銀貨の純度をそれぞれ、四分の一に下げ、三倍の金貨、銀貨を流通させた。そのため、物価は三倍になり、家主は三倍の家賃を請求した。

しかし、国王が自己の利益のため価値の尺度を変更することは混乱を招くばかりか、不当な利益を収め、正義に反し許されない(1)。

彼はこの理論を提唱することによって、経済学の上に不朽の名をとどめることになった。物価は需要（マネーの量）と供給（商品の量）によって決められる。このことは、多くの経済学者の見解の一致するところである。

今、商品の数が一〇〇個あり、マネーの数が同じく一〇〇個あるとする。すると、商品一個について、マネー一個が対応する。次に、マネーの数が二〇〇個になったとする。すると、商品一個についてマネーが二個対応する。すなわち、商品の価格が二倍になったということである。反対に、マネーの数が半分になったとき、商品二個に対し一個のマネーが対応する。これは、物価が二分の一になったことを示す。

すなわちここで、商品の数とマネーの数は対応し、マネーの数が二倍になると価格は二倍になり、半分になると価格は二分の一になる。しかしこの理論は、商品の数が増減し、マネーの数が一定のときは当てはまらない。なぜならば、商品の数が二倍になってもすべてが売れずストックになることもある。また、商品の数が半分になっても、すべて売れることもあるが、売れないこともあるからである。

しかし、ジャン・ポダンの発見したルールは現代でも有効で、我々は、商品の価格、生活費とマネーの関係を考えるときは常にこのルールを思い出さなくてはならない。

二　輸出立国（差別と弱者をつくる）

戦後、我が国はドルが必要であった。ドルは万能である。国民は住むところも食べる物もない貧しい状態であった。しかし、占領軍のＰＸ（売店）には美味な物がどっさりとあり、貴金属もきらきらと輝いていた。そこは、ドルを持っている占領軍の兵士とその家族しか入ることができなかった。我が国にはドルがなかった。ドルがなければ何もできなかった。それで、まずドル獲得のために米国への輸出が国家の緊急課題となった。

1　ドルの必要

かくして、国の政治はすべて輸出のために向けられた。しかし資本がない。銀行は輸出優先の融資をした。一九五〇年、朝鮮戦争が勃発した。米国は、本国から武器、弾薬を調達するのは時間がかかるという理由で日本から調達した。そのため、我が国に大量のドルが落ちることになった。当時の首相吉田茂は、「天佑神助」と叫んだ。

このとき、我が国のある輸出製品が非常に高い品質を有していることがわかった。それは、カメラである。朝鮮戦争には各国のカメラマンが従軍していた。彼らのカメラは夜は写らなかった。しかし、日本のカメラマンのカメラは夜でも撮影することができた。

一九五〇年から五五年になると、野球、プロレスが盛んになり、NHKもイタリアからオペラ歌劇団を招待し、人々はテレビの前に集まるようになった。こうして、テレビはまず国内で売れるようになり、次に輸出されて外国人の目に触れるようになると、画面の美しさに驚かれた。テレビは有力な輸出商品になったのである。テレビの技術はカメラの技術と結合してビデオの技術となった。このビデオがヨーロッパで爆発的に売れた。ビデオを買ったのは独身の男性が多かった。次いで家電製品が輸出され、続いて車が輸出された。

このようにして、日本製品は世界に輸出された。品質が良く、価格が安く、アフターサービスも良かった。米国から帰ってきた日本人駐在員は、日本車が優秀であると口をきわめてほめていた。また、英国人も「私も日本車を持っているがまったく故障しない。我々は、機械は人間のつくったものだから、普通、故障するものだと思っている、日本車はミラクルだ」といった。

日本は一九五五年になると、ドル獲得のための経済体制ができあがり、借金で設備投資をするというパターンになり、すべての企業が大きい借金を抱えるようになっていた。

それでも一九六七年当時、ドルの持ち出しはきわめて制限されていた。外国に留学するには、入学金、学費、滞在費を現地で用意しなければならなかった。そして、留学のため出国時に持ち出せるドルの額はわずか五〇〇ドルであった。このようにして我が国はドルを貯め、我が国の輸出政策は功を奏し、国の経済は少しずつ改善されていった。

一九七〇年代後半になると、日本は輸出国として不動の地位を占めるようになり、国内の不景気を輸出でカバーしようとする傾向がはっきりと見られるようになった。そして、一九七八年には、我が国の外貨準備高が三〇〇億ドルに達した。

しかし、輸出が功を奏すると、今度は我が国の外国産品に対する輸入制限が問題になってきた。そして米国は、我が国に対し牛肉とオレンジの輸入を求めた。また、貿易黒字が問題になってきた。我が国の国際収支は、一九八五年四月に黒字を計上して以降、黒字が膨らむ一方だったからである。

中曽根首相は自らテレビに出演し、国民一人ひとりが一〇〇ドルの外国製品を買うように求め、グラフを用いて国際収支の黒字を縮小する必要があることを強調した。

しかし、我が国の国際収支の黒字は、その後、減少することなく増加の一途を辿り現在に至っている。

2　輸出立国は戦争と同じ経済構造

日本は輸出偏重の政策をとってきたため、経済構造が常に貿易黒字を生む体質になってしまった。経済大国とGNP第一主義の経済体制は、個人の人格を軽視し、国家主義のそれにほかならない。そして、この経済体制は、戦時の経済体制と類似している。

(1)　マネーの量が増加し、物がなくなる

戦時下においては、戦費をまかなうため、マネーを増発し、借り入れ、貸し付けをしてマネーの供給量が増える。これらの資金は、戦争に必要な武器を生産し、調達し、軍隊に武器と衣服と食料を与える。武器は戦地で使用されて破壊され、軍隊に支給された衣服・食料は消費されてなくなる。したがって、マネーの供給量が増加し物がなくなる。

貿易黒字が大幅に増加するということは、外国から外貨を入手しマネーの供給量が増えるということである。生産された商品は、外国に輸出され、国内から姿を消してなくなる。すなわち、マネーの供給量が増え商品はなくなる。したがって、経済の構造は、戦争時の国家と輸出立国においては同じである。商品はなくなり、マネーは増加し、物価の騰貴につながる。

(2) 大量の国債・政府負担の債務がある

第二次世界大戦中、我が国では大量の赤字国債が発行された。それで、これをこのまま放置すると猛烈なインフレになる心配があったので、戦後、米国指導で新円の発行をして悪性インフレを回避した。これに対し、我が国では、戦後、一九六五年から現在に至るまで大量の国債等が発行されてきたが、財務省の発表した二〇一〇年六月末の「国債及び借入金並びに政府保証債務現在高」によれば、我が国の負担する財政状態は次のとおりである。

1	普通国債	六〇五・八兆円
2	財投債	一二三・八兆円
3	借入金、交付国債等	五九・三兆円
4	政府短期証券	一一五・二兆円
	1〜4合計	九〇四・一兆円
5	政府保証債務	四六・〇兆円

このようにして、国民は、戦争でもないのに国債その他により多大の負担を負わされている。国家の予算は九〇兆円（すべてを合計すると二〇〇兆円）を超え、そのうち、三分の一以上が国債費に充てられ、三分の二だけが国民のために使われるにすぎない。したがって、国民の知らない間に膨れ上がった膨大な金額が国民生活を圧迫し、予算は、福祉、健康、病院、教育など金銭を生まないところ

には支出されず、人間の生存が脅かされている。

(3)　輸出立国政策は年金・福祉・社会保険制度と矛盾する

すでに述べたとおり、輸出立国政策はインフレを輸入し、マネーの価値と購買力を低下させ、年金基金、福祉のための費用、社会保険の保険料によって積み立てられた基金の価値の低下をもたらし、これらの制度に脅威を与える。

そもそも輸出立国政策は、輸出を重視し、その他を無視するか犠牲にするものである。そして、その他の中で強い影響を受けるのが、経済活動と縁のない健康保険、年金、労災保険、介護保険など社会保険制度である。

年金制度を国民の安心のいくような確実な制度として維持するには、絶対に物価の上昇を食い止めなければならない。しかるに我が国では、これと矛盾する輸出立国政策をとっているのであるから、少子化対策とともに、年金制度など社会保険制度がうまく機能しないのは当然のことである。

三　極度の借金政策（貧困者の増加を加速する）

政府は、敗戦の年である一九四五年以来、今日に至るまで一貫して借金政策を推進してきた。

第二次世界大戦の戦後処理については、第一次世界大戦の戦後処理が結局ナチスの台頭を招き失敗に終わったことが考慮された。また、日本が共産主義化することを懸念し、連合国軍は勝利したにもかかわらず敗戦国である日本を援助することになり、一九四八年、米国で陸軍省の立案した「一九四九年日本復興援助案」が米国議会を通過し、それがもとでガリオア資金とエロア資金が日本に貸与された。日本はこれらの資金のおかげで食料を輸入し、建築資材を購入した。こうして、数百万人の餓死者が発生する心配はなくなり、日本の復興はローンで始まった。

一九五五年になると、日本は再び不景気に襲われたが、全体としては次第に戦後の混乱から抜け出すことができた。しかし、もともと焼け野原から出発し、資産も資源もなかったから、住宅の建設も、工場、事務所の建設も、事業、会社の設立も、すべてローンに頼らなければならなかった。事業をするとき、個人よりも会社のほうが有利で、銀行も会社に対しては安心して融資した。そして、借金は会社の経費として税金の対象から除外された。住宅の建設も借金をしたほうが税金も安く、政府も借金をして住宅建設をすることを勧めた。

ある人は、住宅金融公庫から融資を受けて自分の家を建てるとき、知人の一級建築士に頼んだ。しかし、住宅金融公庫の融資は一定の床面積に限られていたため、それ以上の広い面積の建物を建てるにあたり、二階になる部分を低めに造って外観上は一階建てに見えるようにし、検査が済んでから一階の天井をぶち抜いて階段をつけ二階建てにするというようなこともあった。このようにして、ローンは日本中に広がり、ローンを利用しない会社も個人もほとんど見られなくなった。

そして、一九八〇年頃になると、住宅ローンの期間が三五年となり、三〇〇〇万円の住宅を購入すると、利息を含め総額の支払いが七〇〇〇万円になった。このローンによれば、三〇歳でローンを組んだ人がローンの支払いが終了するのは定年になるときで、定年を超えることもある。

大審院の民法の判例は、「一生、人を拘束する契約は人の自由を束縛しすぎて容認できない。このような契約は無効である」と述べている。期間を三五年とするローン契約も、この判例によれば問題になるであろう。しかし、これでは五〇歳の人はローンを組むことができない。そこで考えられたのが二世代ローンである。その後、三世代ローンもあるということがわかった。

ところで、このような極端な借金政策が国民生活にどのような影響を与えるか考えてみたい。ローンはマネーを相手に渡して成立する金銭消費貸借契約である。ローンの対象となるのはマネーである。したがってマネーの法律的性格を知らなければならない。次にマネーの種類から説明する。

1　マネーの種類

マネーには、金属マネー、信用マネー、記帳マネー、電子マネーの種類がある。

(1)　金属マネー

マネーの長い歴史の中で、金属マネーがその主流を占め、特に、金貨、銀貨、銅貨が重要であった。しかし現代では、金貨、銀貨は、大部分姿を消した。我が国では、五〇〇円貨、一〇〇円貨、五〇円貨、一〇円貨、五円貨、一円貨が流通し、補助貨幣として端数と釣銭の支払いに使われている。

(2)　信用マネー

信用マネーとは、日本銀行が発行する日本銀行券のことである。一〇〇〇円の日本銀行券は一〇〇〇円札といわれる。この一〇〇〇円札の素材は紙で、三椏《みつまた》やマニラ麻などが原料である。したがって素材の価値は一〇〇〇円より低い。それでは、なぜこの紙幣が一〇〇〇円札として流通するのであろうか。それは世間の人々が、この札を一〇〇〇円の価値あるものと信用して使用するからである。この札の流通は人々の信用によるものであるため、信用マネーと呼ばれる。

(3)　記帳マネー

記帳マネーという言葉は、聞きなれない言葉であるが、我々は銀行に預けた預金で公共料金の支払い、住宅ローンの支払い、その他あらゆる取引で、債務の決済に使用している。この銀行預金が記帳マネーと呼ばれる。我が国では、記帳マネーは法律上、マネーと認められていないが、不当である。この記帳マネーの解明により現代の金融取引の実態を明らかにすることができる。

(4)　電子マネー

電子マネーはそれ自体マネーではないが、コンピュータ・システムによる支払い手段である。債務者の銀行の記帳マネーを他銀行の債権者に移転して債務の決済をする方法は記帳マネーによる支払いであるが、電子マネーによる支払い方法は銀行以外の分野に拡張されていった。それには主としてカードによる決済方法とコンピュータ・システムによる決済方法がある。

電子マネーは国家が発行したマネーでないため、プリペイドカードの発行には法の規制がある。また、電子媒体によりマネーをカードにデータ化し、電子マネーとしてこれを持ち歩く方法もある。

2　マネーの創造

マネーが金貨であった頃、人々は錬金術に励んだ。ヴィクトル・ユーゴーの『レ・ミゼラブル（ああ無情）』の映画の中で、ノートルダム寺院の僧侶が錬金術にふけっている場面が見られた。また、万有引力の法則を発見した有名なアイザック・ニュートンも、錬金術に関心を持っていたといわれている。

それほど昔でなくとも、我が国でも、昭和天皇御在位六〇年記念一〇万円金貨が発行されたこともあった。この金貨は純金二〇グラムしか含んでいなかった。当時、金一グラムは二一〇〇円であったため、この金貨の実質価値は約四万円であった。しかし、ここでは、もっと異なったマネーの創造を考えることにしよう。それは、銀行その他の金融機関にしか認められていない方法である。

(1)　中央銀行

ここでは日本銀行のことである。日本銀行には各都市銀行の預金口座がある。日本銀行は、帳簿上の操作によりマネーを創造し、これを各都市銀行の口座に振り替えることによってマネーの創造が完了する。

(2)　市中銀行

銀行は、自己の保有する信用マネー、記帳マネー（主として定期預金）で新たにマネーを創造することができる。銀行はどのくらいのマネーを創造することができるのであろうか。理論的には、銀行は自己の保有するマネーをもとに九倍のマネーを創造することができると解されている。これで、銀行が定期預金を必要としていることが理解できる。しかし、実際にはこの理論のとおりいかない要因が存在する。

3　ローンはマネーを創造する

アングロ・サクソンは銀行業務に関し、「ローンは預金をつくる（loans make deposits）」という法則を述べているが、この法則は世界的に認められている。しかし、我が国では、この問題について深く説明したものはない。

ローンが行われると、銀行は債務者に対し債権を取得し、同時に、銀行は債務者の口座にローンの金額に相当する額を預金として振り込む。そして、銀行の貸借対照表には、資産の部に貸与した金額を債権として記載し、負債の部には債務者の口座に振り込んだ額を銀行の預金債務として記帳する。ところで、この預金債務とは、ローンの債務者から見ると預金債権で、自由に処分できる資産として預金マネーを意味する。すなわち、債務者はこの預金という記帳マネーで自己の債務を決済することができる。このようにして、銀行はローンをすることにより記帳マネーを創造することができる。換言すると、ローンは預金通貨すなわち記帳マネーをつくるということが明白になった。

そして、それればかりではない。記帳マネーは銀行のネットワークの中を流通し、最終的にはもとの銀行に還流することも考えられる。したがって、銀行がローンを与えるとき、銀行は、債務者に対する債権を取得するばかりではなく、他方、銀行から貸与されたマネーは流通に置かれ、銀行のネットワークを流通し、貸与されたマネーは失われることは少ない。

そして銀行は、ローンによって債務者に対する債権を保有するばかりでなく、銀行の預金となった記帳通貨を資産としてさらに貸し出しをすることができる。このようにして、極端な借金政策は銀行をいくらでも富ませることになる。ローンは銀行のドル箱である。

過剰のローンは過剰の記帳マネーを創造し、物価を騰貴させる。かくして人間の尊厳は害される。

四　会社の借金を支払う従業員（会社は借金を労働者に支払わせ、労働の剰余価値を収奪する――新しい剰余価値理論）

この第四節は非常に重要な内容を含んでいる。すでにいくらか述べたところであるが、マルクスは、労働によって剰余価値が創造され、資本家はこの剰余価値を自分のものとして取得する、というのである。

労働によって生産されたものはだれのものになるかという基本的な問題がある。労働者が自分の土地を耕し、種を播き、世話をして穀物を収穫したとき、この穀物はだれのものになるか。もちろん、この労働者のものである。しかし、農地の所有者が労働者を雇い農地を耕したとき、事情はまったく異なる。マルクスの述べた剰余価値理論について、ここで再び簡単に説明する。

1　マルクスの剰余価値理論

労働者が雇用されて生産に従事するとき、労働者は雇用者との間で一カ月の賃金を定められて一カ月を働く。その間労働者は、自分の労働価値である一カ月の賃金に相当する働きをして、商品を生産する。しかし、労働者の賃金は通常、労働者の最低の生活費と、労働者が家族を持ち子孫を繁殖するための生活費を基準にして決められ、与えられる。したがって、労働者が働くとき、労働者の賃金で表示される労働の価値と、労働者の労働によって生産されたものの価値を比較するとき、通常、後者の価値が前者の価値を遥かに超過しているというのが我々の経験的事実である。

マルクスは、生産された商品の価値のうち、労働者の賃金で評価された労働価値を超過する部分を「労働によって生産された剰余価値」と名づけた。そして、この剰余価値は雇用者の手に帰属すると述べた。マルクスのこの理論は、マルクスの資本論の根幹を成すものである。

2　本書の主張する新しい剰余価値理論

前章で述べたとおり、本書の主張する剰余価値理論は、マルクスの剰余価値理論を発展させたものである。

我々の知る限りマルクスは、企業が銀行から借り入れた金額の利息の返済についていては述べているが、企業が銀行から借り入れた元本の返済についていては述べていない。

現在の銀行制度の下では、多くの企業は銀行から借り入れをして企業を起こし経営をしている。銀行は企業の経営に大きく関与し、かつ支配している。多くの企業の活動は銀行と手を組んで行われているため、労働者の労働の価値も金融資本によって評価され、その評価が正当になされているか否か不明である。

しかし、「マネーの理論」と「債務の理論」を駆使して現代資本主義社会の金融制度を分析するとき、そこに、国民大衆がローンによって労働の剰余価値が奪われていることがわかる。

ケインズは、マルクスの後を受けて伝統的な理論を承継し、その延長線上に自己の理論を提唱した。すなわち、国家が繁栄しているにもかかわらず、なぜ、常に、多くの失業者が存在し、また貧困な家庭が多いのであるかということに思いを致した。そしてこの問題に答えるため、ケインズは、国家が国民の生活の中に介入し、公共投資を行い、雇用を促進しなければならないと述べた。しかし、ケインズは、労働の剰余価値について言及していない。

(1)　労働と生産物の関係

我々はすでに知っているが、労働者が他人に雇用されて働くとき、その生産物は雇用者のものとなる。なぜならば、雇用者はすべての生産手段を提供し、労働者は労働力を提供するだけだからである。すなわち雇用者は、労働者に仕事する場所を提供し、仕事に必要な材料を用意し、仕事に必要な機械を備え、そして労働者に生活に必要な賃金を支払う。

また労働にはいろいろな種類があるが、人間国宝のような人々の活動は芸術的活動と考えられ、労働の範囲には入らない。

労働は、熟練を必要とする熟練労働と熟練を必要としない非熟練労働に分かれる。熟練労働はそれ自体特別の価値を有し、代替性がない。これに対し、非熟練労働は通常の知識、経験があればだれでもすることのできる労働であって、代替性があるといえる。この代替性の問題であるが、現代では、機械の導入が進み、自動車工業ばかりでなく、大企業でも生産のオンライン化が進み、現代の労働の大部分は、代替性労働であるということができる。したがって、まず、代替性のある労働者は、他に仕事のない失業者、数の多い貧困層の人々が存在する現代では、雇用者と労働契約を締結するとき有利な内容の契約をすることができない。このため労働者は、一般に、最低生活を維持するために必要な賃金と、運のよい場合はこれに付加して、家族を持ち、労働者社会の人員を維持するに足る労働者の繁殖に必要な賃金を受け取ることができる。

しかし第二次大戦後、我が国の企業は、先に述べたとおり、会社の設立も事務所の設置も、生産に必要な土地、建物、機械、什器その他一式、外国の特許権、ノウハウの購入など、すべて企業の設立と運営に必要な一切の生産手段を入手するための資金を、銀行などの金融機関からのローンでまかなってきた。

まず、労働者が会社で働くためには会社との間で労働契約を締結するが、我が国では労働組合の力が弱く、会社の提示した条件をそのままのまざるを得なかった。また、労働法の学者は、労働関係を個別的労働関係と集団的労働関係に分類した。ところが面白いことに、裁判所では、個別的労働関係については原告として訴えた労働者がほとんど勝利し、集団的労働関係についてはほとんど会社が勝利するようになった。

労働組合が毎年春に行う賃上げの要求は春闘と呼ばれ、日本人ばかりでなく外国人にも知られ、「シユントー」と呼ばれるようになった。しかし、その要求は横並び一直線で、企業の経営の成績を反映するものではなかった。

(2)　会社のローンと従業員の賃金

我が国では、一九五五年頃から企業の設備投資が盛んになった。戦災でほとんどの企業が工場、機械を失い、ビルもオフィスもなくなっていた。それで企業は新しい工場を建設し、新鋭の機械を購入し、将来の発展に備えた。そして、企業間の競争が激しくなると、企業は互いに設備投資に走り、そのため設備投資の伸び率は毎年二〇―三〇％になった。企業別組合のため、組合も従業員も、自分たちの会社が競争に勝つためには、事業の拡張が必要であることを理解していた。

この高度経済成長期においては、従業員の中に戦争の経験のあった人が多かった。食料はあり、飢える心配はなかったので、労働条件がひどくとも、彼らにとっては戦争よりはよかった。工場はフルに操業し、生産量は見る見るうちに増えた。従業員は寝食を忘れて働いた。会社の銀行ローンは着実に支払われ、ローンは予定どおり減少し、そして完済された。

だれがローンを支払ったか。帳簿の上では会社が支払ったことになっている。しかし、実際に支払ったのは生身の人間である。社長、取締役、部長、課長、それに平の社員である。確かに社長も重役もよく働いた。しかし、一番働いてローンを返したのは、一番数の多い従業員である。彼らは黙々と働き、会社のローンを払い続けてきた。会社はいつも多額のローンを抱えていた。このようなとき、従業員の賃金を上げることは難しい。会社はいつも、多額のローンがあるからといって、労働組合の要求を封じてきた。そして、ローンの分だけ従業員の賃上げは低く抑えられた。

会社は、低賃金のおかげで次々と設備投資を続け、近代的になっていった。世界に数台しかないような機械が据え付けられたとき、従業員も労働組合も、この近代的な機械が自分たちの賃金を低くしているとはだれ一人考えなかった。こうして人間が機械に使われるようになり、低賃金の原因になった。

会社は悧巧であった。従業員の賃金を上げるかわりに、銀行とローンを組んで土地を購入し、独身寮や社宅を建てた。さらに海の家、山の家も手に入れた。一九五五年から五九年の間には民間の設備投資が急速に増加し、設備投資の伸び率が五九年には年間一七％、六一年には四一％、六二年には五七％の大型投資ブームとなり、これらは造船・鉄鋼部門などの重化学工業に投資された。この設備投資の結果、我が国の経済構造が大きく変わり、農水産業の地位が低下し鉄鋼業、サービス業が大いに伸びた。

そして一〇年が過ぎた。六〇年代後半には設備投資がやや減少した。設備投資のためのローンもかなり減少した。これら設備投資の対象になった土地、家屋、工場、機械、事務所など確実に会社のものになった。

また、六〇年代後半の時代は、設備投資が一巡し、日本企業は世界の工場にふさわしい新しい設備を備え、来るべき貿易戦争の準備をした。これを見てもわかるように、会社の従業員たちは結局、会社が設備投資のために銀行から借りたローンを支払い、日本株式会社の生成と発展に寄与したのである。だれでも、自分のローンを他人が支払ってくれれば、金持ちになれる。

それではここで、会社の会計に目を転じてみよう。会社がローンで設備投資のための機械を購入すると、機械はプラスの財産として貸借対照表の資産の部に計上される。またその代金は銀行ローンで支払ったため、ローンは銀行に対するマイナス財産として負債の部に計上される。一年が経ち、二年が経ち、数年が経つと負債は次第に減っていって、最終的にローンを完済すると、機械という資産が会社に残ることになる。

会社は通常、事業を拡大するため、ローンが少なくなると次の新しいローンを借りて新たな設備投資に走る。このようなことが常に繰り返される。毎年、春闘の席上で、会社は労働組合に対し、いっぱい借金のある帳簿を示し、これだけの経費と借金があるから労働組合の要求をのむことはできないといってきた。こうしたことが、敗戦のときから現在まで繰り返されてきた。

会社が本来の事業をするために設備投資をなし、そのためローンを利用することはある程度やむをえないことである。しかし、そのときでも労働者の正当な賃金は害される。

まして会社が土地ころがし、財テクに手を出し、巨額のローンを組むことは、もう会社本来の事業ではなく、従業員の賃金を著しく害するものである。しかし、現在、これを禁止する法律はない。日本の法律では会社がローンで借りる限度額を設けていないため、会社は担保のある限りローンを組めるということもできるが、さらに正確にいうと、不渡りを出さない限りローンが組めるということである。

繰り返すが、会社がローンで設備投資をするときは、会社は設備投資を自己資本で用意するのではない。この場合、労働者は、自己の労働力を提供して商品を生産するばかりでなく、会社のローンを支払うために働いているのである。
労働者は商品を生産するために自己の労働力を提供しているが、この部分にはマルクスのいうところの剰余価値が存在する。しかし、会社の設備投資に必要な銀行のローンの支払いについては、これまた会社の計算で、労働者の労働力によって支払われていることは明白である。ここに、現在まで論じられなかった新しい剰余価値の存在を指摘することができる。
かくして会社は、商品の生産について労働者の剰余価値を収奪し、さらに、設備投資に関し会社が銀行から借り入れたローンの支払いにつき労働者の労働力を収奪していることが明白となった。
会社の社員はこういっている。
社員A「おいおい、お前、知っているか、今度、地方に大工場が建設されることになったのを」
社員B「えっ、そんな話、まだ聞いていないよ。一体どうしたというのだ」
社員A「君はその地方出身ではなかったのかね」
社員B「それはそうだけれど、何か心配なことがあるのでは」
社員A「今ちょっと考えたのだがね、そんな大きな工場を建てると我々の給料が上がらないのではないかと心配だね」
社員B「そういえばそうだな。友達がいっていたよ。大きな工場を建てたり、引っ越しをしたりすると、給料が上がらないと聞いたよ」
社員A「やっぱりそうだね、仕方がないから昇給は諦めるしかないなあ」

(3) 新しい利益配分の問題

以上のことから、営業による全売り上げの配分について、資本家、経営者、労働者の間で、新たな協議が必要であると考える。それは、新しい利益の分配の問題である。

そして、今までこの正当な利益の分配がなされていなかったため、従業員はいつの間にか生活水準が極度に低下し、世界的な大会社の従業員さえも会社を追われ、今や職もなく、また住む所もない人々が多くなっている。また、仕事のある人も、いわゆるワーキングプアとなり、人並みの生活ができないという問題が発生している。労働者は敗戦後いままで長い間会社の借金を支払ってきた。会社は肥り、労働者はやせ細ってしまった。

しかし、この問題はひとり我が国だけの問題ではない。外資が発展途上国に投資した場合も同様の問題が発生する。企業は事業を運営するために現地の人々を雇い入れる。これら企業に必要なすべての資金が外資によってまかなわれるとき、労働者の賃金は設備投資のため非常に制約されて低賃金となる。労働者はいくら働いても、賃金は最低の生活を維持するに必要なものしか与えられない。しかし、企業は、労働者の働きによって外資の望むような立派な商品を続々と生産する。そして、それらの商品の価値は、通常、膨大な金額にのぼる。

また、外資が直接発展途上国に乗り込んでいって、現地法人を設立し、現地の安い労働力を使って事業を行うときも、結果は同一である。外資が銀行から借り入れをして現地法人という会社を設立し、現地の安い労働力を用いて商品を生産するのであるから、労働者の労働力は、その剰余価値の一部は商品に転化され、また、他の一部の余剰価値は現地法人の銀行からの借り入れの返済に用いられるのである。

　したがって、労働者は、いつまで経っても豊かになることはできず、幸福になることもない。かくして、企業の銀行からの借金と、その企業で働く労働者の剰余価値の問題は、将来、何らかの形で解決しなければならない。

五　投資ファンド（歴史は繰り返す）

　投資ファンドの問題を考えるとき、まず銀行と金貸しの違いから出発しなければならない。

　銀行は、自分の資金で営業をしてはならない。銀行の利用する資金は、一般の人々から集められた資金である。すなわち、人のふんどしで相撲を取ることが認められ、かつ、強制される。これに対し、金貸しは、自分の金で事業を経営しなければならないと決められている。

　この区別は非常に重要である。なぜならば、終戦後から今日まで多くの人々が何とかして金を儲けたいと思い、いろいろ知恵を絞って一般の人々から金を集め、そして失敗した歴史があるからである。

　それでは、光クラブの事件から始めたい。

1　光クラブ

　光クラブの設立者山崎晃嗣《あきつぐ》は、一九二三（大正一二）年一〇月、千葉県木更津市で生まれた。父は京都帝国大学医学部出身の医学博士で、後に木更津市長になった。母は上野音楽学校出身であった。

山崎は五人兄弟の末弟として生まれ、旧制第一高等学校に入学し、毎日一五時間の勉強で東京大学法学部に進学した。そして在学中は、二年間で二〇科目のうち一七科目について「優」という最高の成績を取った。それでも彼は、気の強い性格で、三科目について「優」の取れなかったことを悔やんでいたということである。

このような山崎は、終戦後、株式投資に詳しい日本医大生の三木仙也と友人になり、一九四八（昭和二三）年、自分の頭の良さを証明するため東京都中野区鍋屋横丁に光クラブを設立した。そして、持ち金の一万五〇〇〇円全部を使い、「遊金利殖、月一割三分」と広告した。集まった資金は、近くの商店、中小業者に月二割一分から三割の高利で短期の融資をした。

警察はこの高利に目をつけた。同年七月四日、物価統制令違反、銀行法違反で山崎を逮捕する。ところが、山崎は警察の取調べ官に法律論争を挑み、九月、処分保留のまま釈放された。しかし、この逮捕によって債権者の多くに動揺が走り、三九〇人の債権者から約三〇〇〇万円の出資金の返還を迫られた。そして、その支払期限は一一月二五日と定められたが、山崎は債権者に支払期限の延期を求めることなく、その前日の一一月二四日の夜半、青酸カリを飲んで服毒自殺をした。

山崎が銀行法違反に問われたのは、すでに述べたとおり、銀行のみが一般大衆からマネーを集めることが許されているからである。山崎は、銀行でもないのに許可も得ないで一般大衆からマネーを集めたという容疑である。しかし、次に述べるように、商法の規定する「匿名組合」（同法五三五—五四二条）の制度を利用すると、このときは、まだ違法ではなかった。

2　保全経済会

保全経済会を設立したのは伊藤斗福《ますとみ》である。彼は、一九一五（大正四）年、韓国の釜山に生まれた。一九二七（昭和二）年、来日して東京・江戸川区の小学校に入学し、四〇年、岩手県の農家の娘と結婚し伊藤斗福と名乗った。

終戦は一九四五（昭和二〇）年であるが、彼は、その直後から大手生命保険会社の外交員として出発した。非常に顧客の受けが良く、良い成績を挙げ支社の次長にまで昇進した。彼は敗戦後の混乱のさなかに、物価上昇に比較して金利の低いこと、また、一般大衆は利益追求の精神が強いことなどを考慮し、一般大衆から資金を集めてこれを投資して運営し、そして、利益を一般大衆に還元できないかと考えた。それで、伊藤は一九四九年一〇月、江戸川区小岩にわずか四坪（一三・二㎡）の店舗で、商法の定める匿名組合の制度を利用して保全経済会を出発させた。

ここで、商法の匿名組合の制度について簡単に説明したい。同法五三五条は、「匿名組合契約は、当事者の一方が相手方の営業のために出資をし、その営業から生ずる利益を分配すべきことを約することによって、その効力を生ずる」とし、また、同法五三六条は、一項で「匿名組合員の出資は、営業者の財産に属する」、四項で「匿名組合員は、営業者の行為について、第三者に対して権利及び義務を有しない」と規定している。

そして、「営業者」は伊藤斗福であり、「匿名組合員」は一般の出資者である。したがって、匿名組合契約を締結することは合法であるから、出資者は匿名組合の出資者として保全経済会に出資することができ、また、利益の配当を受けることができる。伊藤斗福はこの商法の匿名組合を利用して一般大衆から資金を調達することに成功した。

しかし、伊藤が資金集めに成功したのは匿名組合の規定を用いたからだけではない。商法の規定によれば、匿名組合を利用するときは、出資者の資金は営業者の所有に帰し、利益の挙がらないときは配当する必要もなく、また、最終的に赤字のときは何も返還する必要はなかった。にもかかわらず、伊藤は営業案内に、「出資金は三カ月後に返還する」と明記し、月五―七％の高配当を保証したので、出資者は心配なく資金を出資したのであった。

ところが、一九五三（昭和二八）年三月、スターリンが死去し株価が大暴落したので、伊藤斗福はやがて経営に行き詰まり、一〇月に休業を宣言し、出資金の支払いを停止した。保全経済会の会員数は、最も多いときには一五万人に達し、被害総額は約四四億円であった。伊藤斗福は一九五四年一月に詐欺の容疑で逮捕されたが、その理由は、保全経済会が出資金を返還できないことが明白であるにもかかわらず返還できるかのように装い、出資金として金銭を受け取ったというものである。なお、保全経済会については平野力三に対する政治献金問題もあるが、ここでは省略したい。

このような社会問題が発生したことで、商法の匿名組合の規定を利用して一般大衆から資金を集めることを禁止するための新しい法律が制定された。この法律の名称は、「出資の受入れ、預り金及び金利等の取締りに関する法律」（いわゆる「出資法」）といい、一九五四年六月二三日法律第一九五号として施行された。

3　ライブドア

第二次世界大戦後は、日本が初めて外国の軍隊に占領されたこともあって、戦前とは異なっていろいろなことが起きた。人々は、これを「アプレ・ゲール (après-guerre)」と呼んだ。このフランス語の「戦後（派）」という言葉であるが、人々はこれを流行語として使った。ライブドア元社長、堀江貴文氏もこのアプレ・ゲールの流れをくむ人物である。

堀江は、一九七二（昭和四七）年一〇月二九日、福岡県に生まれた。彼の父によれば、彼は幼少の頃から頭の良い子であったということである。東京大学文学部を中退する以前の一九九六（平成八）年、ウェブサイト制作会社であるオン・ザ・エッヂを設立。二〇〇二年、経営破綻した旧ライブドア社からプロバイダ事業の営業譲渡を受け、二〇〇四年、社名を株式会社ライブドアに変更した。同年、同社は、経営難に陥っていた大阪近鉄バファローズがオリックス・ブルーウェーブと合併交渉に入っていたところ、買収交渉に参加することを表明し、プロ野球に参入する意思のあることを明らかにした。結果的にはこの交渉は成立しなかったが、堀江の名は一躍有名になった。

彼は、さらに二〇〇五年二月、米国のリーマン・ブラザーズから巨額の資金を引き出し、ラジオ局のニッポン放送株を大量に取得しその筆頭株主となり、フジサンケイグループの中心的存在になった。

彼は、インターネット業界ばかりでなく証券業界にも参入し日本グローバル証券も手に入れ、事業の経営者として積極的な行動をした。また、通常の経営者は背広にネクタイといういでたちであったが、彼はTシャツにノーネクタイであった。彼がテレビでフジサンケイグループの代表者たちと交渉している場面が見られたが、従来の常識にとらわれることなく、何一つ臆せず堂々と地位の高い人々と渡り合っていた。そして人々は、彼こそ、まさにアプレ・ゲールの人物であると思った。しかし、彼は、テレビの視聴者の見ているところで、フジサンケイグループの偉い方々に対し尊敬の念を欠いたということで、人々の同情と好意を失った。そして、二〇〇六年一月、ライブドアの関連会社が必要な情報を開示しなかったという理由で、証券取引法違反の罪で逮捕された。その後、彼は刑事裁判を受け、二〇一〇年一〇月現在、係争中である。

彼は、経済、金融の将来に関心を持ち、巨額の資金の運営も可能な程度の能力を身に付け、積極的に企業の合併・買収（M＆A）に携わってきた。そして、一九九六年から始まった金融ビッグバンの実施による金融の自由化と、グローバリゼーションの世界的な波に乗って行動したのではないかと考えられる。しかし、行動が先行し、システムが追いついていかなかった。また、彼には、「金を儲けて何が悪い」という考えもあるようであるが、しかし、このようなことを口に出していうべきではない。なぜならば、非常に多くの人が金を儲けていないからである。そして、また彼は、理由はともかくとして、年長者に対しある程度の敬意を表すべきであったが、これを欠いてしまった。せっかくの人材が途中で挫折し、非常に残念である。

4　村上ファンド

すでに述べたとおり、保全経済会の例もあり、出資法の制定により、人は一般大衆から金銭を出資させ、これを運営し、配当することは禁止されている。しかし、どうしたことか、人は「ファンド」という名を使う限りこれが可能となり、一般の人々から資金を受け入れこれを運用し、利益を配当することが行われてきた。そして、いろいろのファンドがあるが、我々の耳に新しいのは、村上ファンドである。

この投資ファンドの代表者村上世彰《よしあき》氏は、東京大学に学び、通商産業省の官僚の出身で、また、彼の仲間には元野村證券の次長、元警察庁の官僚らがいた。このファンドは、これらの人々によって運営され、投資、投資信託、企業の合併・買収に関するコンサルティングを行っていた。また、その中核となる会社は、株式会社M&Aコンサルティングや株式会社MACアセットマネジメントであった。

我が国では、株式の持ち合いによる系列取引が多く、したがって株主が正面に立って、企業の運営に意見を述べ、企業の責任者を選任・更迭するというようなことはなかった。村上ファンドは、この点で、従来の株主とは違っていた。したがって、「総会屋ファンド」「ハゲタカファンド」などと悪口をいわれた。

このファンドの特徴は、経営人がかなりの有名人であったこと、そして実際に相当の金額を運営していたことである。運用資産は二〇〇六年三月の時点で四四四四億円を超えており、そのうち三七〇五億円は海外の大学財団などからであり、残り七三九億円は国内の資金で、オリックス、農林中央金庫、石油資源開発、ウシオ電機、立花証券などが出資者であった。また、その中でも特筆すべきは、一九九九年の同ファンド設立の際、後に二九代日本銀行総裁になった福井俊彦氏が一〇〇〇万円出資していたことである。さらに、村上ファンドの活動は積極的で、かなりの成果を収めた。

村上ファンドの営業の方法は、光クラブ、保全経済会の経営方法と大同小異であったのではないか。また、この方法は、「水は高きより低きに流れる」という自然の要請に反する。すなわち、株式をはじめすべての投資の対象の価値が上昇しているときは買いと売り、売りと買いの間に価値の差が発生するため、利益が発生し配当が可能であるが、反対に、すべての投資の対象の価値が下落傾向になったとき、利益を生むことができず配当はできなくなる。物の価値は、長期的展望に立つとき、不変ではなく、あるときは上昇し、あるときは下落する。しかも、これらの価値の上昇、下降の予測は、厳密にいうと、真実不可能である。したがって、ファンドの存在を必要とする真実の根拠を見つけることが難しいと考える。

さらに、このような投資ファンドは、人間の本性に反するものではなかろうか。なぜならば、価値を生み出す人間の行為がないにもかかわらず、価値を生み出そうという方法だからである。すべての人々が投資ファンドに乗り出せば、世界は存在しなくなる。

六　持株会社（資本の優越と社長の地位の低下）

持株会社というのは、複数の企業の株式を保有することによりこれらの企業を支配し、経営に口を出し、必要となれば役員の任命、解任も行う会社である。したがって、持株会社自身は特別の事業をすることなく、株式の所持により、株主として会社を支配することを目的とする会社である。持株会社は戦後、連合軍の指令に基づき、日本の財閥解体を進めるため、独占禁止法によって禁止された。そして、かなりの期間が経過した。

しかし、事業リスクの分散と企業のM&Aが活発になり、M&Aによる業界再編成を行うため独占禁止法が改正され、一九九七年一二月、持株会社は条件付きで認められるようになって、金融業界も、一九九八年三月から金融持株会社の設立が可能になった。これにより、銀行、証券、生命・損保の業界内で、相互に介入することが容易になった。持ち株会社は、例えば「みずほホールディングス」というように表示される。持株会社の中でも特に金融持株会社は、資本の集中を来し、金融独占資本を形成し、その影響するところはきわめて大きい。

このようにしてわずかの金融資本が我が国全体の資本のうちの大部分を支配することになり、ここに明らかに資本の偏在が見られることになった。これにより会社社長の地位は相対的に低下した。

七　金融ビッグバン（金融の自由化）

「金融ビッグバン」は、一九八六年一〇月、英国のサッチャー首相によって提唱された。サッチャー首相はオックスフォード大学出身の科学者である。したがって、その発想も天文学者のそれに似ている。宇宙創世期のように大爆発（ビッグバン）を伴って、英国の銀行組織の中核であるシティ（ロンドン）を世界の国際金融センターとするべく、その地位を誇示しようとしたものである。

この金融ビッグバンの意図するところは金融の自由化である。英国は長らく世界の金融のリーダーとして君臨し、英国のポンドは世界の基軸通貨であった。しかし、第二次世界大戦後は、その地位を米国に奪われ、ドルが世界の基軸通貨になっていた。それで、金融市場の規制を緩和・撤廃し、金融市場の活性化を図り、証券業界の国際化を図ることを目的としたのである。

我が国の金融ビッグバンは、一九九六（平成八）年一一月、橋本内閣によって提唱され、二〇〇一年には東京市場をニューヨークやロンドンのような市場にしよう、という意図の下になされた金融改革である。しかしながら、我が国の金融ビッグバンの導入は時宜を失していた。ビッグバンの導入は金融の自由化であるから、金融の自由化とともに外国資本が我が国に押し寄せてくることになる。したがって、金融の自由化をするときには、我が国の金融機関が外国の金融資本の侵入に耐えられるだけの十分な体力を持っていることが必要である。しかるに、我が国の金融当局は、このような準備をまったく欠いていたときに金融の自由化を実施したのである。

我が国が、金融ビッグバンを計画したのは一九九六年であり、実施したのは二〇〇一年である。この時期はバブル経済がはじけて、まだその傷が十分に癒やされていないときであった。いわゆる、失われた一〇年の終わりの頃である。我が国の金融機関は、まだ大量の不良債権を抱え体力の最も弱っていたときである。

外国資本はこのときとばかり我が国に侵入し、それぞれ好位置を占めた。銀座にある歴史のある商店の店舗は次々と外国資本の手に落ち、銀座では、どこを見ても外国資本の看板ばかりになってしまった。政府、特に財政当局には、もっと国益を守った政策をとってもらいたいものである。

金融市場が活発になることを願ってなされたのであるにもかかわらず、この金融の規制緩和の結果、実際に活発に動いたのは外国資本である。日本版の金融ビッグバンは、金融の緩和をもたらし、外国為替管理法も改正され、一般企業でも外貨取引を自由にして外国為替業務の自由化を図った。個人でも自由に外貨を持つことができるようになった。

さらに、銀行業務と証券業務との間の垣根が取り払われ、相互参入が可能になり、持株会社を通して銀行は証券業務に参入し、証券会社は銀行業務に参入することができるようになった。

金融の自由化には三個のキーワードがあるといわれている。すなわち、「フリー（自由）」「フェア（公正）」「グロバール（国際的）」である。

しかし、「フリー」ということは一九世紀に行われたレッセ・フェールの再現である。この世紀には、人々は自由を謳歌し、政府は小さい政府でなければならず、政府が国民生活に介入するのは最小限度にとどめるべきであるとされた。その結果、資本家だけが自由を享受することになり、何ものも持たない貧乏な人々はプロレタリアートに転落していった。

それで前記のように、マルクスが『資本論』によって貧困な人々の存在とその貧困化の原因を研究し、それを明らかにしたのである。

マルクスに次いでケインズは、伝統的な経済理論に従い、国家が繁栄しているのに、なぜ貧困な人々が多く、また、どうして失業者がなくならないのかと考えた。そして彼は、一九世紀の思想であるレッセ・フェールは間違いであり、国家が私人間の生活に介入し、公共投資により雇用を維持・拡大すべきであると述べた（前記）。そして、つい最近まで、ケインズの理論はほとんどすべての人々によって支持され、また現在でも、世界中でケインズの理論に従って公共投資が行われている。確かに、一九七五年の前後に発生した石油ショックはケインズの理論に疑問を与えるようになったが、ケインズの理論の精神は現在でも生きているということができよう。

この「フリー」という言葉は、すなわちレッセ・フェールということであり、ここでは資本家が勝利を収め、何も持たない貧者は何もすることができず、されるがまま耐えなければならない。

金融の自由化は、金融工学という新しい分野の学問の門戸を開くことになった。そして無数ともいえる多くのデリバティブが開発され、これらは金融商品と呼ばれた。デリバティブという言葉は、もともと言語学の用語で、例えば「哲学」という言葉があるとき、この言葉から「哲学的」という言葉や、「哲学者」というような言葉も派生的に出てくる。これらは、哲学という言葉から派生したことから「派生語」、すなわち「デリバティブ」であるという。

同様に、会社が一般大衆から資金を調達するために社債を発行する。この社債の償還を確実にするために社債に土地の抵当権かモーゲージをつける。この抵当権かモーゲージをつけた社債は元の社債のデリバティブになる。そして、現代の金融工学は非常に多くのデリバティブを開発した。このようにして金融世界では自由化が進み、金融の世界に属する人々は自分たちの自由を謳歌した。

しかし、これらの人々は、最も大切なことを忘れていた。それは、「マネーというものは流通することが命」ということである。流通のないところにマネーの意味はない。

持株会社制度が認められ、ビッグバンにより金融の自由化が進められ、企業の合併・統合が進められ、ファンドが設立され、敵対的TOBにより他の会社の株式を買い占め高配当を実施し、多くのデリバティブが考案されたとしても、これらはいずれも金融の世界の出来事である。これらの資金は一般の人々には回ってこない。膨大な資金が金融の世界に属する少数の人々の手にあって、これに対し、ほんのわずかな資金が大多数の人々の属する社会にあるに過ぎない。例えば、その一例を引くと次のとおりである。

二〇〇六年の世界の数字
世界の経済総生産高　四七兆ドル
世界の株式マーケットの総資本　五一兆ドル
内債・外債の総額　六八兆ドル
デリバティブの未払い額　四七三兆ドル(2)

金融資本は、この巨大な額のマネーを動かしているのである。

二〇〇七年の米国人の収入
米国人の平均年収　三万四〇〇〇ドル
ロイド・ブランクファイン　六八五〇万ドル
(ゴールドマン・サックス社の最高経営責任者)
ゴールドマン・サックス社の収入　四六〇億ドル
ジョージ・ソロス（国際的投資家）　二九億ドル
ケン・グリフィン（ヘッジファンドの最高経営責任者）　二〇億ドル(3)

他方、世界の一〇億の人は一日一ドルしか稼いでいない。このようにして金融界に属しているきわめて少数の人々が、莫大な富を支配しているにもかかわらず、一般大衆であるその他の人々は、最低の生活を維持し、家族を育て、やっと暮らしていけるような収入しか受け取っていない。マネーの流通が悪くなった。

ところで、マネーの流通を良くするには、消費者に必要な資金を持たせなければならない。しかし、金融関係者は自由を濫用して欲望のまま突っ走り、マネーの分配を忘れたのであった。「金を儲けてなぜ悪い」という言葉が示すように、皆が『ヴェニスの商人』に出てくる強欲な金貸しシャイロックになってしまった。マネーの偏在が二〇〇八年末に始まった金融危機の原因であると考えられる。その証拠として、この危機が始まったとき、購買力を上げるために英国はいち早く現行の消費税率一七・五％を一五％に下げた。また、ドイツのメルケル首相は、フランクフルター・アルゲマイネ新聞で「今回の危機の原因は消費者の購買力の不足である」と述べた。また、我が国でも、二〇〇九年支給の定額給付金は当初は選挙目当てのバラマキであったが、途中から、二兆円の定額給付金は消費を押し上げると説明するようになった。今回の危機は消費者の購買力の不足であり、消費者の懐にマネーがないということで、結局マネーの循環が途絶えた結果なのである。

八　グローバリゼーション（一九世紀レッセ・フェールの現代版）

グローブというのは地球のことで、ゼーションという言葉は「〜化すること」という意味である。両者合わせて「地球化すること」ということになる。地球化するということは、今まで地方的に扱われていたことを地球規模に大きくするということである。なぜ、このようなことが始まったのか。これは、すでに述べたとおり、一九世紀のレッセ・フェールの思想を現代に焼き直したものである。一番問題になるのは、金融の分野、あるいは、国際的な取引の分野で自由化が実現したとしても、人間の移動の自由化がまったく実現されていないということである。現在ではグローバリゼーションについて批判的な声が多い。

しかし、数年前は、当時の首相小泉純一郎氏をはじめ内閣府特命担当大臣（経済財政政策担当）竹中平蔵氏などが積極的に規制を取り払い、誤って取り払ったものをまた復活させるということもあった。我々の慣れ親しんできた郵便局はなくなり、日本郵政株式会社になった。そして、鳩山邦夫総務大臣（当時）が指摘したように、「かんぽの宿」は考えもつかないような安値で取り引きされていた。

ソ連が崩壊した一九九一年の翌年頃から、これからは世界の経済はグローバリゼーションになるということが明らかになったとき、ヨーロッパの若者たちは、とんでもないことが起きるということを察知し、ほとんどすべての者が反対の意思を表明した。彼らは街頭に出て意見を交換し、デモをし、時には行き過ぎて警察官と小競り合いもあった。彼らは、「資本家には利益となるが、我々若者にとっては、仕事をなくすもの」といって心配していた。

グローバリゼーションについては、多くの反対意見がある。二〇〇八年ノーベル経済学賞を受賞されたプリンストン大学教授クルーグマン博士、コロンビア大学教授スティグリッツ博士などのそれである。しかし、問題はそれほど複雑ではない。人々は、最も単純で最も重要なことを、思い出さなくてはならない。それは、「人の欲望は無限で、資源は有限である」ということである。このことを思い出せば、人間の行為にはいついかなる場合でもルールが必要であることに気づくであろう。

いま、米国の大統領オバマ氏をはじめヨーロッパ各国の首脳が、国際化についても何らかのルールが必要であると考え出した。遅いが、必要なことである。

九　国民の負担と消費税（消費税以前に国民の負担の多いこと）

ここで、第一部もほぼ終わりに近づいてきた。

ところで、二〇一〇（平成二二）年一〇月現在、三年先に景気の動向を見て消費税の値上げをすることが法律に明記されている。また、二〇一〇年二月の中頃には、当時の財務大臣菅直人が、我が国の財政危機がきわめて深刻であると考え、この消費税の値上げを前倒しに検討するということを示唆した。

しかし、我が国では、国民に対する経済的負担が多く、慎重に検討されることが望まれる。すでに述べたところを参考にし、国民が経済生活上、いかなる負担を負っているかを説明し、最終的に、消費税について言及したいと考える。

(1)　輸出立国によるマネーの購買力の低下による損害

輸出によってモノが海外に流出し（戦争と同じ）、マネーが流入する。モノが流出するだけでも物価が上がるが、輸出代金が入ってくるから、さらに物価が上昇する。かくして、過度の輸出はインフレを輸入する。国民は高物価に悩まされる。東京の物価は、モスクワに次いで世界で第二番目である。マネーの購買力は著しく低下する。

(2)　巨額の国債等の発行により国民生活は破壊寸前

我が国の二〇一〇年度の予算は、一般会計総額が九二兆二九九二億円、新規国債は四四兆三〇〇〇億円で、国債依存度は四八％と過去最大となった。かくて国民の稼いだマネーのほぼ二分の一は国債に回っていく。福祉に金が回らない。だれがこんな国にしたのかと言いたい。

(3)　独占禁止法の無力化によって国民は高い価格のモノを買っている

独占禁止法は、正当な価格による取引を認め、不当な価格による取引を禁止する。価格とはモノの有する価値をマネーで評価し、その価値をマネーの単位である円の数で表示したものである。したがって、独占禁止法は、価格に関することであるからマネーの法律理論に従って構築されなければならない。

しかし、我が国の独占禁止法は、戦後、いったん解体された旧財閥が再び復興しないようにという趣旨で、違法と思われる行為を個別に定めて、正しい「マネーの理論」によって立法化されなかったため、法の定める個別行為と個別行為の間に法の空白が生じ、このため法の力は無力となり有効に働かなくなった。この「法の無力」は、解体されたはずの旧財閥が、現在すべて復活しているのを見ても明らかである。

独占禁止法が無力であるということは物価の高騰を招いている。さらに「マネーの理論」が守られていないため、土地については一物一価の原則は守られず、公示価格、固定資産評価額、路線価格、相続財産評価額、実勢価格など五つの価格が存在し、一物五価の様相を呈している。また、地方公共団体が公共事業の工事の施工を入札に付したとき、一円、ゼロ円などの入札価格が見られることがある。これは正当な価格を害する。したがって、正しい独占禁止法の理念に従えば、これは無効となるであろう。さらに、独占禁止法が無力であるということは、大企業の横暴を許し、中小企業はまったく保護されないことになる。

(4)　会社の借金を支払う従業員

日本の会社は銀行借金で設備投資をしている。したがって、従業員がいくら働いても、稼いだ利益の大部分は銀行の借金の支払いに回されて従業員の懐には入ってこない。すなわち、低賃金である。

(5)　所得税の支払い

我が国の所得税制度は、十分に家族構成を考えていないようである。

フランスでは家族構成により各家庭に一定の数字が与えられる。例えば、独身者は数字は一、結婚すれば数字は二、子供が一人誕生すると数字は三、そして最高は三・五である。独身者の数字は一であるから、全収入を一で割っても同じ数で何らの変更もない。しかし、結婚すると数字の二が与えられるから全収入を二で割り、全収入の二分の一に相当する額に対する課税金額を出し、このようにして算出された金額を今度は逆に二倍して最終的な課税額を算定するのである。この計算方法は、累進税率のとき納税者に有利である。

民主党政権は、政権獲得のための選挙の際、マニフェストで「子ども手当」として子供一人当たり、初年度の二〇一〇年度は月額一万三〇〇〇円、次年度からは二万六〇〇〇円を支給するとしていたが、財源の問題もあり、二〇一〇年一〇月現在、次年度は初年度から月額二〇〇〇―三〇〇〇円を増額する方向で検討している。しかし、この方法によると、子ども手当ては所得税の税制の中に組み込まれていない。将来の課題である。

(6)　住民税の支払い

住民税を課税する方法に大別すると二つの方法がある。

一つは、所得を基準とする方法である。東京の中心に住んでいる人が郊外の小都市に住むようになっても住民税は変わらない。我が国はこの方法をとっている。

他の一つは、居住している住宅を基礎に算定する方法である。建物が一等地にあるかどうか建物の所在、建物が豪華であるか否かの建物自体の質、建物の材質、建物の構造、居住する場所の日照の具合、観望などを考慮して決められる。したがって、ある一定の建物に収入の低い人が住もうと高い人が住もうと、住民税は同じである。ヨーロッパではこの方法をとっている国が多い。

住民税の額としては、前者が高額となり、後者は低額になる。我が国ではいずれがよいかは、これからの検討課題となるであろう。

(7)　社会保険料の支払い

社会保険制度は、少子化に伴い非常に難しいところにきている。また、五〇〇〇万件の年金資料も消失した。

(8)　公共料金の支払い

我が国の公共料金は外国と比較して高いように思われる。ガス、水道、電気、郵便、交通費など、生活に密着するものほど高いように思われる。これも一種の独占による結果かもしれない。

(9)　住宅ローン

東京の住居費は世界で一番高い。住宅ローンは一生の負担である。

(10)　教育費・教育ローンの支払い

教育費は、現在、各家庭で住宅費に次ぐ大きな支出になってきた。国公立大学でも、四年間で四〇〇万円から五〇〇万円がかかると見積もられている。教育ローンを利用しても後がつらい。また、よく考えると、教育はローンを利用するようなものでもない。奨学資金は貸与型のものがほとんどで、給付型のものは多くない。したがって、奨学資金を借りれば、大学を卒業して希望に満ちて新しく社会人生活を始めようというときに何百万円もの借金を抱えているということになる。我が国の借金政策がこのようなところにも入り込んでいる。

⑾　消費税（低所得者は全収入を消費するため、一二カ月分の収入に五％の消費税となる）

我が国は、前述のごとく巨額の国債による赤字を背負っている。この赤字を解消し我が国の財政を健全財政にするために、消費税の税率を一〇％からそれ以上に増額する案が考えられている。そして、それを福祉に充てるというのである。

ところで、ヨーロッパの消費税は一七・五％のところが多く、米国発の今回の金融危機でも英国は、早々と消費税率を一五％に下げた。すなわち、今回の危機の理由として、消費者の購買力の低下がその一因であるという解釈である（前記）。

しかし、外国の消費税は一般的に、食料品と生活必需品について課税されない。それでは、どういうものが課税されるかというと、例えば、欧米の国際空港の免税店で販売しているようなものが課税されるのである。シャネル、ディオール、ランコムなどの化粧品や香水、そしてビール、ワイン、コニャックなどのアルコール飲料、タバコ、さらにエルメス、ランバンなどの高級ネクタイ、マフラー、その他ブランドものの衣料、ルイ・ヴィトンなどのバッグ、ローレックスなどの時計、家電製品などである。これらの課税の対象になる製品は高所得者が購入するようなものであって、所得の低い一般の消費者にはまったく関係がない。

我が国の政府には、単純に外国の消費税率と我が国の消費税率を比較することなく、実質的に国民生活が成り立つよう、また景気を維持できるような課税対象、税率その他について慎重な配慮が求められる。

（1）Jean Bodin, *Les Six Livres de la République*, Livre sixième, 1593, p.914.

（2）Cf. Niall Ferguson, *The Ascent of Money: A Financial History of the World*, New York : The Penguin Press, 2008. p.4.

（3）Cf. *ibid.*, pp.1-2.

第七章　結　論

第I部では、長らく禁じられていたマネーの研究によって我が国の経済と労働についてこれを分析し、そこから多くの教訓を得ることができた。また、今までなぜマネーの研究が禁止されていたのか、その理由を知ることもできた。なぜならば、「マネーの理論」は、今まで隠されていた重大な事柄を次々と白日の下にさらし、研究することを可能にしたからである。

まず、輸出立国であるが、この言葉は耳には快く響くが、「マネーの理論」で見ると、それは「戦争と同じ経済構造」で、国の物価を上昇させ、社会保険制度を揺るがせ、国民生活を圧迫し、格差を生じさせる。次に、戦後から今日まで我が国がとってきた借金政策である。国民は生涯借金漬けになり、住宅ローンにあえぐばかりでなく、この政策は貧困者の数を増加させ、そして加速させる。これに反し金融機関はローンによって記帳マネーを創造し、この創造したマネーでさらにローンを与えることができ、ローンは金融機関のドル箱である。

マルクスは『資本論』を著したが、その他に主著として『剰余価値学説史』があり、マルクスの労働の剰余価値理論はよく知られている。そして、筆者は「マネーの理論」でマルクスの理論を発展させ、会社の従業員が会社のローンを支払っていることを分析し、そこにもう一つの新しい剰余価値があり、これが収奪されていることを発見できた。この問題は、現在の中国でも起きているし、これから発展途上国でも起きるグローバルな課題である。

我が国の法律は、権限を与えられた金融機関のみが一般の不特定多数の人々から資本を集めることを許している。投資ファンドはなぜ一般の人々から金銭を預かり、それを運用できるのか、知りたいものである。

金融ビッグバン、グローバリゼーションは、一九世紀のレッセ・フェールの思想を、このような新しい名称のついた袋に入れて二〇世紀に持ち込み、弱肉強食の世界を展開した。また、これらの制度は金融分野に関することであって、彼らが利益を挙げているときには一般の人々に関係なく、失敗すると、その災いは一般人に降りかかってくる。したがって、これらの事柄は、すべて大きくそして深く人間の尊厳を害するということができる。

我々は、労働が富の源泉であることを知った。しかし、いったいだれが労働者を守るのか。労働市場に関し、経済学者は需要と供給の法則があると考えているが、これはあくまでも学問上のことであって現実はそうではない。幻想に過ぎない。中学、高校、大学を卒業する新卒は、就職すると採用する企業側の定めた賃金を受け取ることになる。新入社員の側から決して賃金に関する交渉をすることはない。

ハローワークでも同様である。会社が求人をするとき、賃金は会社側が一方的に決めていて、その額がハローワークの持っているファイルの中に記載されている。賃金は雇用主の一方的な見解によって決定されるのである。

また、このような労働者の弱い立場を援護し保護するための労働組合が存在しても、企業別組合であるために力は弱く、過去において企業が労働法を無視してやりたい放題リストラをした時期もあり、現在においても同じようなことが行われているようである。

二〇〇九年八月三〇日、国政選挙が行われた。我々は一時、吉田茂首相から始まった戦後がその孫である麻生太郎首相の退陣によって幕を閉じるのではないかと思ったのであるが、現実の社会を見ていると、新しい時代の到来は遥か彼方にあるように感じられる。

しかし、我々が座して事態の推移を見るだけでは、問題は解決しない。我々は、我が国がこのような事態に至った経緯を考え、マネーの研究を広く、そして深く進めることによって、働く人々の尊厳を回復するよう努めなければならない。

第Ⅱ部

法と雇用

本書のテーマは「人間の尊厳と労働」であるから、「人間の尊厳」について研究することが必要である。

「人間の尊厳」とは人間の奥に潜む大切な価値である。しかし現代社会は、次々と新しいもの、新しいシステムを作り出し、人間は選択する余地もなくそれらの使用を強制されている。そして、これらのものはいずれも人間の外界にあって、物であり技術であり金銭である。したがって、外界の物件を生むことに専念する現代社会において、人々は新しいものを求め、前に前にと進むことに汲々としてきた。しかし、この技術を開発し自然を人間の欲望に従って破壊する方法では、人間の中に潜む人間の尊厳を研究することは困難で、一部を除き、今までほとんどこの分野は放置されてきた。

外界の出来事を研究する自然科学では、進歩が現実に外部に現れ確認されるため、過去と現在ではまったく異なることがわかる。すなわち、プトレマイオスとガリレオの時代は異なり、ガリレオの時代と二〇世紀の初めとは異なり、一〇年前と現在では異なる。すなわち、日進月歩である。

しかし、人間の尊厳は、人間の内部に潜む価値で、心の問題であり、これを研究するのは哲学の分野である。

そして、筆者は、不十分ながらラテン語を学び、ギリシャ語を学び、そこから得た教訓は「古代の人間も現代の人間も変わらない」ということである。このことは筆者に強烈な印象を与えた。ここから、人間の尊厳を研究するため古代ギリシャの哲学者であるプラトンから出発し、トマス・アクィナスを経てデカルトに至り現代に達することが、可能であるばかりか有益であることがわかる。

我が国では、社会科学の研究は自然科学の研究に比べあらゆる点で遅れをとっているばかりでなく、今までしばしば弾圧されてきた。マネーの研究も最近まで禁止されていた。法科大学院制度もその意義が問題になっている。裁判員制度も、何の準備もなくいきなり導入された。過労死とか自殺者の数が非常に多いということは、経済問題もあるが、他方では心のケアの問題である。社会科学の分野では、人間にとって最も重要なことが解決されていない。

このようにして社会科学の不振の理由は、これを歴史的に見れば、そこに一定の流れが見られる。すなわち、第二次世界大戦前、社会科学の弾圧の歴史があり、戦時中は、戦争一色で、国民は国のために死ぬことが当然とされ、竹槍で米軍と戦うことを強制され、人間の尊厳のかけらも認められなかった。そして、敗戦後は、我が国は経済大国の道をひた走りに走り、人間の尊厳は無視され、放置された。

したがって次に、第Ⅱ部の導入部として、社会科学の研究について戦前、戦中、戦後に分けて述べ、その後で「法と雇用」について述べたい。

1　戦前（社会科学の弾圧）

戦前は、治安維持法により労働組合の結成は認められなかった。

大正天皇の在位された大正年間（一九一二―二六年）は、いわゆる大正デモクラシーの時代であった。しかし、我が国がソ連と基本条約を締結したことで治安が問題となり、過激な社会運動を取り締まる治安維持法が制定された。同法は、一九二五（大正一四）年四月二二日に制定され、同年五月一二日に法律第四六号をもって施行された。この法律は、共産主義、無政府主義に関する特定の行為を処罰することを目的としていた。そして、処罰の対象は、共産主義者、無政府主義者ばかりでなく、そのシンパも含み、また、親族が食事をさせ、金品を与えることも禁止された。そして、右に述べたとおり、労働組合の結成も禁止された。この結果、言論の自由、学問の自由は失われた。

日本は一九三三（昭和八）年、国際連盟を脱退したが、この年に京大の滝川事件が発生した。それは、京都帝国大学の滝川幸辰刑法教授が、中央大学法学会での「『復活』に現はれたトルストイの刑罰思想」と題する講演で、「犯人に対し応報的態度で臨む前に犯罪の原因を検討すべきである。同情と理解は報復にまさる」と述べたことに端を発する。これが、ヨーロッパの自由主義思想であり、マルクス主義であり、赤化教授であると攻撃された。これに対し京都帝国大学では、学問の自由、思想・信条の自由を侵害するものであると激しく抗議したが、結局、滝川教授は退職に追い込まれた。文部省は教授の著書二冊、『刑法読本』と『刑法講義』を発売禁止にした。

また、その前年、司法官赤化事件が発生し、右翼の諸団体は、このような事件の原因は東京帝国大学の美濃部達吉、末広厳太郎、牧野英一、京都帝国大学の滝川幸辰であると非難していた。

美濃部達吉は、一九三三年、勅撰により貴族院議員となり、三四年三月、東京帝国大学を退官し名誉教授になっていたが、三五年一月、貴族院本会議において帝人事件の取り調べで人権蹂躙行為のあったことを指摘し、検察当局が違法に権利を濫用したことを帝国憲法の条文を引用して追及した。これ以来、美濃部の天皇機関説は、まず、軍部から攻撃されることになった。

天皇機関説というのは法人学説の一種であって、法人は代表者、理事会、理事より構成されるが、これと同様に、国家は天皇、政府（国会、内閣、裁判所）、国民から構成されると考えるものである。

当時、ドイツではエリネックの学説が有力で、国家法人学説が風靡していた。

しかし、我が国では、万世一系の天皇が統治するということで、国家の主権は天皇にあると考えられていた。したがって、主権が天皇ではなく国家にあるということは天皇の尊厳を傷つけることであった。

一九三五年二月、陸軍中将の男爵菊池武夫らは、貴族院議院で、「憲法上、統治の主体が天皇にではなく国家であると公言することは緩慢なる謀反であり、明らかなる反逆になる」といって、美濃部を学匪として非難した。

美濃部は、大きな排斥運動があったにもかかわらず「一身上の弁明」を行い、滔々と持論である国家法人学説の正当性を述べた。これに対し、右翼は反撃に転じた。しかし、滝川事件のときと異なり、美濃部には応援する人がいなかったため、孤立無援で戦わなければならなかった。さらに、議会には機関説撲滅同盟が結成され、議院の多数が反対運動に参加することになった。政府は、美濃部が自発的に著書を絶版にし、貴族院議員を辞めることで、この問題を決着させようとした。

検察局は、一六時間に及ぶ取り調べをしたが、この取り調べの二日後、三著書の発禁と二著書の改訂を命じ、同日、全国の各校長に対し、「国体の主義に疑惑を生ぜしめるが如き言説は厳にこれを戒める」よう命じた。

しかし、軍部はこれで納得しなかった。天皇の軍隊であると自認する軍部は、天皇機関説が軍隊教育に悪影響を及ぼさないかと考え、この説の徹底排除を要求した。四月六日、教育総監は、天皇機関説の排除と、国体明徴の訓示を陸軍全体に通達した。また、陸軍省軍事調査部長山下奉文の名で機関説排斥のパンフレット「大日本帝国憲法の解釈に関する見解」一五万部が印刷され、全国に配られた。これに対し、岡田内閣は、美濃部を辞職させて事態の収拾を図った。しかし、美濃部の決意は固く、失敗に終わった。そして、美濃部は次のように心境を記した。

小生公職辞退の儀につきなお熟考を重ねし結果、今日において小生自ら公職を辞することは、自ら自己の罪を認めて過誤を天下に陳謝するの意義を表白致すものに外ならぬことは申すまでもこれなく、自ら学問的生命を放棄し、醜名を死後に残すものにて、小生のたえがたき苦痛と致す所にこれあり候。（中略）顧みればこの数年来憲政破壊の風潮ますます盛んと相なり、甚しきは自由主義思想の絶滅を叫ぶ声すら高く、（中略）小生微力にしてもとよりこの風潮に対抗して、これを逆襲するだけの力あるものにこれなく候えども、憲法の研究を一生の仕事と致す一人として、空しくこの風潮に屈服し、退いて一身の身の安きをむさぼりてはその本分に反するものと確信致しおり候。(1)

これを見ると、美濃部の学問に対するひたむきな情熱が伝わってくる。検察当局は、九月に入ってから再び美濃部を取り調べ、一八日に起訴猶予にした。この処置に対し抗議の意思表示をしたのは東京帝国大学経済学部教授河合栄治郎ただ一人であった。

これと並行して、一九二五年頃から、共産主義者ないしはそのシンパに対する弾圧は次第に厳しさを増していた。

小林多喜二の『蟹工船』は、プロレタリア文学として名高いものである。最近、この書物が非常に売れているということを聞いている。

小林多喜二は、一年以上地下に潜っていたものの、一九三三年二月一九日、東京築地署に逮捕された。『蟹工船』の最後の部分にある付記には、「一九二九・三・三〇」と記されているが、彼は、以前、『一九二八・三・一五』という作品を発表していた。この作品は、警察官が共産党員や労働者に対し取り調べをするときの残酷な拷問の状況を書いていたため、彼は、特にひどい暴行を受けたようである。

この頃、東北地方では、冷害で稲の実が入らないため米の収穫がなく、生活に困って娘を売るという話もあった。さらに製糸工場で働く女工の生活条件がきわめて劣悪であった。その哀れな生活状態を記した女工哀史に関する著作もあるが、その中で特に知られているのは、山本茂実の『あゝ野麦峠』である。

ところで、我が国に国際機関から、地方の農家では、生活に困り未成年の女子を身売りに出しているというが、そのようなことはしないように、という勧告があった。政府はこれに対し、我が国の子女は早熟であってそのような心配はない、と反論した。また、さらに国際機関は我が国に対し、日本では、子女を親の手から離して寄宿舎に入れて工場で働かせ、手紙の授受についてはこれを検閲し、親兄弟に会うことを制限していると聞いているが、このようなことのないように、との勧告をした。政府は今度は、我が国の女性は晩熟であるから、会社は親兄弟に代わり監督する必要がある、という回答をした。

こうして我が国は、言論の自由を弾圧し、働く人に関する社会運動は強い弾圧を受け、多くの人々が政治犯として投獄された。労働運動はなくなり、すべては軍国主義一色となり、戦争への道を突っ走ることになった。

2　戦時中（労働の自由、言論の自由はない）

太平洋戦争が次第に激しくなると、まず、学徒動員が発令された。大学生はペンの代わりに銃を持ち、戦争末期には多くの学生がフィリピンに送られ、途中で米軍の潜水艦の襲撃を受けて海の藻屑と消えた。若者は全部戦地に送られたため人手がなくなり、中学生まで動員された。

太平洋戦争のまっただ中で、大阪市の市電の車両が米軍の飛行機に襲撃され、逃げ遅れた中学生の一人が同級生たちの見ている前で焼死したということもあった。

また、大阪の天王寺駅の近くの操車場で中学生が貨車を行き先別に仕分け（突き放された貨車に飛び乗りブレーキをかける作業）をしていたところ、連結に失敗し相手の貨車に衝撃を与えた。そのため中にあった壜《びん》が壊れ、中から赤いぶどう酒が流れ出た。若い人たちは何のことかわからず茫然としていたが、年配の人たちは弁当箱でそれを酌んでうれしそうに呑んでいた。

労働力の不足はついに四〇歳のバイオリニストにまで及んだ。敗戦直前に徴用され、工場で竹槍を作った。敵が上陸してきたとき、これで米軍と戦うというのである。この音楽家は、このようなことをしていると戦争に負けると上司にいった。上司は困って彼を警察に連れて行った。彼は警察署長と夜中まで議論し、ついに警察署長が負けて夜中に釈放された。

そして、程なくして日本は国土の大半が焦土と化し、敗戦を迎えた。

3 敗戦後（経済大国への道）

国民は、日本は神国で絶対に負けることはないといわれていた。しかし、現実はまったく違い、天皇が終戦の詔勅を朗読され、国民は泣いた。日本は初めて外国の軍隊に占領され、連合軍の指示で政治犯は直ちに釈放された。しかも、占領軍は日本国民に対し寛大であった。米国は敵国であった日本に資金援助をしてくれたので、我が国は食料を外国から輸入することができた。そして、闇米を食べないで死亡された山口裁判官の事件はあったものの、お陰で、噂されていたように何百万人もの餓死者が出るというような不幸なことは起きなかった。

そして、連合軍が我が国に求めたことは憲法の改正である。しかし、日本の保守的な人々が何とかして天皇制を守ろうとしたため憲法の改正が進まず、結局、連合軍が英文の憲法草案を日本政府に提示し日本国憲法の条項が決定した。その結果、国民主権が決まり、個人の尊厳に続き基本的人権の条項が確定した。また、労働組合の団結権、労働組合が資本家と交渉する団体交渉権、そして交渉が行き詰まったとき実力を行使するストライキ権も認められた。

このように、我が国の労働法の歴史は戦後始まったばかりで、それほど長いものではない。しかし、新憲法の制定後半世紀以上が経過し、二一世紀になった今日、我々は法が雇用を守ってくれるのかという問題に直面するようになった。リストラも無制限に認められ、労働者派遣法も企業側の要請を受け労働者にきわめて不利なものになった。

このような事情の下で、法が雇用を守れるのかを検証したい。そして法が雇用を守れるのかという問題を検討するとき、その判断の尺度となるのは法であり、その判断の対象となるのは雇用である。

したがって、判断の尺度となる法が正しくないと、対象となる雇用を正しく判断することができない。このため、正しい法とは何か、という質問に答えなければならない。

次に重要な問題は、国家とは何か、という問題である。

我々は、文明社会の進歩とともに、ともすれば、人間に必要な最も基本的なことを忘れがちである。人々は、マネーを追いかけ、自由を求めるあまり、マネーに関して特に、必要以上に自由を与えられてきた。そして、金融ビッグバンとグローバリゼーションによって、レッセ・フェールが認められていた一九世紀の経済理論に戻ってしまった。国家は無視され、国民の福祉は疎外された。そして、国家は働く人々の職を奪い、生活をめちゃくちゃにしてしまった。したがって、ここで、もう一度、国家とは何かということを問い質さなければならない。国家は、だれのためにあり、その役割は何かということである。

ところで、重要なことは人間の尊厳である。人間の尊厳に関しては文献も多くない。また、哲学的な問題も含まれているためアプローチも容易ではない。しかし、本書のテーマが「人間の尊厳と労働」であるから、当然のことながらこの問題を避けて通ることはできない。

さらに、我が国は、日本国憲法という立派な憲法をもっている。しかし、憲法が立派でも、その解釈を誤り運用を誤ったときは、せっかくの憲法もその意味を有さなくなる。したがって我々は、「人間の尊厳」という見地から、日本国憲法の問題点を明らかにする必要がある。

さらに、憲法と労働者派遣法の関係について述べなければならない。本書の目的は、現在の憲法の下で、雇用がいかに守られていないかを明らかにし、これを改めることである。したがって、この問題も非常に重要である。

また、さらに、もう一つの問題が待っている。それは、民法と雇用契約の問題である。現在の派遣労働契約は、債権を基本とする現行民法の下で有効と考えられてきた。しかし、債務を基本とする民法の下ではいかなる結論になるか未だかつて検討されたことはない。筆者は民法が債務本位でなければならないという立場であり、これが唯一正しい立場であるが、この立場からは派遣労働契約の法的効力を検討しなければならないのは当然のことである。

これらのことを考慮し、第一章においては「法とは何か」について研究し、第二章においては「国家」を論じ、第三章においては「人間の尊厳」について考え、第四章においては「人間の尊厳に反する憲法上の諸問題」について論述し、第五章においては「憲法と雇用」、第六章においては「民法と派遣契約」について検討したい。

以下、この順序に従って論述する。

（1）　美濃部亮吉『苦悶するデモクラシー』（文藝春秋新社、一九五九年）九〇頁。

第一章　法とは何か
―法は国民の生活を守り、国民に幸福と希望を与える―

我が国では、二〇〇九年に国民が裁判に参加する裁判員制度が発足し、国民の一人ひとりが法に関心を持つべき時代になった。法はもはや特権階級の独占ではなくなり、すべての国民に門戸は開かれたのである。したがって、我々法律家も国民に対しわかりやすく法を理解するよう働きかけなければならない。

そのため、まず、「悪法も法であるか」という問題を考えることにしたい。この問題を考えることによって、法とは何かという一応のイメージを持つことができるであろう。

次に「法と法律の区別」について述べたい。この問題は我が国ではあまり意識されていない。しかし、この区別を理解することによって、法と法律に近づくための第一歩となるであろう。そしてこれらのことを前提として、法を理解し法律を理解することができるであろう。

したがって、次に、これらの順序に従って説明したい。

一　悪法も法であるか

このテーマは旧くて新しいテーマである。

すでに半世紀以上経過したが、一九五四（昭和二九）年頃、当時東京大学法学部長であった尾高朝雄教授が、四年生の卒業試験のとき、国法学の試験の問題として「悪法は法であるか」を出題された。学生たちは、まだ二〇歳を少し過ぎたばかりの年齢で社会的経験も少なく、法は先験的に正しいものであると考え、不法な法とはいったい何であるのか、そのこと自体の意味が十分わからなかった。したがって、多くの学生は、法は元来正しいもので、もし、不法が正当な手続きで制定されたときは、国民はそれを法として守らなければならず、必要ならば、一定の手続きで廃止すべきであると述べた。この考えは、法とは、制定されなければ法ではなく、制定されたとき、すなわち、実定法になったとき、いかなる理由があろうと法として遵守すべきである、という見解である。この見解は、一九世紀を風靡したジョン・オースティンの法実証主義的見解である。しかし、この見解は自然法を排斥し、人間の精神の考慮が足りないということで、ほどなく排斥されるようになった。

「法とは何か」という問題を考えるとき、まず、「正しい法とは何か」と考えることから出発しなければならない。そうすると、法には一定の法としての役割のあることが理解できる。すなわち法は、そもそも正しいものである。したがって、正しくない行為を禁止するのは当然である。また、法は正しいがゆえに正しいことをするよう命ずる。したがって、正しい法の役割は、「行ってはならないことを禁止し、行わなければならないことを命令する」。この命題は何人といえども否定することはできないであろう。

それでは、次に、「不法」について考えたい。

右の命題について、「正しい法」の代わりに「不法な法」を入れると、次のような結果が出てくる。すなわち、不法な法の役割は、「正しいことをすることを禁じ、不法なことをすることを命令する」ということになる。このような結果を見ると、何人といえども、不法な法を認めることはできないであろう。

さらに、どのような不法があるかを考えてみよう。

最も顕著な不法な法は、我が国では、先に述べた治安維持法である。この法律は、言論の自由、学問の自由、結社の自由を認めず、国民には国体に対する批判は一切認めなかった。公務員に対しては官吏侮辱罪が認められていた。そして結果として、我が国が第二次世界大戦に突入することに対する反対は、公には一切なかった。

ドイツでは、ナチスによって悪名高いユダヤ人差別法が制定された。この法律は、実際に法律として存在し、実定法であった。ユダヤ人は、この法律によって家を奪われ、職を奪われ、家族はばらばらになり、ひどい貨車に詰められ、アウシュビッツなどの収容所に送られ、多くのユダヤ人がガス室で殺害された。後に、殺人収容所の所長などが裁判を受けるようになったが、彼らは一様に、「我々としては、ヒットラーの支配の下ではその命令に従うより、他の方法はなかった」（刑法の理論でいうと、期待可能性がなかった）という弁解をした。しかし、裁判所はこの弁解を認めなかった。あまりにも多数のユダヤ人が無残な方法で、しかも集団的、計画的に殺害されたことは、それに関与していた事実があれば、もはや容易に許されることではないであろう。これは、まさに悪法の典型である。このため、ドイツでは、国として、ユダヤ人に対し巨額の慰謝料を払った。また、最近、ベルリンにある国会の玄関に、ユダヤ人に対し謝意を表する記念碑も建てられた。

また、第二次世界大戦後は、実定法主義の法思想に反省がなされ、世界の学説があまりにも自然法を無視してきたことを反省するようになった。それで、敗戦国であるドイツの基本法にも自然法の息吹が感じられることになった。同様に、我が国でも、連合国主導の下に新しい日本国憲法が制定され、国民主権、基本的人権の尊重を認める条項を規定し、ここでも強い自然法の影響が認められる。

ところで、「悪法も法であるか」という問題については自然法の役割が重要である。なぜならば、悪法は人間の作ったものである。しかし、自然法は人間の作った法ではない。それは、人間の手が加わっていない自然に存在している法である。

我々は、宇宙に一定の法則のあることを知っている。太陽を中心にした太陽系があり、太陽の周りを地球や月を含め惑星が秩序正しく回転している。万有引力の法則は、地球上に存在するあらゆるものに適用され、水は高きから低きに流れる。同様に、人間の社会にも一定の法則は存在する。すなわち、「社会あるところに法あり（Ubi societas ibi jus）」である。

人間は、一定の自然の法則に従って生活しているのである。自然の法則に反する生活をしている者は長く生きることができない。自然の法則に従うとき、人間は生きるために働く権利を有すると同時に、休息する権利を有するであろう。かくして自然法は、良き法と悪しき法の区別の基準を与える。したがって我々は、「悪法は法であるか」という質問に対し、自然法によりその区別をすることができると答えることができる。すでに述べたとおり、治安維持法は人間の自由を極度に制限するばかりか、これを無視するものである。また、ドイツのユダヤ人差別法は、人間の尊厳を根底から覆すものである。我々は、これらの悪法に、後に述べる労働者派遣法も加えることができよう。

それでは、国民は、悪法に対しどのように対処すべきであるか考えなければならない。

裁判所は違憲立法審査権を有するが、悪法そのものを直接審査することはない。よって、これに頼ることはできない。それでは、労働組合に頼ることはできるか。しかし、わが国の労働組合は企業別組合であるため力は十分ではない。国民は、悪法に対し抵抗権を有する。だが日本人は、強いものに対し抵抗することはあまりしない。したがって、これは非常に難しい問題である。

二　法と法律の区別

まず、法律を理解するためには「法と法律の区別」を知らなければならない。なぜならば、「法とは何か」を理解することによって法律を理解することができるからである。

多くの学者が法律の教科書を書くについて法と法律の区別から始めているが、ここではその中で著名な二名の学者の名を挙げるにとどめたい。その一人は、英国の学者ゲルダートである。彼は『英国法入門（Introduction to English Law）』の冒頭で、法と法律の区別を説明している。法は全体の法秩序を指し、「law」という言葉で表現され、法律は「laws」というように複数で表現されると述べている。(1) また、東京大学名誉教授星野英一氏は『民法のすすめ』一三頁以下の中で、法と法律の区別の必要を論じておられる(2)。

例えば、法は、日本法、英国法、フランス法というとき、これらの国々の全体の法秩序を示している。また、法制史、法哲学というときも、同じく、全体の法を指している。

ところで、憲法、民法、商法、刑法、民事訴訟法、刑事訴訟法などの法規は、これらの文字をよく見ると、いずれにも「法」という文字が付いている。したがって法は、これらの諸法に共通な概念であって、これら諸法をそれ自身のうちに含んでいる。法は、憲法、民法、商法、刑法、民事訴訟法、刑事訴訟法を含む上位概念である。

かくして、次のようにいうことができる。法とは全体の秩序であり、その一部分が、それぞれ憲法、民法、商法、刑法、その他の法律となる。

さらに法は、抽象的なもので、目で見ることも手で触ることもできない。これに対し、法律は、国会の審議を経て制定・公布されたもので、さらに付け加えると、法律は人間が作り、文字で表現したものである。したがって、法律は数えることができ、英語では複数で表現される。

三　法とは何か

法とは、人々が平和に暮らしていけるよう社会の中で一定の秩序を維持するための規範（守らなければならない規則のこと）である。したがって法は、人々に対し、してはならないことを禁止し、しなければならないことを命令する。

次に、法は何のために存在するのかを考えなければならない。

我々は、この問題について容易に答えることができる。それは、人間のためにある、ということである。人間が存在しなければ法は必要ないし、存在しない。人々が社会を形成して生活しているとき、そこに自然に人々が守らなければならないルールが生まれてきて、このルールが社会の秩序を形成する。

また法は、人々の生命と財産を守り、人々が平安に幸福に暮らすことができるよう配慮するものである。ではこのとき、法が法であるために何が必要であるか。これに関し、フランスの法曹モンテスキューは、法とは精神であると述べた。モンテスキューのいう法の精神には、次の三つのことが含まれている。すなわち、「正義」「衡平」「理性」である。

現在では、残念ながら、これらの言葉はほとんど使われることはない。国会は法律を作る場でありながら、国会議員たちが国会でこれらの言葉を使っているのを聞いたことはない。しかし、法を理解するためには、これらの言葉の真の意味を理解しなければならない。まして、我が国で裁判員制度が発足したばかりである。我々はもはや裁判の傍観者ではなく、裁判の当事者である。国民で成年者であれば、なんどきでも裁判員になるための準備が必要である。

法は、尺度であり、裁判は思いつきでするものではない。我々が裁判に参加するとき、裁判をするに必要な法の尺度である正義、衡平、理性について知らなければならない。よって次に、正義、衡平、理性について説明する。

1　正義

正義とは、法の最も根本的な言葉である。法は正義で、不法は正義ではない。法律上の問題が発生したとき、その問題は正義に属するのか、不正義に属するのか、という判断がなされる。裁判員は、正しいことは正しい、間違っていることは正しくない、という義務がある。

正義の問題は、一九七一年、米国ハーヴァード大学の哲学教授ジョン・ロールズ氏が『正義論』を発表されて、世界的な話題になった。それはカントの哲学に立脚し、「これからの正義の問題は分配である」と述べられている(3)。

実際に、世界の経済は大きく膨張したが、一般の労働者ないし消費者に対する分配は少なかった。したがって、大企業が生産した商品が売れなくなってしまった。それを買うべき一般の労働者や消費者の懐には、それらを買うためのカネがないからである。カネは天下の回りものであるが、カネが回らなくなったため、二〇〇八年末から始まった今回の世界的な大不況になったのである。いかに資本主義といえども、資本家が多額の金銭を独占して消費者にカネを回さないというのでは、カネ回りが悪くなり、結局、金融危機の原因となるのである。このようにして正義論は、もはや哲学の領域だけの問題ではなく、我々国民生活に関し重大な関係を有するのである。

我が国では、正義論を聞くことはあまりない。法科大学院でも、教授が法の基本知識として正義の問題を講義しようとすると、学生たちは直接試験に関係がないからあまり関心を示さないということで、真面目な教授を嘆かせる一因となっている。しかし、すでに述べたとおり、正義の問題は、社会全体の分配を考える上で重要であるばかりでなく、裁判員が裁判に参加する際にも必要である。したがって次に正義とは何かということについて説明する。

（1）アリストテレス

正義について、最も早く説明したのは、ギリシャの哲学者アリストテレスである。彼は、正義を二つに分類した。平均的正義と配分的正義である。

平均的正義というのはすべてを平等に扱うということである。確かに、すべてを平等に扱うということは重要なことである。しかし、すべてを平等に扱うことは、実際には困ることも起きる。例えば、大人と幼児がいて、薬を飲ませるとき、いずれにも一粒の薬を飲ませると、幼児には効くが、大人には効かないということがある。反対に、いずれにも、二粒の薬を与えるとき、大人には効くが幼児には副作用の心配が起きる。したがって、大人には二粒の、幼児には一粒の薬を与えるのが大切である。この考え方が配分的正義である。平均的正義は単純でわかりやすい。しかし、配分的正義になると、そのためにいろいろな配慮が必要である。

（2）ユスティニアヌス帝

前述のとおりユスティニアヌス帝は、コンスタンティノープルに東ローマ帝国を建設したことで知られているばかりでなく、同時に、学者を集め、学者たちにローマ法に関する法典を編纂するように命じ、その結果、『ローマ法大全（Corpus Juris Civilis）』が完成したことで知られている。

帝は、この中で、法と正義について定義を与えている。すなわち、正義とは確固とした不変の意思の表示で、その法はすべての人に課せられる。法を学ぶことは、神、人、そして正義と不正義の相違を知ることである。法の命ずるところは、次のとおりである。すなわち、名誉をもって生きよ、他人を害することなかれ、他人のものは他人に返すべし。(4)

というのである。

ユスティニアヌス帝の時代になると、キリスト教の影響が強くなり、法は正義であり、正義は法であると考えられるようになった。また、帝のこの定義は非常に有名で、ヨーロッパの法制史の教科書には必ずといっていいくらい引用されている。

我が国では、正義に関する十分な定義はない。そして、この帝の定義は、非常に立派なもので、ここで少し詳しく説明する。

まず、「正義とは確固とした不変の意思の表示」であるという部分であるが、ここにいう意思の表示とは、神または自然法による意思の表示である。これらの意思の表示は、天地創造以来、変わることがない。したがって、この意思表示は確固として不変であるということになる。

次に、「法を学ぶことは、神、人、そして正義と不正義の相違を知ることである」の部分であるが、神を学ぶことは、神とその創造されたすべてを学ぶことになる。したがって、神のつくられた自然法の研究が重要となる。また、人を学ぶということは、人とはどういうものであるか理解しなければならないということである。そして、正義と不正義の相違を知らなければならないということは、正義は法であり、不正義は法でないから、その相違を知ることは必要である。

さらに、「法の命ずるところは、次のとおりである。すなわち、名誉をもって生きよ、他人を害することなかれ、他人のものは他人に返すべし」の部分は法の命令であって、人々はこれに従わなければならない。

ところで、「名誉をもって生きよ」ということは、人間のすべての行動の基礎になるところである。人が名誉をもって生きているとき、人はそれに相応しい行動をとるのであって他人を害したり、他人のものをとったりはしない。したがって、名誉をもって生きるということは、その人自身が幸福であるばかりでなく、他人からも尊敬の念をもって迎えられることになる。このことは、本書の問題である「人間の尊厳」に関するものである。

「他人を害するなかれ」という言葉は聖書の中に見られる。また、「他人のものは他人に返せ」ということは、不当な利得をしてはならないということである。すでに述べたように、従業員が会社の借金をせっせと支払うのは、正義に反する。

(3)　グラティアヌス

ヨーロッパでは中世に入ると、地上の王国は封建制度のせいで次第に分割され、領土の単位が縮小していったが、反対に、天の王国は、信仰が深まるとともに心の問題が教会を通じて次第に統一され、封建領土を越えて広がり、教会の権力は次第に強力となっていった。そして、教会法の研究が一二世紀のボローニャで始まった。また、そこではすでにローマ法の研究も行われていた。

教会法の研究所を創設したのは、ボローニャの修道士で、修道会で当時、教会法を教えていたグラティアヌスであった。彼は教会の諸法を研究し、これを一冊の著書にまとめた。それが、『グラティアヌス教令集』として後の世に残った。彼は法について研究し、この「緒」の中で次のように述べている。

人類は、二つのもの、すなわち、自然法と慣習によって支配される。自然法とは法とキリスト教の福音に含まれているところのものである。それにより、各人は、自己の欲すること、自己になされることを他人になすことを命じられる。また、自己の欲せざることを他人になし、他人を傷つけることは、禁止される。(5)

この教えは、キリスト教の教えの中でも最も重要なもので、これがグラティアヌスの正義論である。これを要約すると、「自己の欲することを他人になし、自己の欲せざることを他人にすることは禁ず」ということである。すなわち、この教えは、他人にはいかなることをなすべきかを示している。

(4)　トマス・アクィナス

彼については後に詳しく述べるが、彼はアリストテレスの影響を最も多く受けた学者の一人である。彼の正義の概念も、アリストテレスの影響を受け、正義の徳には、交換的（commutativa）、配分的（distributiva）および法的（legalis）の三種類があると述べている。

そして、交換的正義は、契約に従って賃金を支払い、定価に従って商品を売買し、法律の規定に従って刑罰を科するなど、この正義は厳格に行われる。

配分的正義は、共同体の中で、各人の占める位置およびそれぞれの重要性などに比例するのであって、そうした要素を考慮しながら各人の「正」を確定する。そして、ここで配分するというのは、実際に利益や負担を配分するのではなく、配分するルールを確定することである。配分的正義とは、共同体の全体の福祉、すなわち共同善を前提にしている。そして、法は、この共同善を実現することを目的とし、その実現を課題とするのが法的正義である(6)(7)。

トマスの配分的正義は人々の求めているものである。そして「配分的正義とは、共同体の全体の福祉、すなわち共同善を前提にしている」という部分はまったくそのとおりであると考えられる。ここにいうところの共同善は社会を構成する構成員全体の善を考えているのであって、まさに、トマスのいうように福祉そのものである。我々は、人間の尊厳と労働について考えている。したがって、この共同善という考えは欠くことのできない概念である。

(5)　ハート

彼はその著書『法の概念』において正義の諸原則を挙げている。そして、正義は、「正当な」「公正な」という言葉で表現できるという。そして、それは、二つの場合に関係すると述べている。

一つは、多数の人々に関することで、これらの人々のうち一部の人が平等に扱われていないとき正義に反するということができる。それは、負担、配分に関することである。また、他の場合は、損害賠償に関することで、被害の額に応じ損害賠償の額、補償の額が決められなければならない。

しかし、正当、公正という問題は、これら二個の事例に限らない。この問題は、あらゆる形に変わり、常に我々の前に姿を現す。そして結論として、正義は、「類似の事例は同一に取り扱うべし」と定型化され、また、「異なった事例は別々に取り扱うべし」と定型化されるというのである。

(6)　ジョン・ロールズ

すでに彼についてはいくらか述べているが、彼の『正義論』は、英国で支配的であった功利主義を克服するという意味で大きなセンセーションを与えた。

その正義についての理論は、すべての人々が原始状態（original position）に置かれていることを想定し、すべての国民は基本的人権を平等に与えられるべきことが正義の第一条件で、次に、社会的、経済的不平等が生まれないように、恵まれない人々に対し、経済的福祉を実現することが第二の条件であるという。これに対し多くの批判が寄せられているが、方向としては正しいものが含まれていると考えられる。

このようにしてロールズの述べる「正義」とは社会的正義であり、社会を構成する人々に対し、社会の隅々まですべての人を「公正」に扱わなければならないという公正としての正義である。したがって、この正義論は次に述べる「衡平」の概念に導かれるのである。

2　衡　平

衡平の思想の起源について、我々は、またしてもアリストテレスまでさかのぼらなければならない。

衡平という考えにはバランスをとるという意味が含まれている。そして、バランスをとるという衡平と正義の関係が問われている。

⑴　アリストテレス

彼の衡平についての考えの要旨は次のようなものである。

すなわち彼は、実際、衡平は正義に勝るかもしれないが、それ自身正義でもあり、そして、それは異なった種類に属するものではないという。したがって、正義と衡平は同じものである。たとえ、衡平が正義より善であるとしても、両者とも善そのものである。難しいことに、衡平が正義でありながら、法に従った正義ではなく、法的正義を補正したものであるということである。法は常に、一般的なものであり、特殊な場合を一般的に記載することが可能でないためこれを補正しなければならないということである(8)。

⑵　ヨーロッパ中世の衡平概念

この衡平という概念は、古代ギリシャ、古代ローマから考えられるようになり、中世前期になると、注釈学派の学者、教会法の学者によって熱心に議論された。

一二世紀になると、衡平（aequitas）、法（jus）、正義（justitia）に関する研究が進み、衡平とは自然的現実で、同様の立場においては同じ権利を要求するのが事物の性質上適当であるということである。したがって、それは、自然における比例の関係である。この衡平は、特別の美徳という手段により人によって理解される。そして正義は、人をして、この衡平を遵守、理解、適用せしめる。したがって、人は、この衡平を法的規制に形成することになる。
イタリアのボローニャの学者イルネリウスは、法学者のリーダーとして「法の灯明」と呼ばれたが、彼は『学説彙纂（Digesta）』の断片を研究し、衡平は正義の一部であるが、それとは異なるとし、次のように述べた。

それは物のなか、人間関係に見られるが、それに一つの形式を与える意味が存在するとき、それは正義となる。地上におわす生きた法である皇帝のみが衡平を正義に変える権能を有する。ユスティニアヌス帝によって決められたローマ法全体が正義を構成し、正義は衡平から流出し、そして永久に衡平と結びつく(9)。

また、中世後期になると、良心と衡平の要求はヨーロッパ全土に広がり、刑事事件において、法を厳格に適用する結果が正当でないと思われるとき、国王の慈悲によって刑が減軽された。
また、この頃、海を越えた英国では普通法（common law）の厳格性を緩和するため衡平法裁判所が設立された。
(3)　ロイド（一九一五年―）
この二〇世紀の学者は衡平について次のように述べている。

人と人の間で、衡平に調整する手段として形式的自由に頼るとき、さらに困難が生じる。なぜならば、アリストテレスが指摘したように、ルールの一般的性格はすべての個人の立場をすべて十分に予想して想定したものではなく、したがって、形式的正義は個々の事件について非常に過酷になることがある。これが法の過酷さを是正しなければならないと感じられる理由である。この是正は、厳格な文言を強調するよりも、むしろ、衡平な精神で法を解釈するというある種の裁量権を付与することによってなされるべきで、過酷な場合、厳格な文字解釈を制限しコントロールする必要がある。

この最後の点はよくいわれることであるが、《正義は慈悲によって行われるべきである》ということで、それは、法の正義は、個々の事件において、衡平の精神で緩和されるべきであるということを意味する。（中略）

また、英国では、しばしば《合理的である》という言葉が用いられるが、これは衡平ということを意味する。[10]

3　理　性

人間に理性があるということを発見したのは、ギリシャの哲学者たちであった。すべての人たちは理性を持っている。そして法は行動規範であるから、人が理性を持っていないならば、法はかかる人に対しては無力である。人に理性があるからこそ法が行動規範として存在理由がある。

(1)　プラトン

ギリシャの哲学者の中で、理性についてこれを理論的に分析したのはプラトンである。少し長いが引用する。

……魂の本来の相《すがた》について、つぎのように語らなければならない。その実際の性格がどのようなものであるかをまともに説明するのは、あらゆる点からみて、神のみができる仕事であり、長い叙述を必要とするが、しかし、何に似ているかを譬《たと》えて話すことなら、人間の力でもできるし、また比較的短い話ですむ。だから、われわれは、この後のほうのやり方で話すことにしよう。
そこで、魂の似すがたを、翼を持った一組の馬と、その手綱をとる翼を持った馭者とが、一体になってはたらく力であるというふうに、思いうかべよう。——神々の場合は、その馬と馭者とは、それ自身の性質も、またその血すじからいっても、すべて善きものばかりであるが、神以外のものにおいては、善いものと悪いものとがまじり合っている。そして、われわれ人間の場合、まず第一に、馭者が手綱をとるのは二頭の馬であること、しかも次に、彼の一頭の馬のほうは、資質も血すじも、美しく善い馬であるけれども、もう一頭のほうは、資質も血すじも、これと反対の性格であること、これらの理由によって、われわれ人間にあっては、馭者の仕事はどうしても困難となり、厄介なものとならざるをえないのである。(11)

このようにして、プラトンは、人の魂を、白い馬、黒い馬、それに馭者の三つからなると考え、白い馬は人の意思、黒い馬は人の欲望、二頭の馬を操る馭者は理性を表すものと考えた。そして、最終的に理性が二頭の馬を制御するものであり、理性をもって「思慮深いはからい」と解した[12][13]。

(2)　アリストテレス

プラトンの弟子アリストテレスは、プラトンの影響を受け、魂を感覚、知性、欲求の三つに分類した。そして次のように述べている。

> しかしながら、これらのうち、感覚はいかなる実践の端初ともならないものなのであって、このことは、獣類は感覚を持ってはいても実践にあずからないということに徴して明らかである。残る両者について見るならば、知性における肯定と否定に対応するものとして、欲求においては追求と回避がある。だからして、いま、倫理的な卓越性ないし徳とは「われわれの選択のいかんを左右する魂の状態」（中略）であり、「選択」とは、しかるに、思量的な欲求（中略）にほかならないとするならば、当然の帰結として、「選択」がよくあるためには、ことわりも真であることを要するし、欲求もまたただしくあることを要する。すなわち、同じものを、前者が肯定し後者が追求するのでなくてはならぬ[14]。

ここにいう実践とは、真なる理性と正しい欲求による人の行為をいう。

(3)　キケロ

彼は次のように述べている。

……人間と神との第一の結びつきは、理性による結びつきだということになるのだ。ところで、理性を共通にしている者どうしのあいだでは、正しい理性もまた共通のはずだ。そしてそれはおきてといってもよいのだから、人間はおきてによってもまた神と結びつけられていると考えられねばならない[15]。

法なるものはただの一つしかなく、これによって人間の社会が結び合わされているのだが、それの根底には唯一無二のおきてというものがある。このおきては、命令と禁止という形における正しい理性であり、どこかに書きとめられていようといまいと、これを知らない者は正しい人間とはいえないのだ[16]。

理性が、神と人間を結びつける。すると、各人が神を介し理性をもっていることになる。そして、理性が人と人を結びつける。人と人の間に理性を介しておきて（法）ができる。したがって、おきて（法）の根底には理性が存在する。

(4)　マルクス・アウレリウス

ローマの皇帝で哲学者であったマルクス・アウレリウスは、政治の間の寸暇にストア派の哲学を研究して自分自身の反省に充て、これをギリシャ語で書き残したのが『自省録』である。これによると、理性についてかなり具体的な記述が見られる。その一部を引用すると次のとおりである。

理性的な魂の特徴。自己をながめ、自己を分析し、意のままに自己を形成し、自己の結ぶ実を自ら収穫し、——これに反し植物の果実や動物において果実に相当するものは他人の手で収穫される——人生の終止符がいずこにおかれようとも自己固有の目的を達成する。

(中略)

さらに理性的魂の特徴には、隣人を愛すること、真実、慎み、なににも優って自己を尊ぶこと等がある。これはまた法律の特徴でもある。したがってまっすぐな理性と正義の理性とはなんの相違もないのである[17]。

(5)　トマス・アクィナス

トマスは、法は理性であるということから出発した。すなわち、

法は一種の規則であり、規準であるところから、二つの仕方で或るもののうちに在るといわれる。その一つの仕方は、規準となり、規定するもののうちに見出される場合であり、このように

することは理性に固有のことであるところから、こうした仕方においては法は理性のうちにのみ在るといわれる。もう一つの仕方は、規制され、規準ではかられるもののうち見出される場合であって、この意味では、何らかの法によって何事かへと傾向づけられるところのすべてのもののうちに法が見出される。こうして、およそ何らかの法に由来するところの傾向はすべて、本質的な意味で essentialiter ではないが、いわば分有的な意味で participative「法」と呼ばれることが可能である。こうした意味で、肢体のうちに見出されるところの、情欲へとむかう傾向もそれ自身「肢体の法」と呼ばれるのである(18)。

と述べている。

ところで、ここでいうところの「法」という言葉は、法律の世界でいうところの法ばかりでなく、それよりも広い法則という意味も含んでいる。

そして、法には二つの意味があり、一つは、判断をするとき判断主体の理性の中に法があるという(本質的)。他の一つは、判断される客体の中にある傾向が認められるときそこに一定の法則があるという(分有的ということであるが、派生的というほうがわかりやすい)。人間を判断の対象とする場合、人間には欲望があり人間がそれに従うという傾向があると認められたとき、人間には一定の派生的法、すなわち、欲望の法則があるということである。

（6）　ダントレーヴ

このイタリアのローマ大学教授は自然法学者で、自然法は永久不変であるが、百年しか生きない人間の作った法律は欠点が多く価値がないという見解を持っておられる。

彼は、すでに引用したユスティニアヌス帝の『ローマ法大全』について、「同法典が普遍的な効力（時と場所を問わないという意味）を要求したことについては、現代のそして偏見のない読者をも感銘させずにはやまない一点がある。すなわち、その要求が力に基づくものではなく、理に基づくものであったということである[19]」と述べている。

（7）　ベイカー

現代の学者である。彼は次のように述べている。

……ある特定の裁判官が以前に何を意味していたかとか、特定裁判官が権威を正しく精査したか否かという問題について、弁論が行われたわけでは決してなかった。重要であったのは「法の理性」（中略）であり、これは法に関する学識全体の中で見出されるものであって、個々の事例を超越するものであった。エドワード二世時代に、ベアフォード（中略）首席裁判官はローマ法から、（中略）裁判は実例ではなくてむしろ理性に従って下されるべし、という適切な格言を借用した[20]。

理性については膨大な文献が存在するため、ここでその全容を説明することはできない。しかも、本書は人間の尊厳と労働の問題をテーマとしているのであるから、深くこの問題に入ることは避けたい。しかし理性は、ヨーロッパの歴史では、ギリシャの時代から中世を経て現代に至るまで存在している。カントは『純粋理性批判』をもって理性を批判したが、しかし、理性の存在することは否定できない。それは、理性のない社会を想像するだけで十分である。社会は暴力、欺瞞、差別、貧困に満ち、人々は生命、財産の安全の保証がなくなり、安心して生活することはできなくなる。人は、生まれながらにして生きる本能を取得し、成長するに従い生きるための理性を取得する。理性が存在しないのであれば、学校に行く必要もないし、本を書く必要も本を読む必要もない。

四　法律とは何か

法律は国会、すなわち、衆議院と参議院を通過して制定・公布された法規である。したがって、文章に作成されたもので、すでに述べたが、数で数えることのできるものである。

それでは、まず、法律の目的を考える必要がある。

法律は、まず、人の行動規範である。すなわち、人は、法律の定めるところに従い生活するのである。次に、我々は、法律は法の一部であるということを思い出さなければならない。したがって、法律は、法の持っている正義、衡平、理性という要素をすべて含んでいるため正義、衡平を目的とし、理性に従って立法されなければならない。すなわち、法律は、立法者が正義、衡平の精神に鼓舞されながら、理性に従って作った法規である。

この場合の正義とは、すべての人々に善政を敷くことを目的とすることをいう。すなわち、すべての人々に善を行うということである。したがって、この善はすべての人々に対する善であるから「共同善」と呼ばれている。そして共同善は、配分的正義に従い共同体の全体の福祉を目的とするもので（前記）、ここにいう全体の福祉とは、現代の言葉でいうと「公共の福祉」である。

英国の哲学者ベンサムは、「最大多数の最大幸福」といって、英国の功利主義哲学を樹立したのであるが、最大多数の中に入ることができない人、最大幸福を受けることができない人について、ベンサムはどのようなことを考えていたのであろうか。これら恵まれない人々に対しては社会政策によって救済するという趣旨であろうか。この思想自体の中には差別が存在する。

次に、衡平とは、配分的正義を意味する。社会に、富者と貧者が存在するとき、富者は、貧者に対し、生きるための配慮が必要である。

ところで、法律は「書かれた理性（ratio scripta）」と呼ばれている。そして、すでに述べたが、立法者は、正義と衡平に導かれ理性によって法律を作るのである。そして、その目的とするところが共同善である。すべての人々によいものを与え、幸福にすることである。したがって、法律の目的は、人々の生命と財産を守り、基本的人権を保護し、そして福祉により人々が幸福に暮らすよう配慮し、かつ、希望を与えることである。

本書は哲学書ではないが、正しい法律とは何かということを知るために正義、衡平、理性について説明してきた。そして、ここに、法律が正しい法律となるための要件を明らかにすることができた。

換言すると、「理性としての法律」が明らかになったのである。したがって、この理性の法律という鏡に照らし、現在、我が国で行われている数多くの法律を考えなければならない。

このようにして、法律の性格とその目的が明らかになったのであるが、このことは、法律を作る人の持つべき資質をも明らかにするものである。

すなわち、法律を作る仕事に従事する人は、まず、正義という概念を理解しなければならない。正義ということを知らないで、どうして法律を作ることができるのであろうか。

次に、衡平である。法律には衡平が含まれている。したがって、法律を作る人は衡平とは何かを知らなければならない。衡平の何かを知らない人は法律を作る仕事に従事する資格がない。少数の富者と大多数の貧者が自国内に存在するとき、これを無視し平然としている立法者は、正しい立法者ではない。

そして理性である。法律は書かれた理性である。したがって、法律を作る人は、理性なくして法律を作ることはできないであろう。ここで、プラトンの立法者（政治家のこと）に関する見解を聞いてみよう。

国の守護者の果すべき仕事は何よりも重要であるだけに、それだけまた、他のさまざまの仕事から最も完全に解放されていなければならないだろうし、また最大限の技術と配慮を必要とするだろう。(21)

プラトンは、守護するには知覚が鋭くなければならないだろうし、相手を見つけ、追いかけて、闘わなければならないから、それには勇敢でなければならず、勇敢であるためには気概が必要である、とする。また、身内や味方にとっては穏やかで、さらに、知を愛する者でなければならない、といい、そして、結論として、

……国家のすぐれて立派な守護者となるべき者は、その自然本来の資質において、知を愛し、気概があり、敏速で、強い人間であるべきだということになる。(22)

とする。さらに、プラトンは、立法者に対し知性が必要であるといって、次のように述べている。

……とりわけまた、国政にたずさわる立法者は、つねにこの知性を求める点に着目しながら、法律の条項を制定しなければならないということ、これは、わたし自身もいま思い出したことなのですが、またあなた方にも、思い出してもらいたいことだと思います。(23)

さて、われわれの法律がその根底において目差すところは、人びとがもっとも幸福になり、できるかぎり互いに仲好くするようにということであった。(24)

……すべての人間が真面目に関心をよせる対象は、全部で三種類あるが、そのうち財産に対す

る関心は、もしそれが正しい仕かたでよせられているならば、最後の、三番目のものであり、身体へのそれが中間のものであり、魂へのそれが第一のものだ[25]……

このプラトンの、立法者に知性が必要であるという見解は筆者の見解に一致する。そして、法律は書かれた理性であるから、法律を解釈・適用するときには理性に従って解釈・適用されなければならないことを示している。

1　ウィリアム・オッカム（一二八五―一三四九年）

彼は英国に生まれ、オックスフォード大学を卒業した。しかし、英国では生活に恵まれず、フランスに渡りアヴィニョンで修道士、神学者となった。彼は、物事の本質を捉え、不要なものをなくし、必要最小限度の素材で理論を組み立てるべきであると主張した。したがって、彼の理論は不必要な部分をどんどん削ったため「剃刀《かみそり》のオッカム」といわれた。

第二次大戦後、我が国は戦前と異なり権利社会として出発した。そしてどこに行っても権利、権利の声が聞こえた。しかし、権利という言葉はいつ始まったのかというと、それほど昔のことではない。このオッカムの学説から始まったのである。

オッカムは法に二つの局面があると考えた。法は生活規範であるから、これを守らなければならない。そして、これは守らなければならないということで義務を意味する。また、他方、法は人々に権限を与える。この権限という言葉は新しい言葉で、後に、権利という言葉に変わったということである。そして、さらに二世紀後、この用語は確定的なものなった。

2　スアレス（一五四八—一六一七年）

スペインの神学者スアレスは、トマス・アクィナスの後を受けて第二のスコラ哲学の代表者といわれるようになった。彼は教会に住み、教会法の研究に従事した。

一四九二年、コロンブスが新大陸を発見し、その後を追って征服者たちが続々とスペインから南アメリカに向けて出かけ、ゴールドを入手し、それで奴隷を買ってカネを稼いだ。これら征服者たちは、現地の南アメリカに住んでいるインディアンや奴隷に対し非人道的なひどい仕打ちをし、それがスペインに住んでいるスアレスの耳に入った。

スアレスは神の教えを説く人道主義者で、征服者たちばかりでなく、政府までも奴隷、インディアンに対しあまりにもひどい扱いをしているのを知り、そして考えた。黒人、インディアンといえども人間ではないか、人間には、人間としての生命・自由・所有権について権利があるのではないか、と。そして、このことから彼は、明確に権利という概念を確立した。彼はまた政治に言及し、立法者の意思を批判し、残酷な支配者は追放されるべきであると述べた。

彼によれば、「法は時には法自身を意味し、時には権限、すなわち、所有権ないし準所有権（所有権は物の上に、準所有権は権利の上に存在する）を意味する」というのである。そして、スアレス以降、多くの学者は後期トマス・アクィナス派の影響を受け、道徳から義務と債務が発生しこれが研究の対象になると考えた。

法は、このように義務を課するということで、義務に違反した者は損害賠償義務を負担することになる。そして、義務に違反した者は法により、その履行が強制される。

オッカム、スアレスのいうように、法には、これを守らなければならないという義務と、この法から発生する権利のあることが明らかになった。このように法には義務を課する機能と、法から権利が発生するという二つの機能を認める見解は、法の二元主義と呼ばれている。この二元主義の立場が、現在の法の基本的な原則である。

3　ジョン・ロック（一六三二―一七〇四年）

英国の哲学者、政治学者で、ブリストルの町の近くに生まれる。オックスフォード大学のフライスト・チャーチで学び、さらに医学も研修し、医者でもあった。

一六六六年、アシュリー卿の侍医としてその屋敷に寄寓していたときに認識問題に関心を持ち、哲学の研究を志した。そして一六七二年、アシュリー卿が大法官になったとき彼も官途に就いた。卿が失脚したとき彼はいったんフランスに行ったが、その後、卿と共に反逆罪に問われ、彼はオランダに亡命した。その後の一六八九年、彼はオランダ亡命中に書いた『人間知性論』を発表して一躍有名になった。彼は、認識の根底には経験があり、経験なくして認識は不可能であると説いた。そして、人間は生まれながらにしてある一定の観念を持っているという生得説を厳しく批判した。彼の法律に関する見解は次のとおりである。

人間は、天然、自然の下では完全に自由であって、自然の法には拘束されるが、それ以外何ものにも拘束されないというのである。したがって、現在ある法制度、法律は人間の作ったものであるから、人間の幸福のため、それが不適切であればいかなる方法でもそれを変えることができるという。

人間は生まれながらにして平等で、ここから人間愛が生まれ、その上に人間が相互に負っている義務が築かれる。そして、そこから正義と博愛の偉大な原理が導き出せるという思想に発展させた。

彼は、君権神授説を否定し、人間の平等と、政府攻撃の権利を認めた。彼の、『市民政府論』は、「人民の福祉は最高の法」という理念を明らかにし、この思想は、後にアメリカ独立宣言の基本となり、アメリカの独立は後にフランス革命を引き起こした。

このようにして、法律は正義、衡平、理性に関係し、その目的とするところは、国民の生命・財産を守り、さらに、国民のために福祉を充実させ、国民が幸福で、安心して平和に過ごすことができるように配慮するということである。

五　まとめ

以上、法と法律についてかなりのページを割いた。そして、法とは正義、衡平を含み、理性的であるということを説明した。また、法律はこの法の一部であり、書かれた理性であると説明した。

したがって、法と法律の内容は正義、衡平、理性であり、法と法律の目的は、国民の生命、財産を保護し、国民の福祉を増進し、国民に安心と幸福をもたらすことである。

このようにして法と法律の目的を明確にすることができた。そして、このことによって、基本的でかつ重大な二つの問題、すなわち「公共の福祉」と「行政権」について、それぞれ正しい定義を与えることができることを明らかにしたい。

1　公共の福祉

「公共の福祉」という法律用語は憲法に見られる。しかし、今まで、東京大学教授星野英一氏を除き、最高裁判所を含め裁判所も、大学教授、学者、弁護士などの法律家も、だれ一人としてこの法律用語を説明したことはなかった。裁判所は、しばしば公共の福祉で基本的人権を制限してきたが、公共の福祉の定義を与えたことはない。

しかし、本書では、法と法律の内容を検討し、法と法律の目的は共同善の実現であることを明らかにした。そして、この共同善とは、社会の構成員のすべての人々に善を与えることで、これこそ「公共の福祉」にほかならない。したがって、公共の福祉で基本的人権を制限することはできない。

2　行政権の定義

我が国の憲法の教科書では、行政権の定義は、全公権力から立法権と司法権を差し引いた残余であると説明されている。しかし、これは行政権の範囲を示すだけで、内容の定義にはならない。

しかし、本書で説明したところに従い法と法律の目的を考えるとき、行政権は法律の執行であるから、行政権の定義は、「法律に従い国民の福祉を実現するための公権力である」ということができる。このため、政府は、国民の福祉を実現するために行政権を行使する義務があることになる。したがって、裁判の実務、または、行政法の教科書で認められてきた「自由裁量行為」という概念は否定される。行政権に実質的な定義を与えることは非常に重要な意味を持っている。なぜならば、行政権に実質的な定義を与えることによって政府の行政責任が明確になるからである。

政府の行政権は国民の福祉のために行使されるべきであり、この目的を逸脱した行為は、不法な行為であるか行政権の行使の濫用になる。政府が長期間にわたり赤字国債を発行し、その負債総額が間もなく一〇〇〇兆円になろうとしていることは、まさに不法行為または行政権の権利の濫用以外の何ものでもない。

（1）Cf. William Geldart, *Introduction to English Law : Originally Elements of English Law*, 10th ed., D.C.M.Yardley(ed.), New York : Oxford University Press, 1991, p.1.
（2）星野英一『民法のすすめ』（岩波新書、一九九八年）一三頁以下参照。
（3）John Rawls, *A Theory of Justice*, Revised ed., Cambridge, Mass : Belknap Press of Harvard University Press, 1999, p.9.
（4）*Corpus Juris Civilis, Digesta*, liber 1, 1.1.10. <http://upmf-grenoble.fr/Haiti/Cours/Ak/Corpus/d-01.htm>
（5）Gratian, *The Treatise on Laws (Decretum DD. 1-20) with the Ordinary Gloss*, Augustine Thompson, O.P., James Gordley (trans.), Washington, D.C. : Catholic University of America Press, 1993, p.3.
（6）稲垣良典『トマス・アクィナス』（勁草書房、一九七九年）二〇〇―二〇二頁参照。
（7）沢田和夫『トマス・アクィナス研究―法と倫理と宗教的現実―』（南窓社、一九六九年）一一三―一一四頁。

(8) アリストテレス『ニコマコス倫理学（上）』高田三郎訳（岩波文庫、一九七一年）二〇八―二一〇、二八二頁参照。

(9) Manlio Bellomo, *The Common Legal Past of Europe, 1000-1800*, Lydia G. Cochrane (trans.), Washington, D.C.: Catholic University of America Press, 1995, p.160.

(10) Dennis Lloyd, *The idea of law*, London: Penguin Books, 1981, pp.124-125.

(11) プラトン『パイドロス』藤沢令夫訳（岩波文庫、一九六七年）五八頁。

(12) 同前、七六―七七頁参照。

(13) ジャン・ポール・デュモン『ギリシャ哲学』第三版、有田潤訳（白水社・文庫クセジュ、一九六七年）六九頁参照。

(14) アリストテレス、前掲『ニコマコス倫理学（上）』二一七―二一八頁。

(15) キケロ「法律について」『世界の名著　一三』第七版、中村善也訳、鹿野治助編（中央公論社、一九八〇年）一三八頁。

(16) 同前、一四八頁。

(17) マルクス・アウレーリウス『自省録』改版、神谷美恵子訳（岩波文庫、二〇〇七年）二〇九―二一〇頁。

(18) トマス・アクィナス『神学大全　第13冊』稲垣良典訳（創文社、一九七七年）四頁。

(19) A・P・ダントレーヴ『自然法』久保正幡訳（岩波書店、一九九二年）二〇頁。但し、〔　〕内は筆者による補注。

(20) ジョン・ハミルトン・ベイカー『イングランド法制史概説』小山貞夫訳（創文社、一九七五年）一八〇頁。

(21) プラトン『国家（上）』藤沢令夫訳（岩波文庫、一九七九年）一四六頁。

(22) 同前、一五二頁。

(23) プラトン『法律（上）』森進一ほか訳（岩波文庫、一九九三年）一八二頁。

(24) 同前、三一四頁。

(25) 同前、三一五頁。

第二章　国　家

―国民の国民による国民のための政治―

前章では、法とは何かについて研究した。したがって次に、当然のことながら国家について考えたい。国家の問題は次の三つの場合、すなわち、国家とは何か、国家の目的、法治国家に分けて考えるのが理解しやすいであろう。

一　国家とは何か

国家の起源は、まず、古代ギリシャの歴史の中に見いだすことができる。古代ギリシャでは多くのポリスが存在し、アテネ、スパルタ、コリント、テーバイなどが指導的な立場にあった。また、言語も、それぞれの方言が使われていたが、アテネを含むアッティカ地方の方言が古代ギリシャ語の標準語となった。ポリスは、領土、市民、主権から構成され、現代国家の必要とする指標を備えていた。そして立法権、行政権ばかりでなく司法権も有していた。ソクラテスは、その教えが若い青年たちを惑わすものであるということで訴追され、死刑の裁判を受け、弟子たちの勧めを退け従容として死に就いたが、これは司法権の存在を示すものである。したがって、現代ではこれらの都市を都市国家と呼んでいる。

古代ギリシャの後、ローマ帝国がヨーロッパを支配したが、ローマ帝国の崩壊後は封建社会の時代となり、ヨーロッパの国土は封建領主の領土として細分化が進んだ。

そして、ルネッサンスが始まるとイタリアで都市国家の成立が見られた。フィレンツェ、ヴェニスなどの都市がいわゆる都市国家となった。

英国では、島国であるというその特殊な地理的条件から、早くから中央集権的で近代的な国家の成立が見られた。また、フランスはフランソワ一世の時代に中央集権化に成功し、早々と近代的な国家となった。

イタリアでは、マキャヴェリの『君主論』が一五三二年に発表されたが、その心は、イタリアを統一するような名君が現れてほしいということであった。その願いは一八六一年になってやっと、イタリア王国の建設によって成し遂げられた。これに対しドイツでは、鉄血宰相ビスマルクが一八七一年一月一六日、一七世紀以来分裂状態にあったドイツをプロイセン王国として統一することに成功し、ウィルヘルム一世を初代皇帝として迎えた。

封建時代から現代国家に至るまで、国家は支配者と被支配者に分かれていた。国家の意思は支配者から被支配者に伝えられ、被支配者の意思は常に無視された。米国は英国本国から独立するために戦争をしたが、トマス・ペインは、社会は善であるが、国家は悪であると決めつけた。米国は独立に際し、「人民の、人民による、人民のための政府」をもって、民主主義の根本の理念とした。

二　国家の目的

世界の歴史を見てみると、あまりにも戦争の多いのに驚く。本来ならば仲良くしなければならない隣国同士であるにもかかわらず、至るところで終わることのない戦いが続けられた。また、東洋の島国である我が国では、外国と戦うことは少なかったが、国内では、「戦国の世」と称して天下を取るための戦いが繰り広げられてきた。これらの戦争の原因は支配者の欲望によることが多い。したがって、被支配者は支配者の欲望の犠牲者である。

海洋法を研究し、公海の航行の自由を宣言したフーゴ・グロティウスは「国際法の始祖」といわれているが、国際法によって世界の平和を実現したいという思想はかなり以前から存在していた。しかし、現実には、そのような思想が実現することはなかった。

米国の独立戦争、フランス革命を経て、人々は次第に「人間は平等である」ということがわかってきた。そして、市民社会を中核とした憲法も制定されるようになり、特に第二次世界大戦後はこの方向が明瞭となった。我が国の新憲法も、日本の歴史上、初めて国民が主権を持つという国民主権の憲法となった。また、ヨーロッパでは、ローマ条約によりヨーロッパ共同体の基礎が与えられ、加盟各国は共同体のために主権の一部を制限することに同意した。こうして、ヨーロッパでは加盟国同士の戦いは終わることになった。英国は、共同体に加盟したものの、マネーに関しては主権を放棄することができないといって、ユーロに加盟することを留保している。

このようにして世界の国々は、国民主権、基本的人権の保障という方向に進んでいるということができる。米国の元大統領ジミー・カーター氏は、人権外交を繰り広げ、その活動の程は大統領在任中よりも高く評価され人々の注意を引いた。国家の目的は、基本的人権を尊重し、人間の尊厳を守り、人々の生活を豊かにするということである。

三　法治国家

我々は、すでに法について学んだ、そして、法の目的は人々の幸福を実現することで、法律は法の精神を文書にして書かれた理性で、国民のために福祉を実現する目的を有する。したがって、法治国家とは、国民に主権を認め、法によって構成され、法によって運営される国家という趣旨である。すなわち、これを要約すると、法治国家の目的は、法によって国民の福祉を実現することである。

法治国家は国民主権であるため、国民の意思によらない内閣総理大臣の選出は憲法の精神に反する。また、我が国では、先に、国民の年金記録五〇〇〇万件が消失したというのであるが、福祉国家として誠に遺憾なことである。

法治国家とは、国民中心の国家で、国民生活の重視が政治の根本である。国民を大切にしなければならない法治国家が国民を無視することは、法治国家の理念に反する。

第三章　人間の尊厳

―人間の尊厳はどこから生まれるか―

人間は、生まれながらにして尊厳を有する。

その根拠は、神が人間を神の御姿に似せておつくりになったからである。神は人々の尊敬を受け、崇拝され、それに値する権威を有しておられる。したがって、神が自分に似せてつくられた人間に、神と同様に尊厳を与えられるのは当然のことである。

人間の尊厳の概念は、ヨーロッパから来たものである。そして、ヨーロッパの文明を研究するとき、その文明の源は古代ギリシャ文化、ラテン文化にさかのぼる。

一　古代ギリシャと古代ローマ

先に繁栄したのは古代ギリシャである。そして、ローマの一部であるシシリー島とイタリアの南部はギリシャに支配され、紀元前六〇〇年頃になると、その支配はさらにフランスのマルセーユまで及んだ。近年、シシリー島でギリシャの金貨が発掘され、この地が昔ギリシャの属領であったことが証明された。

ギリシャには多くの都市国家があったが、その中で最も勢力があり文化の程度が高かったのがアテネである。そして、アテネとスパルタの争いについては我々が歴史で習ったところである。

アレクサンドロス大王の帝国のうち地中海の沿岸地域では、ヘレニズム文化はより進化し、新しい創造がなされた。特に大王の造った博物館は古代文化の最大の中心地となり、動・植物園、天文台、解剖室、化学実験室があり、図書館には七〇万冊の蔵書があった。そして、地球の円周も驚くほど正確に測られていた。さらに、太陽を中心とする天体の動きのシステムも発見され、そのほか、血液の循環も発見された。そして、紀元前二八三年には七〇人の賢人によって聖書がギリシャ語に翻訳されている。また、こればかりではない。文学、哲学、芸術も発達した。ギリシャ人たちは演劇を愛し、至るところに劇場が建設され、悲劇といわず喜劇といわずあらゆる劇が上演された。そして彼らは、陰で「悲劇はギリシャ人に、喜劇は外国人に上演させろ」といっていた。

ローマ人たちは、これより先、紀元前五〇〇年頃から、次第にギリシャ領内に侵入を始め、紀元前二七二年にはシシリー島を占拠し、同一六八年にはギリシャに属するアテネの北方のマケドニア地方に居を構えた。そしてエジプトの女王クレオパトラは、同三一年、ローマの三頭政治の一人であるアントニウスと恋に落ちた。これに怒ったオクタヴィアヌスがアントニウスをアクチームの戦いで撃破し、クレオパトラはエジプトに逃げた。アントニウスは、彼女が死んだものと思い自殺したが、クレオパトラもエジプトでオクタヴィアヌスに捕まってしまった。オクタヴィアヌスは彼女を丁重に扱ったが、彼女はローマに連れて行かれるのを拒み、同三〇年、乳房を蛇に咬ませて自殺した。しかし、他の説によれば、一人の老人がいちじくを入れた籠の底に蛇を入れ、これをクレオパトラのところまで持っていった。彼女はこの籠の中に手を入れ、中をかき回して蛇に咬ませたというのである。

クレオパトラの死は、ローマ帝国の勝利を意味する。ローマの領土は、それ以後、次第に拡張していった。ローマは、武力でその領土を拡張したのであるが、その征服した領土を治めるには法律が必要であった。したがって、ローマ人は、ギリシャの哲学の理念に従い法律を作った。そして、ローマの法律は「ローマ法」と名づけられ、世界の法律に大きな影響を与え、我が国の民法にもその痕跡が強く残っている。

二　尊厳という言葉の歴史

ここで、本書の目的である「尊厳」について考えることにしたい。

言語は、ギリシャ誕生の初期の段階では、各地でそれぞれの方言が使われ統一した言葉はなかったが、それにもかかわらず、ホメーロスの作と伝えられる『イリアス』と『オデュッセイア』のような叙事詩が誕生した。

紀元前五世紀末から紀元前四世紀にかけてアテネを中心とするアッティカ方言がギリシャ語の標準語となり、アルファベットも完成された。現在欧米各国で使用されているアルファベット（alphabet）という言葉は、ギリシャ語のアルファ（α）とベータ（β）をつないだものである。

1　ギリシャ語

それでは、ギリシャ語から尊厳の意味を考えてみたい。ギリシャ語には、尊厳に相当する言葉は幾つかあるが、その中で我々が求めている言葉に最も近いと思われるのが「デコマイ（δέχομαι）」という言葉である。デコマイは動詞で「非常に喜んで受け取る」という意味を持っている。

では、喜んで受け取るときの対象は何かというと、それは物と人に分けられる。物を喜んで受け取るとき、その物は受け取る人にとって非常に気に入った物であるといえる。人を喜んで受け取るということは、喜んで人を自分のところに招き歓待することである。人を喜んで招待し歓待することは、招待する人が招待される人に対し好意を抱いているとか、友情を感じているとか、昔受けた好意に対し感謝の気持ちを持っているとか、愛情を感じているとか、尊敬の念を持っているとか、崇拝の気持ちを持っているなど、特別の感情があるときである。このようにして、人が他人を喜んで受け入れるということは、その行為の中にその他人に対する何らかの敬意が存在する。この敬意を中心にして他人に対する尊敬の念が発達するとき、ここに、尊厳という感情が生まれるのである。

デコマイ（δέχομαι）そのものは動詞であって名詞ではない。しかし、この言葉がラテン語の尊厳を表す名詞ディグニタース（dignitas）につながることに間違いない。権威のあるギリシャ語語源辞典には、デコマイがラテン語の尊厳の意を表す形容詞ディグヌス（dignus）になっていると記載されている。(1)

2　ラテン語からロマンス語へ

ラテン語は、古代ローマの言葉であり、古代ローマの文学者を生み、ローマ法を作った。また、ラテン語は、中世ヨーロッパを支配したキリスト教会の公用語でもあり、学問の共通の国際語でもあった。そして、近代に近づくにつれてラテン語は複数のロマンス語となり、ヨーロッパ各地に分散していった。次に、まずラテン語について、続いてロマンス語について説明したい。

(1)　ラテン語

ギリシャ語は、紀元前五世紀頃までは発展途上にある言語であって、未完成であったため理解に困難なことが多かった。これに対し、ラテン語は、完成された言語として人々の前に現れた。ラテン語の構成は論理的で、複雑な文法もかえって理解を助けることになった。古代ローマの文学は、キケロ、カエサル、タキトゥスなどによって支えられていた。詩では、ルクレーティウス、ウェルギリウス、ホラティウスなどがよく知られている。

古代ローマ社会では、高位高官の地位は身分の高い貴族たちによって独占されていた。そして、元老院の議員の中には自分の身分を証明するため、先祖の顔のついた彫像を幾つも持って歩く者もいた。世襲ということが一般に行われていたため、先祖の人々に対する尊敬の念は強く、先祖の人々は子孫たちに対し尊厳を持っていたということができる。そして、その最高の地位にあるのが皇帝で、その尊厳は非常に高く、また、強く守られていた。このため、皇帝の尊厳を害したものは財産を没収されるとの法律も存在した。また、キケロによれば、「尊厳とは名誉に関する影響に存し、それは臣下となる誓いを受け、かつ、名誉の印と尊敬を受けるに値するものである」[2]というのである。

ところで、ヨーロッパでは学問はラテン語で行われていた。パリで出版されたラテン語の文献はヨーロッパの至るところで読まれた。同様に、スイスで発行された文献もヨーロッパ規模の広さで読まれた。さらに、イタリアで発行された文献も、ドイツで発行された文献も、ヨーロッパのどこの国でも文献として同一の価値があった。このようにしてラテン語は学問の世界では国際語であった。したがって、ヨーロッパの学問はラテン語を通じていずれの国においても一定の水準を保っていた。

アイザック・ニュートンは、一六八七年、不朽の名著『プリンキピア（Philosophiae naturalis principia mathematica）』を発表したが、これもラテン語で書かれていた。この書の内容には、彼の力学に関する研究、時間・空間・質量の定義、万有引力の法則が含まれている。

このほか、ラテン語に関することであるが、フランス、パリの第五区の大学の存在する地域は、今でもカルチェ・ラタン（ラテン地域）と呼ばれている。これは、ここで学生たちがいつもラテン語を使っていたことの名残である。フランスの大学では、入学資格にラテン語の単位を必要としていた。それが選択科目になったのはそう遠い昔のことではない。また、ヴァチカンではラテン語が公用語である。

このようにして、学問の世界とキリスト教の世界では、長らくラテン語が使われてきたが、これと並行してラテン語の民衆化も進んだ。

(2)　ロマンス語

ラテン語は、学問とキリスト教会で用いられてきたが、民衆は一般に、長らく封建制度によって土地に縛られていたため、自然に自分たちが住んでいる地方の言葉を使うようになった。一般民衆の言葉は生活の中にあるといえよう。先述のとおり、ラテン語は知的な人々の間で用いられたが、それと並行してヨーロッパの各地で、ラテン語がそれぞれの土地に合うように民衆化され、次第にそれぞれの国において進歩し、独立した言語となって成長した。そしてラテン語から、イタリアではイタリア語が完成し、フランスではフランス語が、スペインではスペイン語が、ポルトガルではポルトガル語がそれぞれ完成した。これらラテン語から派生してそれぞれの国で発展し成長を遂げたイタリア語、フランス語、スペイン語、ポルトガル語は、その起源を同じくし、いわば兄弟姉妹の関係にある言語で、これらはロマンス語と呼ばれている。

したがって、欧米諸国では、「尊厳」という言葉は、いずれの国でも、非常に似た形をしている。イタリア語では dignità、フランス語では dignité、スペイン語では dignidad、ポルトガル語では dignidade という。また、英語はフランス語の影響を受けて dignity という。

3　尊厳の意味

これまでの記述で、尊厳という言葉の流れが明らかになり、尊厳の意味もいくらかわかってきたのではないかと思われるが、この点について法制史上著名な学者の学説を見ることにし、さらに、ドイツ連邦共和国基本法がその冒頭に個人の尊厳の不可侵を掲げているため、同基本法に関するドイツの裁判所の見解を調べ、次いで、オランダの安楽死法、そして、我が国の裁判所の見解を知りたい。以下、この順序で記述する。

(1)　著名な学者の見解

①ヨーロッパ一二世紀における人間の尊厳

神は人を神の姿に似せてつくられたということである（このことは旧約聖書の天地創造の部分に記載されている）。したがって、修道院の神学者にとって問題になったのは、神の姿に似てつくられた人間の尊厳の解明である。

人間は、理性に目覚め自分が理性を持っているということがわかったとき、理性のある自分自身と、自分の外に展開する自然の存在について、さらに自然と精神との関係について、理解することができるようになる。そして、世界は完全にして神的な原型の模造として理解される。こうして、神の超越の次元（神の世界）と、理念一般の領域（人間の世界）が開かれるようになる。神の絶対的原型と有限的似姿という関係は、人間精神において最も強い緊張関係を与える。

人間は、聖人たちとキリストという模範に従い、自己に関する関心に導かれ自己を省察し、自らの姿を洞察し、理想的人間像が見届けられることになる。人間性、すなわち、人間の尊厳は、人間の完成の道である真理の認識の中で展開されるのと同様に、徳を完成することによって成就される。

②トマス・アクィナスの見解

トマスは、ヨーロッパ中世のスコラ哲学者、神学者であった。彼は、フレデリック二世の姻戚で、イタリアのナポリ王国の領主の家に生まれた。彼の両親は、彼が家庭を持ち、将来は有名な修道院の院長になってくれることを願っていた。そして彼の母は、彼が年頃になると、彼がふさわしい女性と結婚して家庭を持つことを願い、いつも彼の周りに美しい女性を呼んでいた。しかし彼は、このようなことにまったく関心を示さず、一八歳のとき家を出てドミニクス大教団に入り、修道士になる道を選んだ。

そして、一二四八年から五二年までアルベルトゥス・マグヌスに学び、五二年、最初の学位を取るとローマに行き、約一〇年間そこで暮らした。この時期は彼にとって最も充実したときで、彼の主著『神学大全（Summa Theologiae）』に着手したのもこの時期であった。この頃彼は、クレメンス四世からナポリ大司教になるための推薦を受けたが、これを固辞し、一介の修道僧として心から深く祈る生活に専心した。

彼はまたパリ大学の教授でもあった。彼は他の教授たちとは異なり、教科書もなく、講義の準備もせず、教室に来ていきなり学生たちと対話し、その場で問題のテーマを決め、学生と討論するというやり方で、学生たちに非常に評判が良かった。彼は神学者であるにもかかわらず、信仰と共に理性の存在を信じた。

ある見解によれば、トマスの神学は、愛の哲学を基本とするギリシャの哲学者プラトンにその基礎を置き、その理性は、論理の哲学を基本とする同じギリシャの哲学者アリストテレスの哲学を基礎とするものであるというのである。そして、トマスはこの両者の調和を試みたといわれている。この思想はトミズム（Thomisme）と呼ばれる。

それでは、ここで、トマスの人間の尊厳に関する見解を、彼についての研究書から紹介したい。

人間の尊厳性それ自体の根底を求めて「人間の尊厳性のすべてはその理性のうちにある」というトマスが理性の語をもって意味するのは、あたかも実存主義が「決断」、「選択」というときのように、精神活動の全部を包括的に含めてそういうのである(3)。

信仰と理性は、一見すると矛盾するように思われる。しかし、理性には限界がある。理性は、人の出生について、いつ、どこで、どのような状態で生まれるかについては何一ついうことはできない。また、人が生まれた後どのような人生を送るか、どのような教育を受け、どのような職業に就き、だれと結婚するかなど何一つ答えられない。そして、理性は、人が人生の終わりに立って、いつ、どこで、どのようにして死ぬかについてまったく知らない。したがって、信仰が必要になる。このトマスの神学と哲学の調和の精神は、現代フランスばかりでなく、ヨーロッパ全体の思想の中核であると考えられている。

③カントの見解

カントはドイツのケーニヒスベルグの大学の哲学教授であった。彼はこの地で生まれ、そこで育った。カントは哲学者であったが、同時に自然科学にも関心を持っていた。彼は、毎日、ケーニヒスベルグの町を散歩したことで知られている。それは、いつも決まった道を決まった時間で歩くということで、町の人々は彼の通過するのを見て時計の時間を合わせたということである。

しかし、彼は一回だけ散歩するのを忘れたといわれている。それは、彼が、ダヴッド・ヒュームの『人性論』を読んだときである。それまでは、彼の哲学の中には「経験」はなかった。彼は、ヒュームの見解の中に経験が含まれていることにショックを受け、そして早速、経験を自分の哲学理論に組み入れた。そうしてできたのが有名な『純粋理性批判』である。

彼は、認識について、認識する能力と、認識したものを理解する能力の双方が必要であると考え、認識したものを理解するためには経験に基づく判断力、すなわち、悟性が必要であるとの結論に達した。カントは、また、倫理学についても関心を持ち、人間の尊厳について次のように述べている。

人間性そのものは尊厳である。何となれば人間は何人からも（他人からも亦自己自身からさえも）単に手段として用いられ得ず、却って如何なる時にも同時に目的として用いられねばならない、そしてその点にまさしく彼の尊厳（人格性）が存する(4)……

カントのこの見解はよく知られていて、さまざまな哲学辞典にしばしば引用されている。人間は手段ではなく目的であるというのである。

④ジョン・スチュアート・ミルの見解

ミルは、次のように述べている。

しかるに不幸なことは、一般の考え方によると、個人の自発性が固有の価値をもち、あるいは

それ自体のゆえに何らかの尊厳に値するものであるとは、ほとんど認められていないのである。(5)

したがって、ミルは、人間の自発性のなかに人間の尊厳があるというのである。

⑤ホセ・ヨンバルト

彼は、ドイツのカトリック一家の出身で、ボン大学法学博士の学位を持ち、来日して上智大学で法律の研究に従事していた。彼の思想には、カトリック教義の影響が強く現れている。彼の、人間の尊厳についての考えの要旨は次のようなものである。

「人間の尊厳は定義されていないが、実定法的に国家に課せられた責務である。これは、人間が国家のためにあるのではなく、国家が人間のために存在することを示している。

人間の尊厳は、最も基本的な概念であるため、その内容は、判例、憲法学者によって多くの説明がなされている。そして、人間の尊厳とは、人間が生まれながら精神的、倫理的存在として、自己意識と自由において自己を決定し、自己を形成し、周囲の世界において自己を発揮する素質を持っていることである。この思想の根底には、道徳律のあることを知らなければならない。

ところで、ここにいうところの自己決定は無制約ではない。さらに、人間の尊厳は人間性の問題であり、すべての人間に平等に認められるべきである。身体障害者、精神病者、犯罪者などにも広く認められるべきである(6)」

「人間の尊厳は人間性の問題」であるという部分は、中世のキリスト教の教義に似たものを感じる。

⑥我が国の学者の見解

国語辞典によると、尊厳の意味は、文字どおり、尊くて厳かで、犯しがたいという説明をしている。犯しがたいとは、人間は神から生命を与えられているため、人間は尊厳を有し、年齢のいかんを問わず犯しがたいという意味である。したがって、生まれたばかりの乳幼児でも人間としての尊厳を有し、犯しがたいということである。

(2)　学説・判例

近代国家の憲法は、基本的人権の尊重、国民主権を基本として制定されているが、その前提となる思想が人間の尊厳である。

第二次世界大戦は、自由主義を唱える連合国と、専制国家であるヒットラーのドイツ、ムッソリーニのイタリア、天皇の神国日本の三国同盟軍との戦いであった。しかし、専制国家が自由主義国家に敗れたのである。戦後、人々はこの戦争の原因を分析し、研究し、そして反省した。その結果、人々は、改めて人間の尊厳が何よりも重要であることがわかったのである。

それでは、次に、ドイツの学説・判例、オランダの安楽死法および我が国の判例を引用して、人間の尊厳についてその意味を研究したい。

①ドイツの学説・判例

第二次世界大戦で自由主義国家が勝利したことで、自由主義とは何かということが問われ、改めて国家とその構成員である国民との関係が問題になってきた。そして、国家のために個人を犠牲にする国家主義の考えは間違いであり、国家とともにその構成員のことを考えなければならないことが改めて確認された。

ドイツ連邦共和国基本法の第一条は、「人間の尊厳は不可侵である。これを尊重し、保護することはすべての国家権力の義務である」と定めた。

さらに、第二条の一項で、「各人は他人の権利を侵害せず、かつ憲法的秩序または道徳律に反しない限り、その人格の自由な発展を目的とする権利を有する」と定めている。

ドイツ連邦通常裁判所は、右基本法第一条の人間の尊厳、第二条一項の人格の自由な発展を目的とする権利についてこの二つの規定を結びつけて、「自己の人間の尊厳の尊重とその個人としての人格の発展を求める個人の権利」を内容とする一般的人格権を導き出した。

学説も判例も、この規定を根拠に人間の尊厳の具体化した一般的人格権を認め、その内容について検討している。そして、人格権を次のように考える。

人格権とは、人間の個人としての人格を、その人間が肉体的にも、感情的・精神的にも不可侵であるという点において、またその人間の発展という点において、そしてさらに、その中に人格というものが明瞭に現れるような財に関して、保護する主観的な私権であり、公権（とりわけ基本権）である。その権利構造によれば、人格権は、国家や法共同体の成員に対して、個人の尊重（不可侵ないし是認）を求める絶対的な主観的権利であり、その保護法益は、結局は、人間の尊厳ということになる。このような人格権は、人が単に人であるということ（bloßes Personsein）

に基づいて、各人に当然に与えられるべき権利である。(7)

なお、連邦憲法裁判所の判例も、「人間の尊厳の不可侵性は、基本的な憲法原理であり、憲法の最高の価値であると位置づけられている」と述べた。

ところで、憲法上の人格権は、伝統的な人格権によって保護されない比較的狭い範囲についてなされる人格の侵害を防ぐための権利であると解されている。そして、保護される領域は、内密領域、秘密領域、私的領域がある。

この中で、内密領域は絶対の保護を受ける。内密の手紙、日記帳、内心の思考や感情、健康状態、性生活に関する事項である。しかし、個人が他の個人と関係を持つ分野では、個人と他者の間に社会関係が生じることになるから、その保護の程度は低くなる。さらに、社会関係が強くなると、公権力の介入の可能性が生じることになる。

②オランダの安楽死法

オランダの下院は、二〇〇〇年一一月二八日、安楽死を認める刑法改正法案を賛成多数で可決した。オランダでは三〇年も前から延命治療が行われ、そして、尊厳死が暗黙のうちに認められていた。そしてその要件として、1、患者の苦痛が耐え難く、改善の見込みがない、2、患者本人の意思による自発的な要求がある、3、一人の医師の判断だけではなく、他の医師も参加する、と定められた。その内容は積極的安楽死を認め、刑法の自殺関与罪の適用を排除するというものである。そして、安楽死法第二条に定める注意義務を遵守するときは刑事責任を免除されるというのである。

なお、同様にベルギーでも安楽死の法律が見られるが、フランスでは「患者の権利及び生の終末に関する二〇〇五年法」（尊厳死法）がすでに制定されている。米国では、病気の患者が自らの死について自主決定権が認められるべきであるという見解が強い。

③日本の学説・判例

我が国の憲法は、個人の尊厳を、家族生活を規制する基準として家族の平等とともにこれを定めている（憲法第二四条二項）。しかし、ここで注意しなければならないのは、ドイツ連邦共和国基本法で「人間の尊厳」となっているにもかかわらず、日本国憲法では「個人の尊厳」となっていることである。人間の尊厳のほうが個人の尊厳よりも奥が深いように感じる。しかし、個人の尊厳を人間の尊厳よりも狭く解釈する必要はない。

ところで、我が国の学説・判例に、個人の尊厳についてその内容を詳細に研究したものは存在しない。個人の尊厳を個人主義の表現であるという見解もあるが、これは間違っている。なぜならば、次の理由による。

個人の尊厳の根拠は、多くの人々に共通な人間の理性と良心に求めるべきである。かくして、その存在理由は自然法である。J・M・ケリーは次のようにいっている。「自然法とは、人間に関する法ないしは法則に含まれるところのものである。自然法によれば、人は自分に対してして欲しいことを他人にすることを命ぜられる。また、自分に対してして欲しくないことを他人にすることを禁止される(8)」。

このようにして、個人の尊厳は理性と良心を持った人々が、互いに相手に対して尊敬の念を持つことで、この結果、人々は基本的人権を享受することができるのである。

日本国憲法では、家族生活に関し個人の尊厳が定められているが、個人の尊厳は良心の自由、意見の自由、住居不可侵の自由、通信の秘密の保障など、人格権の保護の問題として考えられる。また、人格を不当に制限するものとして、損害賠償の額が不当に低いとき、また、反対に不当に高いとき、ローンの契約でローンの期間が不当に長いとき、また、人の自由を必要以上に拘束するときなどが考えられる。

最近我が国で問題になっているのは、不妊を回避するための生殖に関する人的操作、遺伝子による治療、クローンの研究などであるが、これらはいずれも人間の尊厳に関する問題である。

（1）Pierre Chantraine, *Dictionnaire étymologique de la langue grecque*, Paris : Klincksieck, 2009, pp. 256-258.
（2）Cicéron, *De L'invention*, Guy Achard (trans.), Paris : Les Belles Lettres, 2002, p. 166.
（3）沢田和夫『トマス・アクィナス研究―法と倫理と宗教的現実―』（南窓社、一九六九年）九四頁。
（4）カント『道徳哲学』白井成允・小倉貞秀訳（岩波文庫、一九五四年）一四二頁。
（5）J・S・ミル『自由論』塩尻公明・木村健康訳（岩波文庫、一九七一年）一一六頁。
（6）ホセ・ヨンパルト『一般法哲学―法哲学問題の歴史的・体系的考察―』（成文堂、一九八六年）二三八―二三九頁参照。
（7）根森健「人間の尊厳の具体化としての人格権――人格権研究序説」『ドイツ公法の理論――その今日的意義』小林孝輔ほか編（一粒社、一九九二年）三〇〇―三〇一頁。
（8）J. M. Kelly, *A Short History of Western Legal Theory*, New York : Oxford University Press, 1992, p.142.

第四章　人間の尊厳に反する憲法上の諸問題

―立派な民主憲法も解釈によって歪められている―

前章では、人間の尊厳について研究し、日本国憲法も個人の尊厳を定めていることがわかった。そして、我々は、日本国で生活し、日本国の憲法、法律によって支配されるとともに、これらによって保護されている。憲法は我が国における最高法規である。日本国憲法は、戦後、連合国主導の下に作成されたものである。

頭の古い我が国の指導者たちは、「国体の保持」をもってポツダム宣言受諾の要件とし、しかも、ヤルタ協定で米国、英国、中国と共に日本攻撃に参戦することを決めていたソビエトに、戦争終結の仲介を頼んでいた。しかし、その回答は来なかった。そのうちに沖縄戦が始まり、広島、長崎の原爆の投下につながった。

したがって、新憲法が国民主権を認め、個人の尊厳を認めたことは、まことに画期的なことであった。そして、この新憲法は多くの基本的人権を守り、国民の幸福と福祉の充実を掲げている。しかし、新憲法の規定がいかに立派であっても、その解釈と運用が正しくなければ結局国民の権利と幸福と福祉を守ることはできない。よって、実際に、憲法の解釈と運用について、憲法の精神に反する解釈と運用の有無を検討しなければならない。もし、憲法のレベルで多くの問題があるならば、これをなくさなければ労働者の生活と福祉を守ることができない。

なぜならば、我が国は、現行の憲法と法律の下で、二〇〇八年末から、米国発の国際金融危機に見舞われ、輸出本位の世界的規模の大会社の経営の危機、雇用の崩壊が起こり、国民生活は非常な危機にさらされている。我が国は輸出を国是とした銀行と大企業のための経済政策により、世界で第二番目の経済大国となったが、多くの国民は、低賃金で働かせられるだけ働いて最後は仕事を失い、貧困にあえぐことになった。このような国民の不幸は、現行憲法の下で起きたのである。したがって、我々の憲法が立派な民主憲法であっても、その解釈と運用に問題があるのではないと考えられる。そして、憲法の理念と人間の尊厳という概念を念頭において現実の社会に目を移すと、そこには多くの人間の尊厳に反する事柄が見られる。

まず、国会議員の選挙について「一票の格差」という問題がある。次に、国会議員の国民に対する義務について規定がない。宣誓の規定もない。さらに、行政権の定義がない。行政権の定義がないということは、国民の福祉が無視されるばかりではなく、内閣の行政権行使に関する責任を問うことを困難にしている。さらに、内閣総理大臣の選任について国民の意思によらないたらい回しがある。そして、公共の福祉による基本的人権の制限がある。裁判所の憲法裁判所としての役割はまったく機能しない。憲法で認められているデモの規定を、政令よりも下位の条例で制限している。そして、内閣総理大臣を含む国務大臣は、憲法の擁護尊重義務があるにもかかわらず、これを無視して憲法の改正を唱えている。

次に、これらについて分説する。

一　一票の格差

国会議員の選挙において、選挙権につき一票に格差のあることは国民の尊厳に反することである。憲法は、前文で、「日本国民は、正当に選挙された国会における代表者を通じて行動し」と規定している。したがって、一票について格差のあるときは正当な選挙ではなく、「正当に選ばれた代表者」ということはできない。例えば、一票の価値の格差が二というときは、都市部では、二〇万票近い票を取っても当選しないのに、地方では一〇万票を取れば当選できるという具合である。近代憲法の最も重要な基本原則は、平等であるということである。この不平等に対し、多くの心ある人々は裁判所に多くの選挙無効の裁判を提起してきた。

1　衆議院議員選挙

衆議院議員の数は、総数四八〇人で、そのうち小選挙区の議員定数は三〇〇人、比例代表議員の数は一八〇人である。一票の格差の問題は小選挙区に関して発生する。衆議院議員選挙に関する一票の価値の格差をめぐる最近の裁判は次のとおりである。

最高裁判所大法廷は、二〇〇七（平成一九）年六月一三日、二〇〇五年九月一一日の衆議院議員小選挙区の選挙で、一票の格差が二倍を超えるのは、法の下の平等を定めた憲法に反するなどとして東京、神奈川の弁護士一一人が選挙無効を訴えた訴訟の上告審で、原告側の請求を棄却した。裁判官一五名のうち、少数意見の裁判官は四名であった。

衆議院議員選挙については、一票の格差は二倍強のようであるが、しかし、選挙される側から見ると、得票数が二倍強でなければならないということである。一票不足しても選挙に落ちるという制度であるにもかかわらず、得票数についてこのような多数の相違があるというのは憲法の定める平等条項に反する。

ところで、最近、下級審でこれと異なる傾向が見られるようになった。それは、二〇〇九（平成二一）年八月三〇日に行われた衆議院議員選挙についてであるが、大阪高裁は、同年一二月三〇日、最大格差二・三倍に達した一票の格差は違憲であると判断し、このような事態は、国民に耐え難い不平等を強いてきたと判示した。しかし、原告の提起した選挙無効の訴えはこれを棄却した。さらに、広島高裁は、二〇一〇（平成二二）年一月二五日、右同衆議院議員選挙について、右大阪高裁に続き、このような格差は憲法の理念から容認できない不合理で、国会は是正を怠っているとして、違憲の判断を下した。しかし、選挙の無効についてはまたこれを棄却した。政権の交代もあったからかもしれないが、ここに、明らかに一票の格差は違憲であるという流れが定着しつつあるように思われる。

2　参議院議員選挙

参議院では一票の価値の格差がさらに顕著である。最近の裁判例を一つ挙げてみよう。

最高裁判所大法廷は、二〇〇六（平成一八）年一〇月四日、二〇〇四（平成一六）年七月一一日に

行われた参議院議員選挙につき、最大の格差一対五・一三を理由に参議院議員選挙の無効を求める請求を棄却する判決をいい渡した。この最高裁判所の判決は、棄却に賛成した裁判官は一〇人で、反対した裁判官は五人である。判決の要旨は、「国会は、投票権の価値の格差について、不平等を決める自由裁量権がある」というものである。しかし、国会は、不平等を是正するための自由裁量権を有するであろうが、不平等をつくるための自由裁量権を有するというようなことは絶対にない。また、さらに、投票権の価値の問題は、国会が政策的目的の判断を正当に考慮しうるための前提問題であり、したがって、国会が権限を行使する前提問題である。裁判所の判断の理由は間違っている。

3　緒外国の例

次に、外国の例を見てみよう。

(1)　米国

米国では、一〇年ごとに国勢調査をして、議席を配分した上、州内で均等に区割りをする。この方法は最も格差が少なくなる方法である。現状では格差は一・四倍である。上院は憲法に保障された各州平等の原則に従い、各州二議席と決められている。

(2)　英国

英国では、イングランド、スコットランド、ウェールズ、北アイルランドの各地域に設置された裁判官等で構成される境界委員会が、一〇年に一度、有権者数に応じた選挙区の区割りを見直し、選挙区の分割や合併の再編成が行われる。現在、各選挙区の有権者の数は、五万人から七万五〇〇〇人になるよう調整されている。しかし、離島については例外がある。

(3)　フランス

原則は一・五倍以内ということであるが、例外もある。

(4)　ドイツ

総選挙があるたびに、一年以内に一票の格差を是正する。全人口を選挙区数で割り、一議席当たりの人口の平均値を求め、原則としてこの値のプラス二・五%からマイナス二・五%内で収まるよう区割りされる。ただし、州境に接するところでは若干の例外が発生する。また、比例ブロック開票後は、実際に投票した者の数に比例して定数を分配する。

(5)　イタリア

一・二二以内で調整することになっている。

4　格差是正の提案

ところで、裁判所が一票の格差をもって違憲であるということは比較的容易であるが、選挙無効の訴えについてこれを無効と認めることに躊躇が見られる。なぜならば、裁判所が衆議院議員選挙の無効を宣言したとしても、衆議院議員選挙の一票の格差を是正しない限り、次に行われる選挙も格差の存在を前提にする選挙になるからである。それでは、どうすれば一票の格差を是正することができるのであろうか。

議員が一つの職業になっている現在、これを是正するのは非常に困難である。そして一票の格差の是正は、いかにして猫の首に鈴を付けるのかという問題に似ていて難しい。この問題は国会が最高裁判所の判決を履行しない状態であるから、最高裁判所が司法権の優越の法理に従い、理性の府としてその改正案を提示すべきであろう。そうすることによって、国会が最高裁判所の判決に従わないという最悪の事態を避けることができるであろう。例えば、最高裁判所が一票の格差を是正するための法案を準備し、内閣を通じて国会に提出するのも、一つの案であると考えられる。三権分立ではなく、三権が国のために協力するのである。

二　国会議員の国民に対する義務の軽視（旧自民党政権）

国事を担当する国会議員は、日本全体の、日夜発生する出来事に気を配り、また、国際的には、諸外国との交流と協調に心を配らなければならないであろう。したがって、国会議員には非常に高い資質が要求されるのは当然である。なぜならば、国会議員の責務は国内においてはリーダーとして国民の尊敬と信頼を受け、難局に祭し国民を指導することである。また、対外的には、国の代表として諸外国と外交、文化、金融、国際貿易、資源などについて真摯な関係を持つべきであろう。

国会議員は、企業献金と、政党助成法による二つの収入源があり、非常に恵まれた地位にある。しかし、それにしては、二〇〇八年末に発生した国際金融危機の対応はまったくお粗末である。

なお、我が国には「道路族」や「農水族」など何々族という言葉があるが、これは国民全体の存在を無視するものである。

三　行政権の定義の欠如（補足）

日本国憲法第六五条に「行政権は、内閣に属する」と明記されている。諸外国の近代憲法は、三権分立の原則を採用し、国家権力の不当な集中を防いでいるが、我が国の憲法も三権分立の原則を採用し、国家権力を立法権、行政権、司法権に分けている。

立法権は法律の制定作業で、司法権は裁判作業である。しかし、三権分立のうちの一権である行政権については明確な定義がない。それはわからないから定義されていないのか、あるいはわかっているにもかかわらず定義されていないのか不明だが、とにかく正しく定義されているとは思われない。

行政権の定義には、二つの方法がある。一つは積極的定義と称し、具体的に行政権とはこれこれの権利であると説明することである。他の一つは消極的定義と呼ばれている。しかし、学者の書いた教科書を探してみても、どこにも積極的定義は出てこない。そして、ほとんど全部の学者が消極的定義を掲げている。

この消極的定義とは、全公権力の中から立法権、司法権を差し引いた残りの部分が行政権であるというのである。あまり考えすぎると、このようなことになるのであろうか。しかし、この定義は、まったく問題に対して答えていない。なぜならば、行政権が全公権力から立法権、司法権を差し引いた残りであるというのは、全公権力の中から立法権、司法権を差し引いた残りの範囲の部分ということで、行政権の範囲は決まるかもしれないが、その内容である権利の性質については何一つ説明していない。また、この説明に従ったとしても疑問は残る。例えば、司法権を差し引くといっても、司法権の中には行政事件が含まれている。したがって、全公権力から立法権、司法権を差し引くと、行政権の一部も差し引くことになって不当である。さらに、立法権と司法権については積極的定義をなしているにもかかわらず、なぜ、行政権だけが差し引きによる消極的定義をするかという疑問である。

だが、行政権の定義をすることは絶対的に必要である。なぜならば、行政権の定義は、内閣が行政権という公権力を行使するその権利と責任の範囲を明確にし、かつ、権利の濫用（不法行為）があったとき、濫用の有無が直ちに明確にするからである。したがって、ここで、行政権の定義をする必要がある。

行政権とは、国会の作った法律を執行するための権限である。国会が立法権を行使して法律を作っても、それを作っただけでは何一つ物事は変わらない。また、司法権も、裁判所によって、法律に従い法的紛争を解決するだけである。

したがって、内閣が、国民のために法律を執行し、国民のための政治を行わなければならない。そして、法律とは、正義と衡平の精神により、理性に従って国民のために福祉を増進し、国民を幸福にするために作られた法規であるということができる。

この結果、内閣が行政権を行使するということは、内閣が、国民の福祉を増進し国民を幸福にするために法律を執行するという趣旨である。したがって、筆者の見解では、自由裁量行為というものは存在しない。なぜならば、内閣が法律を執行するについて法律の規定に従いある程度自由裁量的範囲があったとしても、内閣は、国民の福祉の増進のためにこの権限を行使しなければならない。法律にはその目的があるため、法律の執行はその目的に従って行使されなければならないからである。行政権が国民のために行使されていないときはこの権利の行使は濫用で無効となり、裁判所の審理の対象となる。

また、さらに、行政権の定義が存在しないとき、内閣は行政権の行使について無責任となる。なぜならば、行政権の定義が存在しないときは、行政権の範囲も内容も不明であるため、内閣は責任を問われることはない。したがって、五〇〇〇万件の年金記録が紛失したといっても、内閣は無責任で通るのである（前記）。

そして、最も重要なことは、行政権の定義がないとき、行政権の行使の利益を受ける者がだれであるか不明とならざるを得ない。国民不在の行政権の行使となる。

四　裁判所の公共の福祉による基本的人権の制限

我が国では、憲法上、基本的人権を「公共の福祉」で制限できるという見解が有力である。しかし、判例も学説も、公共の福祉によって基本的人権を制限できるとしながら公共の福祉とは何かということをまったく説明していない。

これに対し、本書では、公共の福祉とは「共同善」のことで、国家を構成する国民の自由と権利を守り、国民をして快適な生活を送れるように計らい、福祉を増進し、幸福な人生を可能とすることを目的とするものであることを明らかにした。公共の福祉は国家に関するのではなく、国家を構成する国民のためのものである。したがって、国家は国民のために福祉を増進する義務を有する。

日本国憲法は国民主権を宣言した。このことによって、国民は、自ら望む国家形態を定め、それに必要な憲法を作ることができる。そのため、国民は、国民全体に善いこと、必要なこと、役に立つ国家を作るために、この精神に従って憲法を制定する。この精神がすなわち公共の福祉である。

我が国では、公共の福祉という場合、日本語の「公」という文字は「おおやけ」という意味になり、政府ないし国家の政《まつりごと》を意味する。したがって、公共の福祉というときは、政府の政策ないし国家全体の利益を呼称することになるが、この考え方は国家主義の考えで不当である。

英語では、公共の福祉のことをパブリック・ウェルフェア（public welfare）というが、パブリック（public）という言葉は、辞書をひくと「公衆」とか「民衆」という意味が出てきて、国家という意味はまったくない。ウェルフェア（welfare）の意味は、ウェル（wel）は「良い」ということで、フェア（羅 fare）は「行う」という意味である。したがって、公共の福祉とは、「民衆に対して良いことを行う」ということである。

基本的人権は各人に対して与えられた利益である。そして、憲法は、国家は公権力を用いて個人の基本的人権を侵害してはならないと決めている。すなわち、基本的人権は国家の公権力の行使の限界を示すものである。そして、国民各自に与えられた基本的人権の総合計（基本的人権の束）が公共の福祉ということである。したがって基本的人権を公共の福祉を理由に制限できない。

しかしながら、基本的人権といえども、権利を濫用することは許されない。憲法もこの点について第一二条で明白に規定している。すなわち、

この憲法が国民に保障する自由及び権利は、国民の不断の努力によって、これを保持しなければならない。又、国民は、これを濫用してはならないのであって、常に公共の福祉のためにこれを利用する責務を負ふ。

というのである。

裁判所が、公共の福祉とは何かという説明もなしに、公共の福祉で基本的人権を制限しているのは、国家主義の再来であって、きわめて不当である。裁判所が基本的人権を制限するのは、基本的人権の行使が濫用の場合のみに限られるべきである。

第五章　憲法と雇用
―雇用を尊重する民主憲法―

二〇〇八年末に発生した米国発の国際金融危機は、我が国をも直撃した。そして、同時に発生した一ドル八〇円の超円高が、我が国の輸出花形産業である車、家電その他の世界的大企業を襲った。それで、これら世界的大企業の経営者たちが即座にとった方法というのは、パート、契約労働者、派遣労働者の解雇である。それも、契約期間の経過も待たず解雇する例が多かった。

これら世界的大企業の経営者たちは、巨大な設備と多くの従業員を抱え、多くの商品を生産して世界に輸出し、これら企業の名声は、国内はもちろんのこと、世界に広く知られている。したがって人々はこれらの経営者に対し尊敬の念も持っていた。

しかし、二〇〇八年末の国際的な金融危機は、これら経営者の良心を麻痺させた。彼らは労働者の数を減らすことしか考えなかった。そして、大企業各社の決定は、いずれも同様に早く、その内容も類似していた。多くの労働者が年末に首を切られ、東京では、厚生労働省の目の前にある日比谷公園に集まった。そこでは、テント村が設けられ炊き出しが行われた。当時、経団連会長はキヤノンの代表取締役会長御手洗冨士夫氏であったが、同氏が進んで自社の非正規労働者の解雇を発表し、かつ実行したことで、全国の企業の経営者が安心して従業員を解雇したため、経団連の会長は怨嗟の的になった。ここから労働者の解雇が全国的に広がった。またさらに、正社員の解雇、自主退職も始まった。テレビ、新聞、インターネットでは、雇用状態が次第に悪くなっていく状況を報道した。

この金融危機は世界的なものであるが、我が国は特にひどいように思われる。そして、ここで注意しなければならないのは、このような雇用不安が現行の憲法、法律の下で起こったということである。今回の雇用問題は、憲法と法律が働く人々をまったく守ることができなかったということを意味する。つまり、憲法と法律は無力であった。

また、労働組合も同様であった。企業が横暴を振るうとき、労働組合は、労働者のためにその力を発揮しなければならない。しかし、我が国の労働組合は企業別組合で、もともと力の弱いものである。

このたびの国際金融の破綻によって生じた大不況は、労働者の雇用を奪い、賃金の低下をもたらした。しかし、この大不況にもかかわらず、輸出立国に参加した世界的規模の大企業らは、自社の内部留保金を使うことなく、情け容赦なく労働者を解雇した。

このような社会的な問題を背景に、次に、日本国憲法と労働者の関係、日本国憲法と労働者派遣法について説明したい。

一　憲法と労働者

日本国憲法は労働者についていくらかの規定を設けている。憲法は、まず人間の尊厳について規定し、次に、生存権について規定している。さらにまた、憲法は、基本的人権として労働基本権を規定している。したがって、現行憲法上、日本の社会で行われてきた労働者に関する諸問題について考えてみたい。

二　人間の尊厳

本書はすでに人間の尊厳について説明してきた。労働者は人間であり、そして働く人々である。したがって労働者には働く人としての尊厳がある。しかし、我が国では、労働者の尊厳に反するような出来事が次々と起こっている。

人間の尊厳とは、人を道具のように使ってはならないということである。ところが、我が国では、過労死という問題が存在する。最近では、過労死は労災として認められるようになった。テレビでは、しばしば過労死について報道している。しかし、過労死はなくなってはいない。

ある病院の女性の看護師の例で、一カ月の残業時間が八〇時間に上った。彼女は交通事故の現場から負傷者を病院に搬送する救急車の中で亡くなったということである。また他の例で、雇用の削減により、従来二人で行っていたコンピュータの仕事を一人でするようになり、鬱病になったというケースもある。最近、精神病関係の病院、クリニックに行くと、年齢を問わず患者が多い。そして、多忙のあまり、診察する医師が診察中に居眠りをするという光景も見られる。労働とは何かを問う前に、人間とは何かを問いただささなければならない。

学問に理科系と文化系がある。我が国では、もの作りの国だけあって理科系は非常に発達し、先端技術に関しても世界に引けを取らないようである。そして、設備も、実験施設も、また研究体制も、官学民が協力関係にあり、一体になって研究が進められている。そして、理科系では、学生の飛び級も認められている。これに対して、文科系というと誠に寂しい限りである。特に社会科学の面では非常に遅れている。我が国では、どうしたことか、社会科学の研究はあまり歓迎されないようである。戦前は、社会科学の研究は治安維持法によって禁止されていた。また、マネーの研究は最近まで禁止されていた。さらに、文科系では、理科系のような飛び級はない。なぜならば、学生の程度が、飛び級に値するか否か判断することが難しいからである。

人々が、我が国は経済大国であるといって威張っていたとき、「経済は一流、政治は三流」という言葉が流行った。この言葉は非常に面白い。庶民の感覚が社会の事実を的確に表現していたからである。「経済は一流」というのは、実際に、日本が輸出でカネを儲けたからである。しかし、我が国がカネを儲けたからといって、我が国の経済学が一流というわけにはいかない。「政治は三流」という言葉には、結局、「社会科学が三流」であるという意味が込められている。実際、社会科学はヨーロッパ諸国と比べて非常に遅れている。

大学でも、社会科学の研究については研究体制が決まっていない。したがって、研究のレベルもはっきりしない。社会科学では、研究の結果を評価するのはだれであるか、また、どのようにして評価するのかも決まっていない。

例えば、最近の政治家は、国会の答弁で文字の読み間違いをするようになったが、これは二つのことを意味している。一つは、文字に慣れていないということである。他の一つは、答弁の文章は他人の作った作文であるということである。このような事情では、我々は、政治については多くを望めないことになる。

法律の分野でも同様である。法律家を養成するために新たに設けられた法科大学院でも、いったい何のために法科大学院が設置されたのか、その趣旨は不明で、いまだに議論の対象になっている。これを見ると、法律の世界でもわからないことがいっぱいあることがわかる。今度、新たに施行された裁判員制度も、我々はそれに必要な訓練をまったく受けていない。

また、経済学も、二〇〇八年末に始まった世界的な金融危機が起きないような制度を研究し、その研究結果を利用すべきであった。北のミサイルの心配も必要だが、もっと手近かな経済問題の研究はもっと必要であったといえよう。

このようにして、政治学も、法律学も、経済学も、実際の社会の役に立つような研究は何らなされていない。社会科学のレベルの問題である。社会科学のレベルが低いということは、人間の精神に関する研究も遅れているということである。人間の精神は、どの程度まで耐えられるか、人間にはどの程度の休息が必要であるか、精神病、鬱病はどのようにして発生するか、発生したときどのような処置が必要であるか、など、研究対象はいくらでもある。英国では三つの大きな病気として心臓病、がん、そして精神病が挙げられている。しかしながら、人間の尊厳というような問題について、現代の人々は、あまり語らない。

しかし、人間とはどういうものであるかという研究は、まさに、社会科学の研究テーマである。そして、人間の尊厳こそ、人を道具として使ってはならないという結論に至らしめるのである。

三　生存権

日本国憲法第二五条は、「すべて国民は、健康で文化的な最低限度の生活を営む権利を有する」と規定している。

我が国で、人々はすべて、健康で文化的な最低限度の生活をしているだろうか。人々は十分な社会福祉を受けているだろうか。疑問は次々と出てきて絶えることはない。年金、社会福祉について人々の疑念は尽きない。

現在は、「働く貧者（ワーキングプア）」という言葉が生まれている。ワーキングプアの定義は一般に困難といわれているが、いつの間にか正規労働者と非正規労働者という差別が生まれ、非正規労働者の年収は一三〇万円ないし二〇〇万円くらいと考えられる。昔、「勤労の精神」という言葉があったが、これは勤労を称える言葉である。なぜならば、働くことは富の生産であり、健康、幸福の源であった。しかし、今は違う。働く貧者という言葉は寂しい。

ここで、もう一つの問題が出てきた。最低賃金では生活できないという問題である。

しかしながら、すでに述べたとおり、憲法は、国民に生存権を保障している。この現実をもって、現在の政治家の先生たちは、自分たちの政府がこの義務をまったく達成していないことを知るべきである。

二〇〇九年四月、政府は母子家庭の二万円加算を廃止した。そしてまた、五〇〇〇万件の年金記録を喪失した。すなわち、憲法の条項は忠実に守られていない。

生存権を確保するためには、最低賃金を十分に引き上げ、生活保護を含む社会福祉制度の充実が求められる。

四　労働基本権

すでに述べたところであるが、戦前の治安維持法は労働組合を結成することを禁止していた。しかし、敗戦後、連合国主導で作られた日本国憲法第二八条には、労働三権、すなわち、労働組合の結成、使用者側との労働交渉、そして、ストライキ権が認められた。

労働組合の結成に関しては、当時、我が国のほとんどの会社が終身雇用制であったので、企業別組合と職能別組合のうち、我が国の組合は企業別組合のタイプを採用した。

労働交渉については、組合の委員長は、いつも組合のことで会社側と折衝しているため会社側経営者と親しくなることが多かった。そして、組合の委員長が会社の経営者に抜擢されるようなことも起きた。そのうちに、組合の委員長をするということが、会社の中で出世するための一つのコースになるということが出てきた。そうなるともう労働組合ではない。御用組合である。

ストライキ権は戦後しばしば行使された。主として労働事件を扱う労働弁護士も、使用者側と労働者側に分かれ、互いに相手を批判した。

終戦直後の一九四七（昭和二二）年二月一日、我が国の全労働組合がゼネストを敢行しようとしていた。しかし、その寸前になって、連合軍最高司令官ダグラス・マッカーサー元帥が特別に声明を発して、ゼネストの中止を命令した。労働組合の人々は涙を流した。その後、三井・三池炭鉱のストライキ、三越のストライキなどを経て、大体において使用者側の勝利に終わった。そして、最近は、まったくストライキは見られなくなった。

このようにして、憲法はかなり親切に労働者のために規定を設けているが、最近になると、憲法に定められている労働法規は無視されるようになってしまった。

五　憲法に反する労働者派遣法

我が国の憲法は、人間の尊厳を認め、基本的人権の保護にも重点を置いている。また、生存権、労働基本三権の規定も設けている。しかるに、我が国で行われている労働者の派遣は、我々が今まで述べてきた人間の尊厳に反するものである。

1　派遣労働者制度は鵜飼いと同じ

なぜならば、労働者は派遣会社に登録するが、社会保険の恩恵も受けることがない者が大勢いる。これは、単なる労働の切り売りで、労働者を人間と見ないで、物と見るか、または、道具と見る考えに基づいている。このような労働者派遣制度は、いわば長良川の鵜飼いと同じである。

鵜でもって魚を捕る漁法は非常に古く、『日本書紀』『古事記』にも出てくる。平安時代、鵜飼い鮎は献上品として珍重され、戦国時代にも多くの武将が鵜の捕った鮎を食し感嘆したという。明治時代には明治天皇が鮎を賞味され、長良川の一部の河岸が御料地となった。現在では、鵜飼いは主として観光として行われている。鵜飼いの地は岐阜県の長良川がよく知られているが、愛知県、京都府、愛媛県などでも行われている。

鵜飼いに使われる鵜は海鵜で、茨城県日立市の伊師浜海岸で捕獲されたものが使われている。鵜飼い舟には一定の大きさがあり、平底の小舟の舳先《へさき》にかがり火をたき、光に集まってきた鮎を鵜に飲ませる。鵜の咽喉には紐が巻いてあり、ある大きさ以上の鮎は飲み込むことができないようになっている。鵜の捕った魚は鵜ののどで瞬時に死亡するため鮮度が抜群で、その味は珍重される。

日本人、外国人など観光客をいっぱいに乗せた船にはかがり火がたかれ、木曽川に出た舟に乗った鵜匠が何羽もの鵜を操り、鵜の捕った鮎を鵜の口から取り出す光景は、真に幻想的ですばらしいものがある。しかし、鵜飼の鵜はいつも頸《くび》に紐を巻かれ、漁をしていると、鵜が次第に漁をする気をなくしてしまう。そのとき、鵜匠は鵜に休暇を与える。

このようにして、鵜飼いでは、鵜の捕った鮎を鵜匠が鵜の口から取り出して籠に入れる。したがって、鵜匠は、鵜の捕った魚を横取りすることになる。しかし、鵜匠と鵜の関係であるが、いつも一緒に住んでいて、いわば家族のようなものである。したがって、横取りも許されであろう。

だが、派遣労働者の場合はまったく異なる。派遣労働者は派遣会社と家族のようなつきあいはしていない。しかも、派遣会社は派遣労働者の稼いだ利益にかかっていく。また、労働者の健康状態にも配慮しない。鵜匠よりもはるかに配慮が少ない。このように考えてくると、派遣労働者は、鵜飼いの鵜ほども大切に扱われていないのである。

2　憲法と労働者派遣法

本書はすでに奴隷制度について研究し、また人間の尊厳について研究した。したがってここで、奴隷制度の下における奴隷の地位と労働者派遣法の下における派遣労働者の地位を、比較検討したい。

(1)　奴隷制度

プラトンも、アリストテレスも、奴隷が現実に存在している理由を説明するのに困った。なぜならば、プラトンは精神の高貴さを称え、アリストテレスは平均的正義を初めて唱えた哲学者だからである。しかし、奴隷制度は、歴史上長らく存在していた。

ところで、奴隷というものは、どのように定義することができるのであろうか。奴隷についてはすでに述べたところであるが、これらは比較の上で重要なため列記すると、次の三つの指標を持っていると考えられる。

その一は、主人の奴隷に対する不法な支配である。

その二は、奴隷の人間としての尊厳の侵害である。

その三は、鞭の存在である。奴隷には鞭を欠くことができない。

⑵　労働者派遣法

労働者派遣法の正式の名称は、「労働者派遣事業の適正な運営の確保及び派遣労働者の就業条件の整備等に関する法律」というのである。この法律は、当初、特殊な技能を持っている者に関し認められていた。しかし、経営者側からの強い要請によって製造業についても派遣が認められるようになった。この法律の正式名称を見ると、労働者の派遣事業の適正化が、まず初めにきていることに注目したい。そして、派遣労働者に関する記述は後のほうにきている。したがって、この法律は、まず、派遣業者の利益を守るためのものであるということができる。

次に、具体的にこの法律について検討したい。

その一は、この法律は派遣先に法律によらないで直接派遣労働者に対する支配権を認めていることである。すなわち、用語の意義として、その第二条の一号に、労働者派遣の定義が掲げられ、「自己の雇用する労働者を、当該雇用関係の下に、かつ、他人の指揮命令を受けて、当該他人のために労働に従事させることをいい、当該他人に対し当該労働者を当該他人に雇用させることを約してするものを含まないものとする」と定めている。

ここで、「自己の雇用する労働者」という部分であるが、派遣会社は派遣労働者の登録をしていても、実際には派遣会社が労働者に対し直接仕事を提供していないということで雇用の実体がない。

さらに問題になるのは、派遣労働契約によって派遣先が、直接労働者に対し支配権を取得するという部分である。すなわち、「当該雇用関係の下に、かつ、他人の指揮命令を受けて」というくだりである。しかも、この指揮命令は、当該労働者と他人の間には、契約関係のないことが要件になっている。しかし、このような事情の下で、他人の派遣労働者に対する指揮命令をする権利は、どこから生まれるのであろうか。派遣労働者が派遣会社と締結した派遣労働契約は、派遣労働者と派遣会社との間においてのみ相対的効力を有する契約である。したがって、この契約を根拠に他人が派遣労働者に対する指揮命令権を取得する理由とすることはできない。またこの法律は、派遣先の事業者を「他人」といっていることからも、この他人は派遣労働者の派遣会社と締結した契約と関係のないことは明白である。したがって、他人が派遣労働者に対して指揮命令権を取得することはない。

その二は、我が国の労働者派遣法は人間の尊厳を無視するものであることである。派遣労働者が、法律の根拠なしに他人の支配に服することは、人間の尊厳を無視するものである。派遣労働者は、何らの法律関係なしに他人の支配に服するというのであるが、このような場合、派遣労働者の権利も義務の範囲もはっきりとしない。したがって派遣労働者は、法的に何一つ保護されていない。そこで、この法律は、派遣労働者が苦情を述べることができるような制度を設けた（同法第四〇条一項）。この苦情申し立て制度は、派遣労働者と派遣先会社との間に法律関係が存在しないことを示している。なぜならば、苦情は法律に基づく権利がないからである。また、派遣労働者が苦情をいったところで、十分な解決がなされるわけではない。かえって、次回からの働き先の提供がなくなり困った結果に終わる。したがってこの苦情制度は実際的ではない。

また、さらに労働界では、同一労働、同一賃金という原則が存在する。しかし、派遣労働者はしばしば、派遣先の会社の従業員と同じような仕事をしながら賃金は半分以下ということがある。また、正社員でないためボーナスもなく退職金も支給されない。また、社会保険に加入していないケースも多い。人間の尊厳に反する。

　その三は、不法な契約で派遣労働の履行を強制されることである。派遣労働者は、派遣先で働くことを派遣会社との契約によって強制されている。すなわち、派遣労働者と派遣会社との派遣契約は、契約当事者においてのみ有効なものである。したがってこの契約の効力は派遣先に及ばない。しかるに派遣労働者は、事実上、この不法な契約によって派遣契約の履行を強制される。

　筆者は、先に、奴隷が奴隷たるゆえんとして三つの条件があるといった。そして、そのうちの最後の条件は鞭であった。派遣労働者の場合、この鞭にあたるものが不法な契約である。派遣労働者は鞭のかわりに不法な契約によって労働を強制されている。このように考えていくと、派遣労働者の法的地位は昔の奴隷の地位とあまり変わらないということができる。

3　奴隷の地位と派遣労働者の地位

奴隷の地位と派遣労働者の地位を比較すると次のようになる。

	奴隷の地位	派遣労働者の地位
1	主人の不法な支配	派遣先の他人の派遣労働者に対する法的根拠のない支配
2	人間の尊厳の侵害	人間の尊厳の侵害
3	鞭による強制	不法な契約による強制

すなわち、右によれば、昔の奴隷と派遣労働者の地位は類似しているということができる。

4　労働者派遣法は憲法違反

労働者派遣法は、どのような理由で憲法違反になるのであろうか。憲法と雇用について検討してきたが、ここでその結論を出さなければならない。

まず、「派遣」の意味である。

派遣会社は、多くの派遣労働をしたいという希望者のリストを持っている。前記労働者派遣法では、登録することによって、派遣会社と派遣労働者の間に労働契約が締結されたということになる。そして、派遣会社の顧客から派遣の依頼があると派遣会社は適当な労働者を派遣する。この場合の法律関係は、派遣会社が労働者を派遣することによって、顧客である派遣先の会社が、派遣労働者に対して指揮命令権を取得する。

それでは、この指揮命令権はどこから来るのであろうか。それは、派遣会社が派遣労働者と締結した派遣労働契約にある。派遣会社は派遣労働者と派遣契約をすることによって、派遣労働者は派遣会社に雇用されることになる。労働者派遣法は、派遣会社と派遣労働者の間に雇用関係のあることを前提にして派遣するという法律構成をとっている。したがって、派遣会社が労働者を派遣するということは、自己の持っている派遣労働者に対する指揮命令権を、派遣を求めている他人に移転するということである。

それから、我が国の派遣会社は、派遣労働者が派遣先で働いている間、派遣先から毎月一定の金銭を受け取っている。このように考えると、我が国の労働者の派遣はその言葉にもかかわらず、労働者の賃貸ではないかと考えられる。

すなわち、派遣労働者が派遣会社から派遣先に派遣されるということは、労働者として派遣されるのか、単に労働のための道具として派遣されるのか、という問題が生じてくる。もし、労働者として派遣されたならば、その者は当然、派遣先の会社と労働契約を締結しなければならないであろう。しかし、労働者派遣法は、派遣先の会社と派遣労働者の間に法律関係の存在を排除している。したがって、派遣労働者が派遣会社から派遣先に派遣されるその派遣とは、労働者が労働者として派遣されるのではなく、働く道具として派遣されるのである。ローマ時代には、すでに述べたように、奴隷の賃貸借も行われ、奴隷を何百人も集めて賃貸業をして大金を稼いだ者もいるという記録もある。またローマ法には、明白に、奴隷の賃貸借に関する法令も存在していた。そして、ローマの時代には、奴隷はしゃべる道具であるといわれていた。それならば、現代の派遣労働者もしゃべる道具であるということができる。したがって、労働者派遣法もこのことをよく知っていて、派遣労働者に苦情をいうこと（権利ではない）を認めた。

このようにして現代の日本の派遣労働者は、労働の道具として扱われることになった。また、派遣労働者は、正社員と比較して、あらゆる点において、不平等に扱われている。賃金、労働時間、社会保険、福祉に関し、派遣労働者には大きく欠けているのである。そして、もっと重要なことは生活の安定と将来の福祉である。

派遣労働者は、まず、働く道具として用いられている。次に、派遣労働者は人間として必要な最低限度の収入も得られないということである。労働の叩き売りである。

さらに、派遣労働者は、正規労働者と比較してあらゆる点で不平等に扱われている。そして、派遣労働者は、憲法、法律の定める労働者保護のための法規の保護を受けることがない。

かかる意味で、労働者派遣法は、派遣労働者の尊厳をまったく否定したもので、きわめて不当な法律であるということができる。したがって、労働者派遣法は憲法に反する違法な法律である。

第六章　民法と派遣契約

―現行の債権民法を改正し債務民法とすべきである（コペルニクス的発想の転換）―

我が国の民法は債権を基本とする民法（以下、債権民法という）のため、現在行われている労働者の派遣は可能である。しかし、欧米のように債務を基本とする民法（以下、債務民法という）の下では、現在日本で行われている労働者の派遣は認められない。民法が債権民法であるか債務民法であるかによって結論が異なるのである。

このため、民法はどうあるべきであるかという根本問題を考えてみたい。

一　民法とは

―生活のための法律―

民法とは、人々が生活し、生きていくための法律である。したがって、民法とは何かという問いに対して容易に答えることができる。すなわち、「民法とは、人が生活をするために必要な衣食住を入手するための法規である」というのである。人は生きるために衣食住が必要である。そのために必要な法律が民法であるということを意味する。

この定義は、ローマ法から出発してラテン語で書かれた中世の法律文書を研究し、そして、自然法の概念に忠実に従った結果、得られたものである。人が生きるために衣食住が必要であるということは、衣食住を取得するということである。すなわち、我々の必要とするものは取得することによって得られるのであり、民法は人が生きるために財産の取得を目的とする法律であるということができる。

有名な一八世紀のドイツの哲学者であり神学者であり数学者であるクリスチャン・オルフは、我々は神から心と体をいただき、我々の体は神から預かったものであると考えた。したがって、我々は神から預かった体を養う義務があると考え、「人の食べることは生きる限り義務である」と述べた。したがって、我々は生活に必要なものを取得することになるが、この取得行為が民法上の行為である。そうなると、人はこれらの物資を手に入れるため、契約をすることが必要である。そして、問題の核心は、契約によって先に債権が発生するか、債務が発生するか、あるいは同時に債権・債務が発生するかということである。

ある人がマネーを他人から借りたとき、マネーを貸した人は、借りた人に対し貸したマネーを返還してほしいという返還請求権、すなわち債権を取得する。これに対し、マネーを借りた人は約定に従い貸した人に対し借りたマネーを返還する債務を負担する。この場合、債権者は、マネーを貸さない限り債務者に対しマネーの返還請求権を取得することはない。すなわち、債務の発生が先で債権の発生はそれに続くことになる。

次に、車を一〇〇万円で売買する場合のことを考えてみよう。車を売る人はなぜ車を売るのであろうか。それは、マネーがほしいからである。車は自分の所有で、いつでも買主に引き渡すことができる。車について売主は心配することはない。しかし、買主が本当に代金を支払ってくれるかどうか不安である。それは厳格にいうと未知である。そして、売主が本当に買主に車の所有権と占有権を引き渡してもよいということになるのは、買主が確実に売買代金を支払うことがはっきりしたときである。そのため、民法は、買主の代金の支払いを確実にするため売買契約によって代金の支払いを法律上の義務として定めるのである。契約をすることによって買主が確実に代金を支払うということが明白になるため、売主としても安心して車の売買契約に入ることができる。

車の買主に対しても同じ理論が適用される。車の買主は、代金に相当するマネーは自分で自由にできるため、その支払いについては何ら心配ないが、車の売主が、本当に自分に車の所有権と占有権を移転してくれるかどうか心配である。そこで民法は、契約が締結されると、車の売主は買主に対し車の所有権と占有権を移転することを法律上の義務として確定する。そうすると、買主は安心して代金を支払うことができるのである。

このようにして契約からは、まず、相互に債務が発生する。したがって、契約は双務契約と呼ばれる。以上の簡単な事例から、契約によってまず債務が発生することを明らかにすることができた。そして、売主は、契約によって、車の所有権と占有権を買主に移転する債務を負担し、買主も代金支払債務を負担する。

以上、契約によって先に債務が発生することが明らかになったが、契約によって債務より先に債権を発生させることはできないということを明記すべきである。すなわち、債務なしに債権の発生を目的とした契約をすることはできない（これを認めると、無償で他人の財産を取得できる）。ところで、契約によって債権・債務が発生するが、日本の民法がそのうち債権を基本にして民法を構成し、民法第三編を題するに「債権」としたことが果たして正しかったかどうかという疑問が自然に生まれてくるのである。

二　債務法小史
―債務法の歴史はあるが債権法の歴史はない―

本書はここまで、人間の自然の行動を考え、契約によって債務が発生することを明らかにした。それでは次に、右のささやかな提案を擁護するために、債務法小史と題していくらかの歴史上の事実を引用することにしたい。

債務の歴史について語るうえでまず注意しなければならないのは、法史上、債務の歴史というテーマはあっても、債権の歴史というテーマは存在しないということである。

ところで、本書は法制史の書物でもなく、また、法律書でもない。ただ、民法と雇用の関係について、最小限度、我が国の民法が一体どういうものであるかを理解していただくために述べているに過ぎない。換言すると、我が国の民法は債権民法であるが、筆者は、「この債権民法が間違っている、債務民法が正しいのである」ということを証明するためにこの小史を述べることにした。したがって、その記載はやや専門的であるが、できるだけ平易に、かつ、簡単に説明するよう心がけた。ここに記載されている歴史上の「債務法の理論」は、筆者の主張を支えるための証拠である。

1　ローマ法

法の歴史はローマ法に始まる。ローマ法の長い歴史の中で、債務の発生原因は不法行為から始まった。不法行為というのは、人々が生活している社会の中で、一般的に悪いと考えられている行為である。紀元前七五三年、古代ローマ建国のとき、整備された法律は存在しなかった。しかし、不法行為は存在した。法律がなくとも、人を殺せば不法行為であると考えられた。他人の物を盗めばこれも不法行為である。このような場合、法律が存在しないため、古代ローマがこの事件を解決することはできなかった。それで、問題は事件の当事者の間で解決された。十二表法は同害報復（talio《タリオ》）の原則を認めている。すなわち、不法行為によって指を一本失った者は、相手と妥協が成立しないときは、相手の同じ指を一本切り落とすという類である。

また、同法は、この他に三つの不法行為を認めている。すなわち、隣人の樹木を伐採すること、被後見人の財産を横領する後見人の行為、他人の物を預かった人が預かった物を本人に返さない行為である。そして、その後、次第に不法行為の範囲が拡張され、名誉毀損、権利なくして他人の奴隷・動物・物に与える損害行為も含まれるようになった。さらに、現行犯の窃盗には被害の四倍の賠償が、現行犯でない単純窃盗には被害の二倍の賠償が認められた。その後、不法行為の概念は法務官によって拡張されていった。

そして、契約の概念は不法行為の後から生まれた。おそらく自給自足経済のときは各家族間の交流がなく各家族は他の家族と独立していて、債務の発生する機会は非常に限られていたであろう。したがって、法務官は非常に限定された場合にのみ債務の発生を認め、債務者にも訴権を与えた。

その一例を挙げるならば、家長が自ら握手行為に類する拘束行為「ネクスム（nexum）」の手続きをして金銭の貸借をして、束縛される場合である。ネクスムの手続きに従い借金をした債務者は、単なる債務者ではない。彼は、潜在的にほとんど奴隷と同様の地位に置かれる。そして、債務者は、約束した債務が払えなくなり、約束の日に支払うことができなかったとき、債務の履行に代えて自己の自由を放棄して奴隷となり、働いて債務の支払いをするという契約である。この制度は、紀元前三二〇年に廃止され、そして、不履行のとき債権者は債務者の全財産の上にかかっていくことになった。筆者は、高等学校の教科書で、ヘンリー・メインの『古代法』という書物があるということを習ったが、『古代法』の中には、このネクスムについてかなり詳細な記述が見られる。

また、契約による債務の発生原因は、誓約（ある決められた方法による言語の交換）、問答契約（一定の決められた問答をして意思を確かめる）、消費貸借契約、自然法上の契約（契約は履行されなければならない——Pacta sunt servanda）となった。

ローマ法では、契約によって債務（obligatio）が発生するが、その債務とは「法の鎖（vinculum juris）」であると考えられた。obligatio の ob は「何々の理由で」という意味で、ligatio は ligo から来ていて「結びつける」という意味である。すなわち、二人の人が契約をすると、この二人は法律の力で結びつけられるということである。

このようにして、ローマ法では、契約によって債務が発生することがわかった。

2　ローマ法大全

長い年代にわたりローマ法は数多く制定されてきたが、古い法律と新しい法律の関係が不明確であり、また、現行法のうち、どの部分が有効でどの部分が無効であるかということも明白でなかった。それで、東ローマ帝国の皇帝ユスティニアヌス帝は法務長官トリボニアヌスに命じて、古代からその時までの自然法、制定法（執政官、法務官の布告、帝政以降の勅法）などを整備し、新たな法典を作った。こうしてできたのが、先にも触れた『ローマ法大全』である。

『ローマ法大全』は、ラテン語で「コルプス・ユリス・キウィリス（Corpus Juris Civilis）」（市民法の体という意味）と呼ばれ、ヨーロッパはもちろんのこと、海を越えた英国にも大きな影響を与えている。

『ローマ法大全』は四つの部分からなっている。これを日本語で書くと非常に堅苦しいが、我慢して見ていただきたい。すなわち、

『勅法彙纂《ちょくほういさん》（Codex constitutionum）』

　ハドリアヌス帝からユスティニアヌス帝までの勅法を編纂したものである。

『学説彙纂《がくせついさん》（羅 Digesta、希 Pandectae）』

　四〇名に上る学者の説が掲載されている。

『法学提要（Institutiones）』

　法律を学ぶ初学者のための教科書。簡潔で非常にわかりやすい。

『新勅法（Novellae）』
　『勅法彙纂』以後の新しい勅令を編纂したもの。

ところで、ドイツでは各地方でドイツ固有法（ゲルマン法）が適用されていたが、これらの法は不文法であったため法の発見が難しく、そのときは、ローマ法が補充的に適用されていた。したがって、ローマ法が次第にドイツ各地で適用されるようになり、一五世紀からドイツ全体にわたりローマ法の継受が行われることになった。したがってドイツ法は、非常に多くローマ法の影響を受けているということができる。

そして、我が国は、明治の初め、西洋文明を受け入れ西欧化を図ったのであるが、新しく民法を制定するとき、ドイツ法にその範を求めた。したがって、我が国の民法典は、ドイツ民法を仲介してローマ法の影響を受けていることは明白である。このため、ここでローマ法の債務について説明することは意義があろう。ここで引用するのは『ローマ法大全』のうち、『法学提要』の一部である。その第三巻・第一三章には次のとおり記載されている。

債務について

さて、我々は債務に戻ろう。債務は「法の鎖」であり、かつ、それは我々の市民法に従い、弁済に供される他人のものと必然的に関係がある。

1　そうして、すべての債務全体が二種類に分類される。それらは、市民法に関するものと法務官法に関するものである。市民法によるものは、法律によって制定されるか、市民法によって認められた債務である。法務官法によるものは、法務官がその権限によって制定した債務であり、それはまた、名誉あるものと呼ばれる。

2　続いて、それらは四個の種類に分けられる。契約、準契約、不法行為、準不法行為によるものである。これらのうちで、契約に関するものについて分類しよう。それらは、物、言葉、書面、合意による契約である。[1]

このローマ法の一節を見ても、ローマ法が債務の原則をとっていることがわかる。

3　ゲルマン法

紀元後三世紀から四世紀にかけてゲルマン人がローマ帝国に侵入し、五世紀には、その侵入は非常に大規模なものとなった。そしてローマ人とゲルマン人が共存することになった。

しかし、ゲルマン人といっても、その部族は多種多様で、それぞれの部族はそれぞれの法を持っていた。したがって、人々は、自分の属する部族の法に従わなければならないという属人法の原則に則っていた。したがって、ローマ人とゲルマン人が契約をするとき、そこには少なくとも二個の法律の適用が考えられる。

それでは、ゲルマン法の下での契約の性質を考えてみたい。すなわち、契約によって債権が発生するのか債務が発生するのかという問題である。

ゲルマン法では、契約は「信約（fides facta）」といわれた。fidesは「信頼」、factaは「成された」という意味で、両者を合わせると「成された信頼」という趣旨である。

ゲルマン法では、明文の法規は存在することはまれで、慣習法が主たる法源である。しかし、幸いなことに、サリー族には『サリカ法典（lex Salicae）』という文書で存在し、信約について理解することができる。信約については『サリカ法典』の規定（これはよく知られている条文である）を見ながら検討したい。

第五〇条

1　だれか自由人、または、海岸に住んでいる者が他の人に信約をなしたとき、信約を受けた者〔債務者〕は四〇夜を過ぎたとき、または、信約のとき定めた期日に、証人および価格鑑定人と共に、信約者の家に行くべし。そして、信約者が彼に信約を支払わない、すなわち、怠慢のとき、信約した債務のほか、一五シリングの債務を負担するものと見做される。

2　もし、信約者が信約を償わないとき、その者〔債権者〕は信約者を裁判所に召還し、以下の規則に従って、縄を打つことを希求すべし。すなわち、私はトンギヌスこと貴殿に対し、私に信約した敵に縄を打ち、法に従った債務を負担させることを求める。そして、貴殿は、信約者がいかなる債務を負担しているかを指示すべきである。(2)

ここにも、債務法の原則が見られる。

４　ヨーロッパ中世法

ヨーロッパの中世ではローマ法の原則が受け継がれてきた。そして、中世の法学者の仕事は、新しい法規を作ることではなく、従来あった法律、すなわち、『ローマ法大全』のうち、主として『学説彙纂（Digesta）』を解釈・説明し、法律の余白または行間に註釈をつけることであった。したがって彼らは註釈学派と呼ばれた。

イルネリウス（一〇五五―一一三〇年）は註釈学派の創始者であり「法の灯明」といわれた。彼の文献は東京大学法学部研究室図書館に保管されている。アゾー（一一五九―一二三〇年頃）は、学者として非常に敬意を払われ、「アゾーを持たざるものは法廷に赴くべからず」とまでいわれた。彼の文献も、同様に同大学法学部研究室図書館に保管されている。アクルシウス（一一八二―一二六〇年頃）は、アゾーの弟子で、『標準註釈（Glossa ordinaria）』を著し、註釈の研究は頂点に達した。ミラノ大学の法学部図書館には、アクルシウスの『標準注釈』三五巻が保管されている。

ところで、ここでヨーロッパ大陸を離れ、英国に目を向けてみよう。そして、この問題は英国ではどのように解決されているかを調べたい。それには、グランヴィルとブラクトンの学説を見ることにする。

(1)　グランヴィル（生年不詳―一一九〇年）
英国のストラットフォードに生まれる。英国王ヘンリー二世の顧問官で、イングランドにおける最初の法律関係の論文『イングランド王国の法律及び慣習論（Tractatus de legibus et consuetudinibus

regni Angliae)』を著したことで知られている。この本は、国王裁判所での訴訟手続きについて記述したもので、簡潔で明晰に書かれ、歴史的に非常に重要なものである。

それでは、この著書に書かれている債務の問題に関する記述を見ることにしたい。

買いと売り

債務の原因は、人が自分の物を他人に売るときのように、買いまたは売りである。なぜならば、価格は売主のために債務となり、買われた物は買主のために債務となる。買いと売りは、これが、売買された物を引き渡すことによって履行され、または、価格の全部または一部の支払い、あるいは、少なくとも代金の一部の支払いのなされることを前提として、契約当事者が価格について合意したとき、売買は完全に有効となる。(3)

この部分は非常に短いが、端的に債務ということをよく説明している。すなわち、債務の原因は買いと売りで、これによって相手のため債務（debt）が発生するということである。

(2)　ブラクトン（生年不詳―一二六八年）

大陸では、ローマ法の伝統に従って制定法が発達したが、英国では、王座裁判所が巡回裁判をするときの判例が蓄積され、その蓄積された判例が次第にコモン・ローの法源となった。したがって、英国の法律の中核は判例法である。

それでは、判例法とは何であるか、裁判官は明文の法の存在しないとき、何を基準に裁判をするのかということであるが、裁判官の判断の基準は理性である。理性は、英国のいわゆるコモン・センスであり、このコモン・センスが判断の基準である。

一三世紀になると判例も次第に蓄積されてきた。それで、ブラクトンが従来の判例を研究し、これを一冊の書にまとめ、『イングランドの法律と慣習（De legibus et constitudinibus Angliae）』と題して発表した（一二五八年）。この中から必要な部分を選んで説明したい。

訴権はどこから来るか

我々は、訴権はどこから来るかを見なければならない。そして、それは明瞭である。訴権はそれ以前の債務から、娘が母から生まれるように、この債務、すなわち、訴権の母は、それ自身の起源を有し、それ以前のある原因から始まる。契約から、準契約から、不法行為から、準不法行為から生まれる。ある債務が契約から生まれるとき、それはいろいろな方法で生まれる。

それは、問答による合意から、また、両当事者の意思が一致に達するために、パクト（pact）（合意の一種。これにはヌードと着衣がある）のように、ある形式を持った言葉から生まれる。もし合意がヌードであるならば訴権は発生しない。なぜならば、訴権はヌードのパクトからは生まれない。

したがって、パクトは衣服を着ていなければならない(4)。

債務とは何か、そして、いかにして契約されるか

請求権が債務から生まれるため、我々は債務（それは、契約、準契約、不法行為、準不法行為から生存を受け取る）とは何かを知り、また、いかなる言葉でそれが契約されるか、いかなる人によってそれが取得されるか、そして、いかにして消滅し破壊されるかを知らなければならない。もし、それが解消されたとき、いかにしてそれを新たにすることができるか、いかにしてそれを他の人に移転できるか、が問われる。債務は法的な束縛で、それにより我々は拘束され、我々は何かを与えるか否かを決定する。もし、だれかが他の人にある物について拘束され債務を負担し、他の人が相互的義務で何かについて拘束されるとき、この債務は反対債務といわれる。それは、四個の方法と幾つかの衣服で行われる。それは、物、言葉、文書、合意、引き渡し、それらの結合で行われる。(5)

ヨーロッパ中世の契約法で、ヌードの契約からは訴権は発生しないが、衣服をつけた契約からは訴権が発生するという考えが非常に強い。したがって、ここでいう「衣服」とは何であるかという興味深い問題が存在する。

筆者は、ここで、一二、三世紀の債務と契約の法律問題について紹介した。しかし、先を急がねばならない。そして、右に述べた後にも、関心を払わなければならない問題が多々あるが、これらを越えて、一八〇四年に制定・公布されたフランスの民法典、すなわち、ナポレオン法典について説明したい。

5　フランス民法典

フランス民法典はナポレオンの名を不朽にした。ナポレオン・ボナパルトは、一七六九年八月一五日、地中海にあるコルシカ島に生まれた。もし、ナポレオンがもう一年前に生まれていたならば、彼はフランス人ではなくイタリア人であり、世界の歴史は異なり、民法典もなかったであろう。ナポレオンは陸軍幼年学校に入ったが、数学が抜群の成績であった。陸軍士官学校に進むとき彼は、人々のあこがれる騎兵隊には入らず砲兵隊に入学した。ナポレオンは一生を通じて戦争をしたが、このときの経験が後になって役に立ったということである。

パリのリュクサンブール公園の横から郊外電車が発車しているが、その終点がサンレミ・レ・シュヴルーズで、そこから車で約三〇分、コンピエーニュの森の中にナポレオンのシャトーがある。森と小さい湖、それに静けさと太陽がある。そんなところでシャトーの中全体に蔵書がいっぱいに詰まっていた。彼はその膨大な量の本に囲まれて仕事をしていたのだから非常に孤独であった。

ナポレオンでよく知られているのは、彼は戦争好きで、征服した国から現地の記念碑、絵画など美術品を持ち帰ったことである。パリのコンコルド広場の中央に空高く立っているオベリスクは、彼がエジプト遠征の帰りに、二本一対のオベリスクのうち一本をパリに持ってきたものである。バリのルーヴル美術館には、彼の戦利品がいっぱいあるといわれている。

また、ナポレオンには女性的なところもあった。彼は、自分の兵士たちの軍服のデザインをするのが好きであった。明治の初め、我が国がヨーロッパの諸制度を承継したが、軍事制度はフランスのそれであった。明治の我が国の兵士たちはナポレオンのデザインした軍服を着ていた。

そして彼は、勲章にも興味を持っていた。勲章は人々の尊厳と名誉心を表すもので、人々は、これを獲得するため自己のすべての欲望を捨てて忠誠を誓い、財産を省みず、時には命を捨てることもある。したがって、勲章は経済的な対価とは関係のないもので、彼が勲章に興味を持っていたということは彼の知性の程度をよく示すものである。彼は、戦争の合間のわずかな時間に勲章のデザインを考えていたということである。

ナポレオンが大臣、学者に対し民法典の作成を命じたことは、彼に最高の栄誉をもたらした。そして、一八〇四年に公布・施行されたフランス民法典は、現在に至るまでほとんど変更されることなく現行法として現在もその生命を維持している。

フランス民法典の構造は人間の人生に似ている。人は生まれて、生活し、死亡する。したがって、まず最初に、人に関することが規定されている。

第一巻は「人」に関する規定で、我が国の親族法にあたる部分である。

第二巻は「財産と各種所有権」である。

第三巻は「所有権取得の各種方法」で、所有権を取得するには次の方法があると規定している。その第一節は「相続」、第二節は「贈与および遺贈」、第三節が「契約および合意に関する総論」である。

したがって、次に、第三節の第一章「基本となる諸規定」について検討したい。

まず、最初に規定されているのは契約の定義である。

①「契約は、一人または複数の人が、他の一人または複数の人に対し、与え、為し、あることを為さざることを約束する合意である」（民法第一一〇一条）

この定義によると、契約の条件は次のとおりである。

1　一方において一人または複数の人がいて、他方において一人または複数の人がいることである。

2　一方の人が他方の人に約束をする。

3　約束の内容は、与えること、ある行為をすること、ある行為をしないことである。

したがって、契約とは義務を負担する意思表示にほかならない。

次に規定されているのは契約の性質である。

②「契約は、契約当事者が相互に相手方に対し債務を負担するときは、双務または双方契約である」（同法第一一〇二条）

契約の双務性について述べている。すなわち、契約の効果は債務であるということである。

③「一人または複数の人が他の一人または複数の人のために債務を負い、後者の人々については約束のない場合、それは一方的である」（同法第一一〇三条）

この規定は、一方的意思表示を説明したものである。そして、その意思表示の内容は債務負担の意思表示である。

これらの規定はフランス民法典のほんの一部であるが、すべて契約は債務に関するものであることを明白に規定している。

6　ヴィントシャイトのパンデクテン学説と請求権理論

ドイツでは、一四九五年、帝国宮廷裁判所が設立され、ローマ法によって裁判するよう定められた。

その後、上級・下級裁判所においても次第にローマ法が適用されるようになり、一五世紀末から一六世紀にかけてローマ法が継受された。そして、同時にローマ法の研究が盛んとなり、特に、一九世紀にはその研究は隆盛を極めた。そして、ほとんどのローマ法の原則は、ローマ法学者によって明らかとなり、そこでは、債権と物権の差異が厳格に適用され、中間的な概念は認められなかった。

そして、パンデクテン（前記 Digesta のこと）の現代的慣用を唱えるドイツ・パンデクテン学派の代表であるヴィントシャイト（一八一七―九二年）は、パンデクテン法について定義を与えている。すなわち、パンデクテン法とは、ローマ法に起源を有するドイツ普通民法であると述べている。彼の『パンデクテン法』と題する教科書は、第一巻は「個別の権利について」、第二巻は「各種の権利について」、第三巻は「物権について」となっていて、債権とか債務という概念は存在しない。彼は、初めて請求権（Anspruch）という概念を創造したが、この概念は第三巻で論じられている。すなわち、所有権に関する請求権を物権的請求権と名づけ、これに対し、契約または不法行為より発生する請求権を債権と同様であると考え、ローマ法でいうところの訴訟を追行する訴権と類似するが、それとは異なり、訴権の前提となる権利であると解した。そして、債権と称するも、債務と称するも、同一の法律関係を異なる立場から見るに過ぎないと主張した。そして、債権の研究をすれば債務の研究を果たしたことになり、債務の研究をすれば債権の研究をしたことになると述べた。

古代ローマから現代に至るまで、民法の世界で請求権（債権とも考えられる）を唱えるのはヴィントシャイトとその一派である。彼らは、ローマ法の obligatio（債務）を、異なる言葉すなわち、Verbindlichkeit（これも債務という意味）に置き換えている。そして、ある法律関係の一方を見ると債権で、他方を見ると債務であるというのである。しかし、このような方法で法律関係を見るだけでは何事も解決することができない。なぜならば、法律関係は観念的存在で見ることのできないものである。また、実際に、一〇〇万円の金銭消費貸借の債権を有する者は財産としてこれを債務者に請求できるが、債務者は、法の力でこれを支払う義務を有し、支払いを強制される。債権者と債務者の立場はまったく正反対で、同一ではない。

7 日本民法

一八六七年一一月九日、第一五代将軍徳川慶喜が大政を奉還し、翌一八六八年三月一四日、五箇条の御誓文が発布され、さらに一八六九年正月、版籍奉還が決議され、明治政府は次第に近代国家への道を歩むこととなった。そして、近代国家としてヨーロッパ諸国と対等に付き合うには法制度の改正が必要であった。それで、明治政府は外国人法律家を我が国に招聘することにした。当時、パリ大学法学部教授であったボアソナードも、そのうちの一人であった。

ボアソナードが来日する経緯については、明治という時代を考えると、パリ大学教授の地位を離れ来日するということはよほどの決心であったのではないかと考えられる。

明治政府の下におけるボアソナードの地位はお雇い法律顧問である。当時としては、相当の収入が保証されていたが、彼は誠心誠意日本のために尽くした。それで、日仏の有志が彼の功績を称えるため、彼の肖像が、我が国の最高裁判所の図書館に一つ、また、所を変えてフランスのパリ大学（パンテオン）に一つ、設置されている。

ボアソナードは、いろいろな面で日本に貢献したが、その一例を挙げれば、日清戦争で日本が勝利し、平和条約が下関で締結されたときのことがある。このとき、政府は清国から賠償金として銀貨を要求するつもりであった。しかし、ボアソナードは、これからは金の時代であるから金貨を要求すべきであると政府に進言した。政府はこの進言を受け入れた。このときの金貨は、その後、我が国が近代的な金本位制の貨幣制度を樹立する際に準備金として利用された。

さて、我々の課題である民法に戻ろう。明治政府は、一八七九（明治一二）年三月、ボアソナードに民法の起草を命じた。その翌年、元老院の中に民法編纂局が設置され、総裁大木喬任の下で、箕作麟祥、黒川誠一郎、磯部四郎の三名がボアソナードを助け、ボアソナードが作成したフランス語の草稿を日本語に翻訳することになった。ボアソナードは、民法の財産編については、フランス法というよりも、彼の信念である自然法の理論に従って草案を起草することにした。そして、親族、相続については、日本古来の風俗・習慣を重んじ、起草委員を日本人とした。こうしてできたのがボアソナードの「明治政府に対する民法草案」である。

この草案は、フランス民法典の形式を採っているが、先に述べたように、財産編は自然法により記述されており、自然法は人類普遍の共通の法規であるという彼の信念に従って起草されたため、単なるフランス法の模倣ではなかった。そして、彼の契約理論はローマ法にも依拠し、自然法にも依拠し、フランス民法典にも依拠するため、もちろん債務法によるものであった。そして、ボアソナードの民法草案は一八八八（明治二一）年二月一〇日に完成した。そして、一八八九（明治二二）年一月二四日、民法典の中でボアソナードが担当した部分は内閣によって元老院に提出された。

ところで我が国ではこの頃から次第にナショナリズムの意識が高まり、ボアソナードの民法草案に対する風当たりも強くなった。しかし、彼の草案は元老院を通過し枢密院に送られた。

そして、その後、枢密院を通過した彼の民法典（ボアソナード起草分で、財産編五七二条、財産取得編二八五条、債権担保編二九八条、証拠編一六八条）は、三月二七日付の勅語とともに、法律第二八号として一八九〇（明治二三）年四月二一日の官報によって公布された。しかし、この法律の施行は二年半後の一八九三（明治二六）年一月一日と定められた。この二年半の期間がボアソナードの草案の行方を変えたのである。

この頃になると、外国人が作った我が国の美俗を無視した法典は到底受け入れることができないという風潮が高まり、ついに法典論争に発展した。民法の施行を妨げたい延期派は「民法出デテ忠孝滅ブ」といった理由のない誹謗に踊らされ、ボアソナードが理性に基づき誠意のこもった理路整然とした反論をなし、かつ断行派もこれを支持したにもかかわらず、この法典は、当時、制定されようとしていたドイツ法の新しい理論を摂取していないという理由で、延期派が勝利を収めた。

一八九三（明治二六）年三月、伊藤内閣は、新たに「法典調査会」を設け、いかに法典を修正すべきかについて議論した。そして、次の二項目が決められた。

1　民法の修正は、根本的修正であること。

2　法典の体裁は、「パンデクテン」方式を採用し、サキソン民法の編別に拠るべきこと。

この結果、我が国の民法は、第一編「総則」、第二編「物権」、第三編「債権」、第四編「親族」、第五編「相続」となった。

しかし、ここで重要なことは、一八九三年にはまだドイツ民法典は成立していないし、もちろんのこと施行もされていなかった（ドイツ民法典は一八九六年八月一八日に成立し、一九〇〇年一月一日に施行された）。

この新しい我が国の民法典の修正は、当時、ドイツで流行していたパンデクテン学説を根拠とし、さらに、ドイツ民法第一草案を参考にした。しかしこの草案は、一八八一年以来個々の編別について研究がなされ、その他の編は完成したが債務関係法のみが完成していなかった。その後、一八八六年に債務法草案が完成し、一八八八年、第一草案がその理由書とともに完成した。この第一草案はヴィントシャイトの影響が強く、「小ヴィントシャイト」といわれていた。しかし、この第一草案はヴィントシャイトの主張する請求権本位ではなく債務本位であった。この第一草案については、有名なオットー・フォン・ギールケの批判がある。その批判の骨子は、労働者階級に対する考慮が足りないというものである。また、ドイツ民法第二草案が完成したのは一八九五年である。このため、我が国の修正論者たちは、実定法であるドイツ民法典を見ていない。単なる学説と第一・第二草案を見て、日本民法典の模範としたのである。

さらに、もう一つの問題がある。それは、パンデクテンは、「総則」「物権」「債務関係法」「親族」「相続」から成り、債権法はどこにも存在しないということである。我が国の民法の教科書が、我が国の民法はパンデクテン方式であると唱えているが、債務の理論を採用しなかったことを理解しなければならない。

さらにもう一つ、忘れてはならないことがある。それは、「民法の修正は、根本的修正であること」

という趣旨に反することがある。民法で一番大切な基本原則は、物権変動と損害賠償理論である。しかるに、我が国の新しい民法は、根本的修正といいながら、物権変動については、ドイツ民法（形式主義、すなわち所有と占有が一致する制度を採用している）を採用せず、ボアソナードの説（意思主義）をとっている。また、損害賠償の方法についても、ドイツ民法（現物返還主義）を採用せず、ボアソナードの民法草案（フランス法に従い金銭賠償主義）を採用している。したがって、修正主義者の主張は支離滅裂である。

8　ドイツ民法典（BGB）

ドイツでは、固有法であるゲルマン法のほか継受したローマ法が存在していたが、裁判所では主としてローマ法が適用されるようになった。ローマ法は債務法（obligatio）であるから、当然のことながらドイツ民法第一草案も第二草案も、ヴィントシャイトの影響が強かったというものの、実際には債務関係法を採用したのである。そして、成立したドイツ民法典の内容を見ると債務関係法を採用していた。すなわち、ドイツ民法典は、第一巻「総則」、第二巻「債務関係法」、第三巻「物権法」、第四巻「家族法」、第五巻「相続法」という構成になった。

これは、一見して我が民法と類似している。しかし、我が国の民法は「債権」であるのに対し、ドイツ民法は、「債務関係法」でまったく異なっている。しかも、ドイツ民法の第二巻「債務関係法」の冒頭の第二四一条前段では、債権と債務の関係について、明文で「債務関係の効力により、債権者は、債務者から履行を請求する権利がある」と規定している。つまり、ドイツ民法典の下では、債権債務の法律関係は、その一方を見ると債権であり、他方を見ると債務であるというような、債権と債務がイコールであるということではない。民法は、明白に、前提として債務関係が存在することによって債権は存在するといっている。法律関係の一方を見れば債権で、他方を見れば債務であるというような子供のような遊びではない。債権と債務は異なり、しかも、債権は債務より生まれるというのである。我が国の民法学者は、今まで、だれ一人としてこの問題を指摘した人はいない。

ところで、ここで、日本の学者の悪癖というか悪い習慣というか、こういうことが行われている。それは、外国の民法の法律書を日本語に翻訳するときの話である。

例えば、ドイツ民法の教科書では、債権という言葉はなく、「債務関係法（Recht der Schuldverhältnisse）」という言葉しか出てこない。しかし、これを日本語に翻訳するときは「債権」と翻訳することになっている。我妻栄の「民法講義」シリーズの『債権総論』もこのように債務を債権と訳している。また、その弟子の川島武宣もドイツ民法の債務（Schuld）を債権と訳している。

さらに、ある有名大学の法学部では、『ドイツ債権法コンメンタール』という書物まで発行されている。この書物について一言述べたいのは、すでに長々と説明してきたが、ドイツ法はローマ法の影響を受けてきた。したがって、論理必然的に、ドイツ法は債務法であるということである。ドイツ民法には、債権法という概念は存在しない。

次に、もっと面白いことがある。それは、ドイツ債権法という言葉に忠実のあまり、右に述べた民法第二四一条前段について次のような訳がなされている。「債権関係により、債権者は、債務者に対して給付を請求することができる(6)」というのである。しかし、これは、同義語反復で、論理的には成ない。

立しない。「花とは何か」という問いに対し、花とは花であるというのと同じでまったく意味をなさ

重要なことは、「債務関係法」は、文字どおり債務に関する法であって、その概念の中に債権は含まれていないということである。債務と債権はイコールであるという見解に立てば、債務関係は債権関係に置き換えられることであろう。しかし、両者はまったく異なっている。イコールではない。したがって、債務関係を債権関係に置き換えるということは不当であるばかりでなく、理性と良心を欠き、学者の見解とはいえない。

9　イタリア民法

イタリア民法典は、その第四編中で「債務について」と題し、債務について規定している。

10　スイス債務法

さらに、スイス法には、一九一一年の「スイス債務法」という独立の債務法が存在する。

以上、債務法小史を通じて、民法の分野ではヴィントシャイトの学説を除きすべて債務法であることがわかる。

三　債権法か債務法か
―債務法が正しい―

まず、債権と債務の対比から始めよう。

1　債権と債務の対比

我々は、すでに、債権と債務を対比していずれが正しいかをほぼ立証できたのではないかと考えられる。したがって、次に、具体的に債権と債務を対比し、その相違を明らかにしたい。

債権を基本とする思想によれば、契約当事者が売買契約によって相互に債権を取得するとき、債権は権利であるから、法律行為の自由の範囲を超えるときでもこれを制限することは困難である。

しかし、債務を基本とする思想によれば、売買契約によって相互に債務が発生することとなり、法律行為自由の原則に従い、その範囲を逸脱する債務についてはその履行が禁止され、債務者は法の禁止命令に反することはできず、この法律行為は無効（法律上の無効）となる。したがって、「債務の理論」によるときは、論理的に法律違反の法律行為を無効にすることができる。すなわち、法の力が有効に働く。

債権と債務を対比すると次のとおりである。

1　民法は債権法　　民事訴訟法は債務法（給付判決、債務名義）

2	債権は財産	債務は負担
3	債権の行使は自由で放棄も可能	債務は逃れられない
4	債権は差し押えられる	債務は差し押えられない
5	債権者は履行を受領する	債務者は債務を履行する
6	債権譲渡は原則自由	債務の譲渡は制限される
7	債権は多くとも破産しない	債務が多いと破産する

2　債権本位の根拠の不存在

我が国の民法典としてボアソナードの起草した旧民法は、債務法であった。しかし、法典論争の結果、議会を通過して成立した旧民法は実際には施行されず、ドイツ民法草案を範にした現行民法典が制定公布され、かつ、施行された。

ところで、ボアソナードの旧民法は債務本位の民法であったにもかかわらず、現行民法典はなぜ債権民法になったのであろうか。その間の事情をより詳しく調べてみたい。

現行民法典が債権本位になった経緯は、立法の過程で立法者の見解を窺うことができる。それは、次のとおりである。

我々が民法の立法者の見解を知ることは容易ではないが、岡松参太郎著『註釈民法理由　第三編債権篇』によりその一端を窺うことができる。

債権ナル語ハ源ヲ拉丁語ノオブリガシオ（obligatio.）ニ発ス拉丁語ニ所謂オブリガシオハ元来対人的権利及対人的義務ノ関係ヲ示スモノタリ〔羅馬ノインスチチュート法典ニオブリガシオトハ我国法ニ依リ吾人カ他人ニ対シテ或事ヲ為スヘキコトヲ強制セラル丶法律上ノ綱鎖（Vinculum juris.）ナリト〕而シテ此関係ヲ権利ノ側面ヨリ観察スルトキハ之ヲ債権（中略）ト云ヒ之ヲ義務ノ側面ヨリ観察スルトキハ之ヲ債務（中略）ト云フ本法ハ之ヲ権利ノ側面ヨリ観察シ本編ニ題スルニ債権ナル語ヲ以テシタリ故ニ之カ定義モ亦タ権利ノ側面ヨリ之ヲ下サ丶ルヲ得ス。（中略）債権ト云フトキハ当然一ノ法律的関係ヲ云ヒ表ハスモノナルヲ以テ特ニ義務ナル文字ヲ附加シ其受方ノ側面ヲモ表示スルノ必要ナク且ツ本法ニ於テハ自然義務ナルモノヲ認メサルヲ以テ亦タ特ニ義務ナル文字ヲ題目ニ掲クルノ必要ナケレハナリ又近世立法ノ趨勢ハ権利本位ニ傾クモノナルモノヲ以テオブリガシオ（obligatio.）ナル法律関係ノ権利ノ側面ヲ採リ本編ヲ題スルニ債権ナル名称ヲ以テスルコト適当ナレハナリ〔法典ヲ編纂スルニ権利ヲ以テ基礎トスヘキヤ将タ義務ヲ以テ標準トナス可キヤニ就テ学者ノ間其説一定セス（中略）然レトモ歴史上ヨリ之ヲ観察スレハ古代ニ在テハ法律ナルモノハ唯人民ノ服従義務ヲ規定シタルモノトシ従テ其法典ハ皆義務本位ニ依リタルモ近世ニ至リ法律ハ人民ノ権利ヲ保護スルモノナリトノ思想漸ク発達スルニ至リ法典編纂モ亦タ権利ヲ以テ本位トナスモノ多キニ至レリ〕(7)

このようにして、民法の立法者は、債権を本位として民法を構成するのか、あるいは、債務を本位として民法を構成するのかについて、理論上、確固とした根拠に基づき前者を採用したものでないことが看取される。しかも、その理由として、外国の法典編纂が権利を本位とするものが多くなってきたことを掲げている。しかしながら、契約関係につき先進国の法典編纂は、決して債権をもって本位としたものではなく、反対に、債務をもって本位としたのであって、この理由は事実に反する。

3　債務理論の正当性

以上説明したところから、債権を本位にした民法が正しいのか、債務を本位にした民法が正しいのかという問題について一応の決着を見た。

「債務の理論」は、社会の常識によって十分理解できるものである。また、取引の実際にも適合するばかりでなく、法理論として正義、衡平の理念にも一致する。

民法典は、契約の目的を債権の目的と解しているが、しかし、債務者の同意なしに契約の目的を債権者が一方的に決めることはできない。もしこのようなことが可能であるとするならば、債権者は、所有者の同意なしに一方的に他人の物の上に債権を取得することができるようになるからである。このような債権理論は、まさに、現代の打ち出の小槌である。このようにして、現行民法典は債権でもって民法制定の基本としているため、民法には大きな混乱が生じている。すなわち、現行民法典はカオス民法である。なぜならば、あるときは債権といい、あるときは債務といい、また、あるときには、債権と債務は同じであるというからである。このカオス民法は至るところでその弊害を撒き散らしている。

例えば、現在、法科大学院の学生のレベルが問題になっている。しかし、思うに、法科大学院は、正しい法と法律を学生に教えていない。なぜならば、法科大学院では債権民法を教えているからである。司法試験制度の改革は、すでに、昔からその必要性が叫ばれ、どれほど多くの改革がなされてきたかわからない。しかし、いずれも満足な結果は得られなかった。そして、最終的に、米国のシステムに従った法科大学院制度が発足したのである。しかし、これも、法律の中身を変えないで、すなわち、民法を債務法にしないで形式的な改正にとどまったため、十分な結果は得られていないようである。学生の質を問題にする前に、教えるほうの対応を考えるべきではなかろうか。

また、すでに裁判員制度も発足し、国民全部が司法の問題に参加することになった。裁判員制度は現在のところ重大な刑事事件に限られているが、それにしても、刑法問題が民法と関係を有する事件が起きることも十分考えられる。そうしたときに、債権民法の立場では正しい解決をすることができない。なぜならば、刑法はしてはならないことを禁止し、しなければならないことをするよう命じる法律で、義務違反を処罰する法律である。刑事事件の中で、債務が問題になってくると債務民法では両者を義務違反の問題として解決することができるが、債権の問題となると法律関係が交錯し論理的解決が不可能になる。

四　「債務の理論」による社会問題の分析と批判

それではここで、我々が当面するいくつかの社会問題について債務の理論で分析し、これらを批判し、その解決策を考えたい。

ところで、我々が現在当面する社会的諸問題は多岐にわたり、非常に多い。なぜならば今まで述べてきたように、民法は債務本位であるべきにもかかわらず債権本位となっていたため、多くの問題が看過されてきた。したがって差し当たって、債務によって解明されなかったいくつかの問題について光を当て、これを分析してみたい。

すなわち、「債務の理論」を用い、独占禁止法、公共事業のマル投げ、下請けに対するいじめ、出向、単身赴任、過労死、解雇の自由、「かんぽの宿」、労働者派遣契約、家屋賃貸借の更新料について、これら諸問題を分析しその問題点を明らかにする。

1　独占禁止法

昔から、法律を勉強している学生の間でも、また、法律家になって実際に法律問題に取り組んでいる実務家の間でも、独占禁止法（正式の名称は、「私的独占の禁止及び公正取引の確保に関する法律」）というと「難しい」「よくわからない」という声が聞こえた。

この声は実際に正しい。なぜならば、独占禁止法は敗戦後、米国指導の下で財閥を解体し、再び財閥が息を吹き返さないようにとの目的で立法されたからである。したがって、この法律は正しい法理論に基づかず、独占禁止法の禁止する行為を、私的独占、不当な取引制限、不公正な取引に限定したため、力がなかった。現在、旧財閥が復活してその力を見せつけていることを見ても、この法律の無力さが証明できる。

次に独占の意味を考えることにしたい。

(1)　紀伊國屋文左衛門

独占が悪いということはヨーロッパばかりでなく、日本でも古くから知られていた。

元禄時代、紀伊國屋文左衛門が、ある年の暮れに、紀州（和歌山県）から船にいっぱいみかんを積んで、暴風雨をついて江戸に向かって船を出した。それは、決死隊ともいうべき行いで、皆死を覚悟した船出であった。物の本によると、乗組員は皆、額の上に三角の白い布をつけていたということである。途中、非常に危険があったが、船は幸運にも無事江戸に着いた。時はちょうど年末で、江戸には正月用のみかんは一つもなかった。それで、文左衛門は、仲買人に法外な値段を吹っかけた。しかし、江戸の仲買人たちは文左衛門の申し出を断ることができなかった。なぜならば、文左衛門はみかんを独占していたからである。彼は、独占のお陰で巨利を博し、その後、豪商となるための資金を得た。文左衛門については、吉原で豪遊した話であるとか、俳句を嗜み俳人としてかなり知られた人物であるということが語られている。

(2)　公正取引委員会

かつて、独占禁止法の監督官庁は通産省であり、独占禁止法のお目付け役は公正取引委員会であった。そして、その委員長は大蔵省と通産省から交互に派遣されていた。したがって公正取引委員会は独立であるといっても名目だけで、実際は、委員長の出身母体である各省の意向を強く受けていた。このような事情の下で、独占禁止法の解釈と適用、そしてその運用が、国民の期待に沿うようなものであったと考えることは難しい。

(3)　独占禁止法と債務理論

独占禁止法は、難しい、わかりにくいといわれているが、それは現在の独占禁止法が「マネーの理論」によって正しく立法されていないからである。すなわち、法律は、私的独占、不当な取引制限、不公正な取引の三個の行為形態に分類し、これらを禁止することにした。したがって、これらの行為形態に属さない行為は違法ではなかった。しかし、この方法が法的に無力であったことは、先に述べたとおり、すでに財閥が復活していることを見てもわかるであろう。

そして、さらにもう一つ、難しい問題が存在する。独占禁止法に違反する行為はこの法律に違反するばかりでなく、民法上の不法行為を構成し、民法上の損害賠償責任が発生する。しかし、我が国の民法が債権民法であるため、独占禁止法に違反する契約についても契約によって発生するのは権利であって債務ではない。したがって、独占禁止法が違法な契約の結果といえども、発生した権利に対し介入することは非常に難しい。また、我が国では、公法と私法は相互に別々で違うという考えが一般的であるため、独占禁止法が民事上の契約に干渉できないという結論になる。したがって、独占禁止法に違反する行為は、この法律に定める課徴金の制裁を受けるだけで、民法上の損害賠償責任を負担することはない。

悪事を働く人々は、行政上の課徴金の制裁を受けるのみで、民事上の損害賠償責任を負担しないことをよく知っているため、独占禁止法違反事件は後を絶たないのである。

「債務の理論」によれば、例えば、不当な取引制限によって巨利を博した場合、独占禁止法の法規は、契約によって発生するのは債務であるから、債務者に対しその履行を禁止する命令が債務者に届き、そのため、契約は履行不能となり契約は無効になる。したがって、巨利の利益は不当利得を構成する。行政上の課徴金の制裁にとどまらず、民事上の責任が発生する。

2　公共事業のマル投げ

我が国では、戦後から今日まで、公共投資が行われてきた。それはケインズの理論に忠実であるばかりでなく、選挙対策としても非常に役に立った。しかし、一九七三年に始まった石油ショック以来、公共投資は、エネルギーとなる原油の価格が四倍になったため、不可能であるという意見が諸外国では有力になった。そして、各国はそれ以来、公共投資を控えるようになった。

ところが、我が国では、エネルギーの価格が何倍になっても気にしないで公共投資を続け、その結果、膨大な赤字大国になった。この公共投資については、我が国の一流のゼネコンが受注し、これを下請けにマル投げするということがよく知られている。このマル投げが、法律上、認められるのか、あるいは認められないのかという問題である。

債権理論に従えば、公共事業の発注者は、受注者に対し工事を施行するよう求める権利が発生する。また、受注者には、発注者に対し請負の工事代金を請求する権利が発生する。したがって、ここに公共事業の請負契約から発生したのは、工事を施工するための請求権であり、また、工事代金支払請求権である。

これを静かに観察すると、どこにも受注した工事を下請けにマル投げしてはならないという条項は存在しない。したがってマル投げは可能であるし、また実際に行われている。

この下請けには、また下請けがあって、孫請けと呼ばれている。下請けには五段階ほど下があり、現場で実際に仕事をするのは一番下の下請けで、また、実際に怪我をするのも、この一番下の下請けの従業員である。大企業は働かずして莫大な利益を挙げ、下請けは下に行くほど、働いても収入は少なくなる。しかし、このような制度でも、債権理論に従う限り違法ではない。我が国の債権民法の理論は大企業を保護する結果になっているのである。

それでは、債務理論によるとどうなるであろうか。債務理論では、契約によって債務が発生し、債務が発生するとそれに従って債権が発生する。債務が先で、債権が後である。

ゼネコンが公共工事を引き受けると、この契約は請負契約である。そうすると、発注者の側には工事を提供する債務が発生し、受注者であるゼネコンには、発注者に対し工事を実施する債務が発生する。そして受注者が、工事をするという債務を履行することによって、発注者に対する工事代金請求権が発生する。この場合、発注者と受注者は、契約によって発生した債務、すなわち、「法の鎖」に縛られることになるため、この工事を第三者である下請けにマル投げすることはできない。

このようにして、債権理論と債務理論とでは、ゼネコンの工事マル投げについて結論が大きく異なるのである。本書は「債務の理論」である。したがって、ゼネコンが受注工事を下請けにマル投げすることは許されないという結論になる。

3　下請けに対するいじめ

我が国の中小企業は、一部を除き、大抵は下請けである。最終の下請けは、非常に低い代金で働かされる。これを断わると、以後仕事を渡さないといって脅迫される。下請けは、きわめて安い代金で仕事をさせられ、仕事で怪我をして労災保険を受けるのも、この最も下の下請けの従業員である。また、さらに、金融危機などの不景気になると、先に仕事を失うのは下から順で、下請けである。

どうしてこのように格差があるのか、法律は平等であるというが、どこに平等があるのかという疑問が生まれる。この問題を考えるについて、契約とは何かを検討しなければならない。

まず、AとBという二人の人が、明日午後二時、東京駅の「銀の鈴」のところで会おうと約束したとき、権利が発生するのか、義務が発生するのか、という問題である。

権利を考える立場では、AはBに対し、明日午後二時、東京駅の「銀の鈴」に来るよう求める権利を取得する。また、同時に、BはAに対し、同様に、明日午後二時、東京駅の「銀の鈴」のところに来るよう請求する権利を取得する。しかし、これで二人は、会うことができるであろうか。

AまたはBが約束をしても、約束を守らないことがありうる。しかし、この場合、権利を行使して義務を履行しなくとも、義務違反にはならない。すなわち、約束した結果は権利の問題であって義務の問題ではないから、約束違反にはならないという。しかし、これではまったく、日常生活の常識に反する結果が生まれる。

これに対し、「債務の理論」では、契約によってAは、Bに対し、明日の二時に東京駅の「銀の鈴」に行く義務が発生し、Bは、Aに対し、同様に、明日二時に東京駅の「銀の鈴」に行く義務が発生すると考える。この場合は、二人は義務を履行し確実に会うことができる。法律上の契約は二当事者の合意という約束を含んでいる。したがって契約には義務が発生する。

次に、契約は合意だけで成立するか、という問題がある。合意だけで契約が成立するというのは日本民法である。しかも、合意によって債権が発生するという。しかし、このような簡単で粗野な契約が、はたして本当の法律上の契約ということができるのであろうか。

フランス法、ドイツ法、英米法では、契約は合意だけでは成立しないと考えられている。なぜならば、合意によって契約が成立したとしても、それが法律の保護を受けるには、さらに契約が法律上保護を受けるに値するものであるかが問われなければならない。したがって、フランス法では、契約には、合意のほか原因（cause）が必要である。原因とは、契約が法律によって保護を受けることができるような必要性である。同様に、アングロ・サクソン法では約因（consideration）が必要である。例えば、弟の娘に対する贈与は有効であるが、単なる友人の娘に対する贈与は約因がないとして無効とされる。

我が国の建設業界では下請けを使うことは非常に多い。ところで英米法では、請負契約が有効になるためには、工事の発注者と受注者の間に約因が必要である。この事情の下で、受注者が下請けを指名したとき、受注者と下請けとの間には約因が存在しない。したがって、下請け契約は無効である。

このようにして、フランス法も、ドイツ法も、英米法も、弱者を保護する法の精神は生かされている。しかし、我が民法は債権民法であるため弱者保護の規定は存在しない。つまり、民法を債務法に改正しない限り下請けへのいじめをなくすことはできないのである。

4 出向

次に、雇用の問題に関し、出向について研究したい。

出向とは、自社に籍を置きながら、他の会社で働くことである。知らない土地、自社と異なった知らない会社、知らない人々、そして、未知の仕事など、不安とストレスの原因になることが多い。会社の出向命令はこのような状況の下で発せられる。

債権法の下では、会社は、従業員に対し仕事をするよう請求する権利を有する。これに対し、従業員は、会社に対し、賃金を請求する権利を有する。この債権契約の下では、会社が従業員に対し、出向することを命じてはならないという規定はない。逆に、労使関係において、すべてを権利関係として処理するという債権関係では、会社が従業員に対し出向を命じる権利を行使したに過ぎない。したがって、会社の出向の命令は有効となる。

しかし、債務法の下では様子は一変する。会社は、従業員に対し仕事を提供する債務がある。また、従業員は会社に対し仕事を誠実に履行する債務を有する。この債務は、従業員の会社に対する債務であって、それ以外の第三者に対する債務ではない。会社が第三者である他の会社に行きそこで働くことを命じる出向の命令は、法的根拠がなく無効である。

5 単身赴任

東京の本店で働いていた本田さんは、妻と、二人の子供と一緒に家族四人で会社から電車で約一時間のところに住んでいた。長男には来年の三月、大学受験が待っていた。長女は私立の女子中学校に通学していて、二年後高校の受験をすることになっていた。

本田さんは年末に突然、九州の支店に赴任する命令を受けた。本田さんの住んでいる家はローンで建てた家であり、まだローンも残っている。このような状態で家族全員が九州に引っ越しすることはできない。そこで、本田さんは家族全員と相談して単身赴任することを決めた。

このようなわずか四人の小さい家族でも、住宅ローンの支払いや長男の大学受験や、長女の学校が私立であることとの事情により、家族全体が引っ越しをすることは非常に難しい。しかし、会社は、会社の経営戦略のため、本田さんの家庭の事情をまったく考えないで九州への赴任を命じたのである。本田さんは、実は、この命令を受けたくなかった。しかし、これを受けないと今後どのような結果になるかわからず、最悪、退社に追い込まれるのではないかということまで心配した。そして結局この命令を受諾した。

この問題は法律的にはどうなるであろうか。

裁判所は、この程度のことは我が国の社会通念として是認されるべきであると判断した。それで企業は裁判所の御墨付きをもらったため単身赴任は増える一方であった。

それではここで裁判所はどのような正しい判断をすべきであるかを考えたい。問題の核心は、夫婦には法律上同居義務があり、これに対し企業は業務命令と称して従業員に転勤命令を発令するとき、従業員は法律上、どちらに従わなければならないかということである。

これは民法第九〇条の適用の問題である。同条は、「公の秩序又は善良の風俗に反する事項を目的とする法律行為は無効とす」と規定している。有力な学者たちは、この規定を「公序良俗」に関する規定であると解している。しかし、公序良俗という文言はどこにも見られない。九〇条に規定されているのは「公の秩序」と「善良の風俗」である。

「公の秩序」といえば、それは一つの法律概念で直ちに理解することができる。すなわち、我が国の法秩序を維持するに必要な法規の全体という意味である。例えば、憲法は、日本国の法秩序を構成するための最も基本的な法規で、公の秩序を維持するための法規であるといえる。行政法規も、刑法法規も、ここにいう公の秩序を維持するための法規である。

民法の中にも民法の法律制度を維持するために絶対に譲ることのできない一群の強行法規が存在する。例えば、二〇歳をもって成年とするという類である。法律婚主義もそうである。

そして、今ここで問題になっているのは、憲法の「住居選択の自由」と民法の「夫婦の同居・扶助の義務」である。

憲法第二二条一項は「何人も、公共の福祉に反しない限り、居住、移転及び職業選択の自由を有する」と定めている。したがってこの規定は公の秩序に関する規定である。

民法第七五二条は、「夫婦は同居し、互いに協力し扶助しなければならない」と定めている。この規定は、婚姻の効果として我が国の婚姻制度を維持するための最も重要な規定の一つである。したがってこの規定も、会社が一方的にこれを無視することができない。

このようにして、単身赴任の職務命令は右に述べた憲法と民法の規定に反するのではないかと考えられる。

ところで、債権を基本とする債権民法では、会社と従業員の間の雇用契約について権利のみを考えるため、会社は従業員に対し「働け」という命令権があり、従業員は会社に対し賃金支払請求権を有する。したがって、会社が従業員に対し転勤命令を出しても、この転勤命令は、「働け」という命令に付随したものであると考えることも可能である。債権民法の下では転勤命令の違法性を議論することは困難である。

それでは、債務民法の下ではどうなるであろうか。会社は仕事を提供し、かつ賃金を支払う債務がある。これに対し、従業員は仕事をする債務がある。会社は仕事を提供し賃金を支払うから、従業員に対し仕事をするよう求める請求権が発生し、従業員は、仕事をしなければならないという債務を履行して会社に対し賃金支払請求権を取得する。

このようにして、会社は、仕事を提供するとき、それに付随して従業員の健康と安全を維持するための債務を負担する。会社の従業員は債務民法のほうがよりよく健康と安全を保護される。

転勤命令であるが、従業員が家族と離れて生活するということは、従業員の健康と安全について、会社側の義務の履行が完全でないばかりか、このような転勤命令の結果、従業員が単身赴任をしている間に、未知の土地で慣れない生活をし、健康を害し、また異性の問題が発生したりして家庭崩壊の危機が発生する可能性も否定できない。

しかも、憲法は、住居選択の自由を規定し、この規定は強行法規で、何人も契約その他の理由によりこれに反する行為を強制されることは許されない。また、民法の定める夫婦の同居・相互扶助の義務は、民法の婚姻制度を維持するための強行法規であるから、これを変更させるような行為をすることはできない。

今、会社が転勤命令を発したが、従業員がこれを受諾しなかった場合、会社の転勤命令は無効となる。なぜならば、会社の転勤命令は、前記憲法の定める住居選択の自由を基本的人権として定める条項、すなわち公の秩序を定める規定に違反するばかりでなく、民法の定める夫婦の同居義務、相互扶助の義務を定める規定、すなわち、公の秩序を定める条項に違反するからである。

会社の業務命令というと、いかにも重要に響き、会社本位の人々の目には、そのように見えるかもしれないが、しかし、法律の目では、いかに会社が大きくとも、それは私的会社内での出来事で、国の全体の法秩序と比較すると、この命令は非常に些細なものである。したがって、この些細な業務命令のために国家の法秩序を揺るがせるようなことがあってはならない。公の秩序に反する業務命令は、会社の業務命令の違法ばかりが見えて無効であるといわざるを得ない。

6 過労死

二〇〇八年に過労死をした会社の従業員の数は二〇〇名を超えた。これは労災と認定された人の数であって、実際に過労死をしたと思われる人々を含むと、この数字はもっと多くなるに違いない。人々は生きていくために働くのであるが、生きるために働く人が過労死で死ぬということはまったく矛盾した話で、心は重い。

過労死の原因は明瞭である。労働時間は八時間であると定めた法律が守られていないという証拠である。このようにして過労死が多くなってくると、それは個人の問題ではなく、社会の労働条件の問題であり、制度の問題である。すなわち、個人の尊厳を害するような労働の制度になっているということである。

一カ月の残業の時間が八〇時間を超え、その結果、過労死した人の話がある。また、大学を出たばかりの女性が、人々の役に立ちたいと思い看護師となり病院に勤務することになったが、勤務は非常に忙しくて、休憩もなく休みもなかった。一年後、この女性は、交通事故の患者を乗せた救急車に自分も乗り込み患者を搬送する途中で気を失い病院に運ばれ、ついに息を引き取ったということである（前記）。このような痛ましい事故が次々と起こっている。

しかし、政府は労災保険で金を出すだけで、その防止策をとることはしない。会社で働いている人々は会社の命令に忠実で、反対することはなく、また、議論することもない。ほとんどの人が、唯々諾々と会社の命令に従うというのが現実である。これは、日本人の世界に誇る特質であるかもしれない。

しかし、これからは裁判員制度の時代である。我々は、どのような問題についても、議論をする習慣をつけなければならない。そして議論をしているうちに次第に正しいことが見えてくるのである。我々は議論を通じて正義、衡平、理性を学ばなければならないし、また、学ぶことができるのである。我々がこのような習慣を持っていれば、過労死のいくらかは救うことができたであろう。

現在のような労働の制度が、実に労働者に不利に作られ、その中に不利に組み込まれているときは、過労死を防ぐことは非常に難しい。実際に過労死をした人のそのときの労働環境を考えてみると、わかるであろう。先に述べた、二三歳の短い一生を終えた看護師の父親は、テレビ取材で、涙も流さないでつくづくと「娘は仕事の選択を誤ったのかもしれません」といった。これは、娘の勤務していた病院を責めることもなく、また、社会を責めることもなく、「娘の仕事の選択が間違っていた」といって娘の責任にしたのである。こんな悲しいことが世の中にあるのだろうか。

我々がここで静かに考えてみるに、労働している人々を守る制度が現実に存在するのかという疑問が湧いてくる。

法律はどうか。法律は債権民法で、債権民法は、債権を保護することを目的とする法律で、大企業が有利で、小さい存在の中小企業、個人はきわめて不利である。

また労働に関していうと、労働者を保護するということは権利の問題ではなく義務の問題である。我々は一つの社会の中で共同に生活している。我々は、共同の目的である共同善を目指して生活しなければならない。そのためには助け合いが必要である。法律的な言葉を使うと、それは「連帯」という言葉である。今の時代には連帯がどうしても必要である。そして、労働者を保護しなければならないという考えは連帯の思想から出てくるのである。連帯は義務である。債権民法からは連帯の思想は出てこない。それは、債務の民法から出てくるのである。したがって、働く人たちを守るには債務民法でなければならない。

労働組合は働く人たちを守ってくれるであろうか。日本は企業別労働組合であるから多くを期待できない。また企業別労働組合の場合、会社の社員であることが労働組合員になるための条件であるため、社員が会社を解雇されると、自動的に労働組合員の資格を失うという仕組みになっている。したがって、社員が不当解雇されたときでも一応社員は組合員の資格を失うため、労働組合がこの不当解雇を争うとき、一応、社員でなくなった者のために争うことになり、その争いは非常に力の抜けたものとなるのは当然のことである。

フランスでは、労働組合の理念は連帯である。この連帯の思想はフランスばかりでなく、ヨーロッパ全体の思想である。

ポーランドの全国的組織の労働組合の名称は「連帯」である。かつては、その連帯の議長はワレサ氏であった。ワレサ氏は、後に一時、ポーランドの大統領になったこともあり、また、ノーベル平和賞を受賞した。

今から約四〇年前の一九六八年五月、フランスで二一日間のゼネスト（五月革命といわれている）が行われた。デモ隊が至るところでデモ行進をしていた。ある日、大きなデモ隊が、大通りで交通整理のため止まっていた。そこに、三〇歳くらいの女性が近づいていき、こう尋ねた。「あなたたちは、どうしてデモをしているのか」と。すると、デモ隊の中の一人がこう答えた。「我々の会社のボスも悪く、また政府も悪いため、我々の賃金がなかなか上がらず生活が苦しいから、こうしてデモをしているのだ」と。すると、その女性は「よくわかった。私もあなた方の考えが正しいと思うから、中に入れてくれないか」と頼んだ。デモ隊の一人はすぐに彼女の入る場所を空け、女性はデモ隊に加わり行進していった。このようにして、連帯は開かれた思想で、したがって、フランスでは、市民の共感を得られるといくらでもデモの参加者が増えることになる。

しかし、我が国では、このようなことを期待することは難しいであろう。我が国では、労働組合が無力のため、労働組合が政府に対し、労働者の労働条件の改善を求めることを期待するのは困難であろう。

労働者の労働条件の改善は、直接的には各地に存在している労動基準監督局の権限であり、また義務である。しかし、我々の知る限りでは、労働基準監督局は、過労死の認定はしても、過労死の発生した職場の労働条件を調べその改善を図ったということも、また、図ろうとしているということも聞いたことはない。市民団体は、政府に対し、過労死の発生した会社名を公表するよう求めているが、いまだに何らの回答もない。

それでは、どうすればよいか。それは、自分自身で自分を守るということである。先にも述べたが、労働は、生活するのに必要な物資を購入するためである。また、仕事に貴賤はないというのも、人々が生きるという問題はすべての人々に共通だからである。したがって、人は、自分の命を落とすまで働くよう要求されていないということを、十分理解すべきである。

7　解雇の自由

終戦直後からしばらくは、労働者といえば、通常、正社員ばかりで、これらの人々はすべて終身雇用であった。このため、労働市場というようなものはなく、労使関係は非常に固定されたものであった。したがって、このような労働社会の下では、社員を解雇するということは非常に限定されたものであった。

しかし、いつ頃からか、おそらく、社会党の党首が自民党と連立して内閣総理大臣の地位に就き、また、党首経験者が、衆議院の議長になった頃からではないかと思われるのであるが、企業はリストラということで社員を自由に解雇することができるようになった。

この解雇の自由は現在でも続いている。なぜならば、二〇〇八年の末、世界の金融危機が日本を襲ったとき、我が国の大企業は、次々と社員のリストラ計画を発表した。その概要は次のとおりである。

まず名乗りを上げたのはキヤノンであった。同社の御手洗冨士夫会長がまず最初に、大分県国東市と杵築市に所在する工場で働く一二〇〇人の非正規社員の首を切った。御手洗氏は、同時に、経団連の会長でもあり、全国的に知られた経営者である。したがって、経団連の会長が自社の派遣労働者の首を切ったため、他の会社もこれに倣い、次々と派遣社員の首切りが続出した。

二〇〇八年一二月一六日になると、地元の杵築市が乏しい財政の中からこれら解雇された労働者を最長一カ月間臨時職員として雇用することを決めた。一人当たりの平均収入は月額一一万円で、事業費は約二〇〇〇万円と見られた。

同年同月同日、ソニーも人員削減計画を発表した。それによると、世界で正社員八〇〇〇人を含む一万六〇〇〇人以上を削減し、工場だけでなく、設計や電機部門全体を対象にするというものであった。ソニーの中鉢良治社長は「リストラに聖域はない」といっていた。

同日、ヤマハ発動機も、二輪車などの需要が激減したため、非正規社員三〇〇人の削減を明らかにした。

同年同月一七日、岩崎電気は、翌年二〇〇九年から順次、グループ企業を含めた派遣社員の約三割に当たる一五〇人を削減することを決めた。

同年同月一八日、本田技研工業社長福井威夫氏は都内で会見し、「日を追うごとに状況は悪化して回復の兆しがまったく見えない」と述べ、厳しい表情を見せた。また、生産見通しとして、二〇〇九年三月までに国内の自動車工場三拠点（子会社を含む）で追加減産を五万四〇〇〇台とし、追加減産に伴う期間従業員四五〇人を削減することになった。

同日、日産自動車も、二〇〇九年三月までに国内で七万八〇〇〇台を追加減産すると発表し、減産で日産本体の非正規社員五〇〇人を順次削減し、最終的にはゼロにするというものであった。

同年同月二二日、トヨタ自動車は二〇〇九年三月期の業績予想を下方修正し、前期は最高の利益を挙げたにもかかわらず、今期は戦後初の赤字になると発表した。営業利益二兆円を誇っていたトヨタ自動車が赤字に転落したことで、日本だけでなく世界中の国々が金融危機に襲われていることがわかる。そして、米国の新聞ニューヨーク・タイムズ電子版が「トヨタでさえ赤字」と報じた。トヨタも他の企業と同様に、役員の賞与の支給は見送られ、一一月末の時点で四七〇〇人いた期間従業員を三月末までに三〇〇〇人に削減することを発表した。

その他、TDKで派遣社員一〇〇〇人、村田製作所は派遣の七割に当たる八〇〇人、ロームは正社員一〇〇〇人、アルプス電気は宮城県の工場で派遣の請負従業員四〇〇人以上を減らす方針を固めた。

同年同月二五日のクリスマスには、赤字会社九〇社のリストが発表された。そして、翌二六日には「非情リストラ七〇社」のリストまで報じられた。

このようにして世界の金融危機は日本のすべての企業を直撃し、その結果、膨大な数の従業員が暮れの寒空の下に放り出された。

二〇〇八年一二月三一日から二〇〇九年一月五日まで、複数のNPOと労働組合の実行委員会が東京都千代田区日比谷公園内に、派遣切りで住まいと仕事を失った労働者の避難所をつくった。ところが、実行委員会の予定していた数の約二倍近い労働者が詰めかけ、一時、パンク状態になった。そして、二日午後六時には三〇四人に達した。そこで、近くにある厚生労働省は同日、省内の講堂の緊急開放に踏み切った。労働者たちは、午後一〇時半頃までに実行委員会から支給された毛布などを持って庁舎に出かけた。この日比谷公園に開かれた派遣村には村長も事務局長もいて、その様子は終日テレビで放映され、日本中の話題になった。

このような切羽詰まったとき、切羽詰まらない人が切羽詰った人を批判するという事件が起きた。切羽詰まってない人というのは坂本哲志総務政務官（当時）で、五日、東京の日比谷公園内に設置された年越し派遣村を回り、「本当にまじめに働こうとしている人たちが集まっているのか」と発言した。これを聞いた人々もメディアも憤慨して、大騒ぎになった。

こうして、派遣切りなどで仕事と住居を失った五〇〇人が集まった日比谷公園の「年越派遣村」が五日閉村となった。短い期間、ここで村長を務めた湯浅誠氏は、学生時代からボランティア活動をし、また、ホームレス救済のため自らＮＰＯを設立し、今までに一〇〇〇件以上の生活保護の申請に立ち会ってきたという人である。

翌六日、坂本総務政務官は総務省内で記者会見を開き、五日の発言を撤回し謝罪した。坂本氏は「多くの皆様にご不快とご迷惑をおかけした。発言を撤回させていただき、関係者に深くお詫びを申し上げたい」と頭を下げた。彼らの仲間の中に、このようなレベルの人が多数いるのは誠に遺憾である。

二〇〇九年の元旦は経済危機の先が見えず、暗い元旦であった。

ところが、米国で新しいことがついに起きた。オバマ大統領の誕生である。一月二〇日の就任演説で、四七歳のバラク・オバマ氏は「今日から米国の再生に取りかかる」と声高らかに宣言した。オバマ氏は、その演説の全文の中で、少なくとも二回、人間の尊厳について述べておられる。

確かに、人間の存在が無視されてきた。カネを持たないものは虫けら同然である。あるファンドの主宰者が「金を儲けてどうして悪いのか」といったように、人々の尊厳はまったく無視されてきた。このような悪習を一掃しなければならない。

我が国で、人間の尊厳に言及したのは民主党前党首である鳩山由紀夫氏である。鳩山由紀夫氏は、岡田氏を対立候補として党首を争う選挙に先立ち自分の意見を述べた。その中で、人間の尊厳の回復を訴え、また、その後行われた都議選で候補を応援し、「コンクリートとカネの社会」を批判した。

このようにして、二〇〇八年末から始まった世界的な金融危機を原因とする我が国の労働者の雇用の不安定が発生したときに、我が国の多くの著名な経営者の方々のとった態度は、まさに人間の尊厳に反するものであった。そして、これらの人々が、危機の発生の直後に労働者、特に派遣労働者に対してとった態度は血も涙もないものであった。

今回の危機で、経営者たちの労働者たちに対する態度を見ると、労働者の地位がまったく守られていないことがわかる。なぜならば、彼らは、危機の発生と同時に、間髪をいれず労働者の解雇の人数を発表した。彼らが労働者の数を自由に減らせるということもわかった。このようにして企業が派遣労働者の解雇リストを作成したということは、彼らが確実にこれら労働者を解雇することができると確信しているからであり、また確実に労働者を解雇することができるという事実が存在する。すなわち、我が国では、派遣労働者の解雇は自由であるということである。

また、派遣労働者でなく、正社員についても、企業は巧妙な手段で、時には希望退職という方法をとり、また、時には肩たたきという方法をとることもある。また、さらに経営者が、ボーナスの返還であるとか、給料の減額という方法で社員の給料の圧縮を図り、退職を余儀なくされる従業員も少なくない。

ここで、再び我々の問題である債権と債務について考えてみよう。

債権民法の下では、労使関係について、企業は労働者に対し仕事をするよう請求する債権を有し、労働者はこれに対し企業に賃金の請求権を有するということになる。このような債権民法では、企業に対し労働者の雇用を維持することは何一つ要求されていない。企業は、労働者に働くことを命令する権利を有するのであるが、この権利は権利であるがゆえに放棄することができる。企業がこの権利を放棄したときは、つまり、解雇ということである。

これに対し、債務民法の下では、債権は債務より生ずるという前記ドイツ民法第二四一条の規定を思い出さなければならない。そうすると、労使関係の法律関係は次のとおりである。

すなわち、企業は、従業員に対し仕事を提供する債務があり、この債務から企業は従業員に対し命令する債権を取得する。したがって、債務は企業と従業員の間の法律関係で、この債務を容易に破ることはできない。しかも、雇用関係は労働者の生活がかかっている。なおさらである。

したがって、労働関係を終了させるには相当の理由の存在が必要である。なぜならば、それは義務を終了することだからである。さらに、「債務の理論」によれば、企業が従業員に対し健康、衛生、危険、さらに、福祉に対し配慮する義務が発生する。そして、従業員についていえば、企業に対し信義誠実の原則に従い誠実に義務を遂行しなければならない。そして、そうすることにより企業に対し賃金請求権を取得する。

　このように考えていくと債務理論のほうが、はるかに、債権理論よりも企業の従業員を手厚く保護することになる。

8 「かんぽの宿」

「かんぽの宿」の問題は、現在の我が国の政治、経済、法律など、すべての問題を含んでいる。

(1)　郵便制度の発祥から郵政民営化まで

近代郵便制度は一八七一（明治四）年四月、前島密の手によってスタートした。前島は、明治政府から英国に派遣され、郵便制度を学んで帰朝した。

　彼が最も感心したのは、「全国一律の料金制度」であった。そして、日本全国に「郵便取扱所」を設置し、従来行われていた飛脚制度を新しい制度に組み入れ、また、人的問題の解決方法としては全国各地に散らばっていた名主を新しくできた郵便取扱所の責任者とし、一日の賃金を米五合と決めた。名主たちは新しい制度に貢献できることに誇りを感じ、進んで前島の案に協力した。その後、郵便制度は順調に発展してきたが、途中を省略し二〇〇一年からの推移について述べたい。

二〇〇一年一月一六日　　郵便、貯金、簡保の各事業が郵便事業庁に統括される。
二〇〇三年四月一日　　国が特殊法人「日本郵政公社」を設置し、総務省より独立した。

二〇〇四年一〇月一四日　日本政府は米国政府から「要望書」で簡保の民営化を求められる。
二〇〇五年七月五日　衆議院にて郵政民営化法案小差で可決。
二〇〇五年八月八日　参議院にて同法案否決。小泉首相、民意を問うといって同日衆議院解散（世上、郵政解散といわれる）。民営化に反対した議員は公認を得られなかった。また、反対した議員が立候補した選挙区には、いわゆる刺客候補を立てた。
二〇〇五年九月一一日　衆議院議員総選挙。与党が圧勝した。
二〇〇七年一〇月一日　日本郵政グループとして民営化された。このグループは、次の五社から構成されている。1、日本郵政株式会社、2、郵便事業株式会社、3、株式会社ゆうちょ銀行、4、郵便局株式会社、5、株式会社かんぽ生命保険。

この結果、逓信病院と宿泊施設（「かんぽの宿」）は日本郵政の所有となった。

(2)　「かんぽの宿」の売却

「かんぽの宿」は、旧日本郵政公社の管轄であった簡易生命保険の加入者の保険料を使って建設された福祉施設で、全国に七〇の施設があるが、これに社宅の九施設が加わり、合計で七九の施設がある。これらの福祉施設はいずれも有名観光地ないしはその近接したところあって、立地条件は非常に恵まれている。また、社宅はいずれも首都圏に存在している。

しかし、年間四〇億円もの赤字となるその経営は批判され、二〇一二年までに廃止・売却処分されることが決まっている。そこで、日本郵政株式会社は、二〇〇八年暮れに、これらの施設を一括してオリックス不動産株式会社に一〇九億円で売却すると決定した。これに対し、監督官庁である総務省の鳩山邦夫総務大臣（当時）は取引価格が安すぎるということで異議を述べた。

それでは、どのくらい安いということであろうか。今回明らかになった七九の施設の簿価価格であるが、日本郵政は二〇〇八年九月末時点で一二三億円としていたが、個別の金額については公表を拒んでいた。その後、二〇〇九年六月五日、それぞれの簿価が判明した。それによると、最高がさいたま新都心の地上一五階建ての温泉つきホテル「ラフレさいたま」の約一五億六〇〇〇万円で、最低は「かんぽの宿三ヶ根」の五〇〇万円であった。

また、日本郵政公社時代にも同様に一括売却されたことがあった。鳥取県にあった「鳥取岩井簡易保険保養センター」は一二億円の建設費がかけられて完成した物件であるが、二〇〇七年三月、一万円で売却され、その後、六〇〇〇万円で転売されていたことがわかっている。

同様に、鹿児島県指宿市にある「指宿簡易保険保養センター」は、土地面積一万九四四二平方メートルの土地に温泉がついている施設で、これも一万円で売却された。この施設のその後の経過であるが、転売価格は不明であるが、現在は「指宿温泉こらんの湯　錦紅楼」という和風旅館に生まれ変わっている。料金は一泊二食付きで九八五〇円からで、露天風呂のついた部屋もある。

総務省は、「かんぽの宿」の一部と社宅の計二一の施設を、独自に実施した不動産鑑定評価額が一四八億円であると発表した。これを基本にしてオリックス不動産に譲渡する七〇施設の物件を評価してみると、これらの評価額は二五〇億円に達すると見られている。また、固定資産税の評価額は簿価の七倍で、八五六億円である。ところが、民主党が行った独自の調査によると、七〇の宿泊・保養施設「かんぽの宿」の土地代と建設費の合計額が計二四〇〇億円に上っていることが判明した。また、日本郵政の発表によっても、用地取得費は二九五億円、建設費は二一〇七億円で、この合計は二四〇二億円となり、民主党の調査結果と一致している。

それでは、なぜ簿価がそんなに低くなったのであろうか。その理由を明らかにしたい。

簿価の価格は、一年間の収益性の低下を資産価値に反映させる「減損処理」をした結果である。日本郵政公社は、二四〇〇億円をかけて取得した資産について減損処理をした結果、簿価は二〇分の一になったというのである。そして、特に二〇〇三年から二〇〇六年にかけて、合計一三〇〇億円の減損処理がなされたとの話もある。

このような事情の下で、鳩山邦夫総務大臣が「かんぽの宿」の売買価格が低すぎると異議を述べたのである。鳩山総務大臣は東京大学法学部を卒業し、政界に入ってからは、安倍改造内閣と福田内閣では法務大臣の地位にあった。大臣は法に厳格な方と見えて、それまでの法務大臣が躊躇していた死刑の案件をいくらか処理したので、マスコミが騒いだこともあった。この事件も、大臣の正義感から起きたことではないかと考えられる。現に、大臣が記者に向かって、「このような売買は正義に反する」といっていたようである。そして、日本郵政株式会社の社長西川善文氏を役所に呼び、事情を聴取した。西川社長は一月二九日、オリックス不動産への譲渡を一時凍結し、譲渡方法を検討することにした。

そして、二〇〇九年六月三日、白紙になったオリックス不動産株式会社に対する「かんぽの宿」の売却問題について、日本郵政に対し、手続きが不明確で売却価格が不当に安いということを理由に業務改善命令を出すとともに、六月末までに報告するよう命令した。また、社長の任期が六月に終了するのを受けて、再任を認めない旨の見解を表明した。

日本郵政の西川社長は、参議院総務委員会の郵政問題に関する集中審議で、任期が切れる六月末以降も続投したい旨の意欲を改めて示した。これに対し、鳩山総務大臣は法の権限を行使し不認可の態度を明らかにした。西川氏は、総務大臣が認可しなかった場合についてはは法に従うまでだと述べた。

麻生首相は、当初、西川社長の続投について、これを認可しない方針のようであったが、小泉元首相、竹中平蔵元財務大臣の意向もあって、結局、西川社長の続投が決まり、鳩山総務大臣は、二〇〇九年六月一二日、辞任に追い込まれたと聞いている。この事件は、監督する側が辞任し、監督される側が続投することになったということである。

そして、このような結果になったのは、鳩山大臣が西川社長に対し、法律による許認可権を行使して行政命令を出したのに対し、西川社長は、麻生首相をはじめ、小泉、竹中の郵政民営化を推進した人々の後押しによる力の対決となったということであり、「かんぽの宿」の一括譲渡が法律上有効であるか否か、また、何をもって譲渡価格が高い安いということができるのかを明確にしたことはなかった。

したがって、次に、これらの問題を解決するために、「価格と法律」について述べることにしたい。

(3)　価格と法律

価格の問題を考えることは非常に重要である。なぜならば、売買行為は毎日、至るところで、いかなる時でも、すべての人々との間で行われている。毎日の食料品の購入はもちろんのこと、車のリースをしたり、アパートを借りたり、マンションを買ったりして人々は生活している。また、労働者の賃金も、正規労働者であるか非正規労働者であるかを問わずマネーで評価され、決定される。企業の商行為も売買が非常に多く、その代金はマネーで決められる。物を買うと価格が問題になり、物を借りると賃料が問題になり、建築業者に建物の建築を頼むと請負代金が問題になる。

ところで、本件では「かんぽの宿」の売買価格が異常に安いという問題である。それでは、この価格が安いということは､何に比較して安すぎるということか明確にしなければならない。したがって、まず、価格とは何かということ、すなわち、定義を明確にして、その上で基準になる価格を見つけ、そして、価格が安い高いということを議論するのが正当な方法であろう。

①価格の定義

それでは、まず、価格の定義から始めよう。

旧貨幣法はその第二条で、「純金ノ量目七五〇ミリグラムヲ以テ価格ノ単位ト為シ之ヲ円ト称ス」と規定している。この規定によれば、通貨の単位は円で、円の内容は純金七五〇ミリグラムということである。すなわち、円は純金の価値と結びついていて、この通貨制度は金本位制ということである。そして、円は価格の単位であるから、物の価格は円の数でもって表示される。一冊、一〇〇〇円の本を買うとき、この価格は円の単位一〇〇〇個ということである。

それでは、どのようにして価格が決定されるのであろうか。

まず、マネーの法的な役割を思い出していただきたい。それは、価格決定の評価手段であること、債務支払いの支払い手段であること、そして、価値を含む財産であること、である。

そして、ここでは、マネーの第一の法的な役割である価格決定の手段であるということが重要である。マネーで物の価格が決まるということであるが、これを最初に発見したのは、フランスの政治学者であるジャン・ボダンである（前記）。彼は、物資の量が一定で、マネーの量が二倍になれば、物価は二倍になるというルールを発見した。

この考えは、アダム・スミスに引き継がれている。彼は、物の価格は、需要と供給によって決まるといった。そして、ここで、需要とはマネーの量で、供給とは物の量である。すなわち、物の価格は、需要と供給の法則に従って決定されるというのである。

ヨーロッパでは、ローマ法以来、価格とは何であるかということが議論されてきた。そして、そのためには三つの条件が必要であるとされている。

1　価格は決定されていること

2　明瞭であること

3　正当であること

このうち、1と2は容易に認められたが、3については多くの意見があり、まとまらなかった。しかし、現代では独占禁止法が存在している。独占禁止法の役割は、社会の中で、取引が正当な価格でなされなければならないということを前提にし、不公正な取引、不当な取引制限、私的独占、ダンピングを禁止している。商品に過大な賞品をつけるのが違法であるというのも、賞品をつけることによって正当な価格が害されるからである。現代の法社会は、すべての取引が正当な価格でなければならないことを要求している。

したがって、我が国では、公共事業の工事の入札について一円というような、まじめな人には理解できないような入札が行われているが、ヨーロッパではこのようなことはありえない。また、二〇〇九年一月一三日付の朝日新聞によると、公営火葬場から出る遺灰の業務、すなわち遺灰の搬出から埋葬までの業務を公開入札にしたところ、静岡、浜松、広島などの自治体でゼロ円入札、一円入札が相次いだという。いくら遺灰の中に貴金属があるといっても、これらは入札価格ではない。このようにして、我々の健全な常識を超えたところでいろいろなことが行われているのである。

②正当な価格と「かんぽの宿」

我々は、現代の法社会の中では売買の価格は正当でなければならないという結論に到達した。

ところで、「かんぽの宿」の売買行為には法的観点から見た場合、二つの問題がある。一つは、「かんぽの宿」七九の施設を一括して売却することが法的に有効か否かという問題である。他の一つは、「かんぽの宿」の売買価格が正当な価格でなされたか否かという問題である。

まず、一括して売買したかどうかという問題であるが、契約書を見ていないため、必ずしも正確な結論に至るかどうかいささか気になるが、新聞報道などでは「一括売買」と明瞭に記載されている。したがって、それぞれの施設について価格がつけられていなかったということである。

複数の不動産を売買する場合、売買代金額が一括して決められているが、それぞれの不動産について価格が決定されていない場合には、価格が決定されていないということができる。したがって、入札のとき各個の施設について売買価格の決定がないため、民法上この売買契約は無効である。不動産鑑定士協会でも、不動産の一括鑑定をしてはならないと常日頃から会員に対し切に戒めているところである。したがって、鳩山邦夫総務大臣も、「かんぽの宿」の譲渡契約書を検討し、売買代金が各施設に決められていないことがわかった段階で、この譲渡契約は民法上無効であるということもできたかもしれない。

次に、売買代金の高い低いの問題であるが、債権法によれば、売買によって売主は代金請求権を取得し、買主は物の引渡請求権を取得するというのである。したがって、この場合、売主の持っている代金請求権と買主の持っている物の引渡請求権とはそれぞれ独立で、両者の間には法的な牽連関係はない。したがって、七九の施設を一括して一〇九億円で売却しても何ら問題は発生しない。すなわち、債権法の下では、売買代金が高いか低いかという議論をする法的根拠は存在しない。

これに対し、債務法の下では局面はまったく異なる。我々は、ここで、ドイツ民法典第二四一条の規定を思い出したい。この規定は、債権は債務関係の結果であるというのである。すなわち、債権の前に債務がなければならないということである。

例えば車を一〇〇万円で売買する契約は次のような結果になる。車の売主は、車を相手に引き渡す債務を負担し、この債務を履行することによって買主に対する代金を請求する権利を取得する。したがって、ここに債務と債権の対価関係が存在する。同様に、車の買主は、代金債務を履行することによって売主に対する車の引渡請求権を取得する。この場合にも、買主の債務と買主が取得する請求権との間には対価関係があり、売買代金額が高い低いを検討することが可能となる。換言すれば、売主も、買主も、それぞれ、自分の懐から出るものと、自分の懐に入ってくる物の価値の比較ができるからである。

「かんぽの宿」に関する七九の施設の売買契約は、建設費が二四〇〇億円であったのを一括してわずか一〇九億円で売却したのであるから、この売買代金は正当な価格を害しているといわなければならない。なぜならば、正当な価格とは、だれの目から見ても納得のいく価格でなければならないからである。本件の「かんぽの宿」の売買価格は、その一部の転売価格を見ても正常ではない。

9　労働者派遣契約

派遣契約は、派遣労働者と派遣会社との契約であるが、派遣労働者は、いわゆる非正規労働者に属するために、まず非正規労働者一般について説明してから派遣労働者の派遣契約について述べることにしたい。

(1)　非正規労働者の差別

労働者に正規労働者と非正規労働者の差別が存在するようであるが、このような差別をしてよいのであろうか。労働問題の文献、論説、記事を読んでいると、やたらに非正規労働者という言葉が目に入ってくる。しかし、このようなカテゴリーをだれが考えたのか理解できない。正規労働者は優遇され、非正規労移動者は優遇されないというのであれば、それは差別である。人々は、かかる重要な問題を放置し、しばしば些細な問題を議論しているように見える。しかしこれは改めたほうがよいのではないか。憲法は労働者の平等を保障している。

まず、労働契約法であるが、すでに第Ⅰ部第四章で英国の白人奉公人契約に関し述べたとおり、労働契約は労働者にとって非常に不利である。

我が国の労働契約法第三条一項には、「労働契約は、労働者及び使用者が対等の立場における合意に基づいて締結し、又は変更すべきものとする」と定められているが、労働者と使用者が対等の立場に立つということ自体、不可能なことである。これはユートピアの国の話である。また、労働契約では福祉の問題は全然出てこない。これだけでも労働者にとって非常に不利である。労働者を保護する立場の厚生労働省がこのような法案を作成したとは到底考えられない。

(2)　パートについて

働く人の都合で一日数時間働くというパート制度は、働く側にとっても使用者側にとっても必要な制度であると考えられる。必要なときに必要なだけ働くという制度は良いことである。しかし、実際は、正規労働者の仕事をするにもかかわらず、これをパートとして安い賃金で働かせ、社会保険の恩恵を受けることができないようにしている。これは許されない。

したがって、パートも、それが長期化するときは正規労働者として扱うべきである。パート契約に期間を設け、それが二回もしくは三回になると正規労働者としての契約に切り替えるべきである。

(3)　残業

我が国の労働者のすべてが経験したことであるが、我が国では残業が多すぎる。雇用契約も労働基準法も労働基準監督局もあり、労働時間も限定されているにもかかわらず残業が多い。これは、結局、だれも法律を守らないからである。何のために契約があり、何のために法律があるというのだろうか。それから、残業手当が支払われないことが多い。人々は自嘲気味に「サービス残業」といっている。残業代請求権は労働者の権利であるが、それ以前に使用者の支払わなければならない義務である（権利は義務から生まれる）。したがって、使用者は請求がなくとも残業代を労働者に支払わなければならない。

また、コンビニエンス・ストアは一般に、二四時間経営のところが多い。したがって、店長の残業代が巨額に上ることがある。そこで企業の側が考えた。店長を名目上の経営者として残業代を支払わないというシステムである。しかし、店長は現場で働き、経営者としての仕事をしていない。経営者でない者を経営者にすることはできない。もし、残業代を支払うことができないというのであれば、営業時間を短縮するしか方法がない。

(4)　労働者派遣契約

労働者派遣法（正式の名称は「労働者派遣事業の適正な運営の確保及び派遣労働者の就業条件の整備等に関する法律」である）が初めて制定されたのは一九八五年（昭和六〇年）である。それ以後、改正に改正を重ね、二〇〇七（平成一九）年の改正まで実に一三回の改正を経てきた。そして、改正されるたびに企業の要求を入れ、労働者の立場は次第に悪くなっていった。なぜならば、この法律は、そのタイトルを見てもわかるように、労働者派遣事業者のための法律で、労働者のための法律ではないからである。

我が国は、一九九九（平成一一）年、ＩＬＯ条約が採択されると、いち早くこの条約を批准し、従来施行されてきた労働者派遣法と職業安定法を見直し、新たに、派遣対象業務の自由化という方向で労働者派遣法の適用の範囲を拡大し、製造業にも労働者の派遣ができるようになった。

次にいささか重複するが、労働者の派遣について述べたい。

労働者派遣法の最も重要な問題は「労働者派遣」の定義である。それは、第二条の第一項に次のとおり規定されている。

　自己の雇用する労働者を、当該雇用関係の下に、かつ、他人の指揮命令を受けて、当該他人のために労働に従事させることをいい、当該他人に対し当該労働者を当該他人に雇用させることを約してするものを含まないものとする。

この規定をよく見ると、事業者の立場ばかり規定されていて、労働者の立場はまったく規定されていないことがわかる。すなわち、一方的規定である。労働者派遣法は事業者のための一方的規定によって構成されているのである。これだけ見てもこの法律が労働者にとって不利であることは明らかである。

次にこの法律を考えるについても、ここでも再び債権と債務の問題が出てくるのである。すなわち、債権を本位として考えると、「自己の雇用する労働者」ということで雇用関係が出てくるのであるが、この雇用関係から発生する債権は、事業者にとっては労働者に対し働くよう求め、指揮・監督する権利であり、労働者にとっては賃金支払請求権である。したがって、事業者は、右法文に規定してあるとおり、自己の雇用する労働者を当該雇用関係の下で、かつ、他人の指揮命令を受けて当該他人のために労働に従事されることができるのである。したがって、労働者派遣法の「労働者派遣」の定義は、債権民法に従っているということができる。

これに対し、債務民法の下ではどうなるであろうか。まず、「自己の雇用する労働者」という部分であるが、この雇用関係は事業者と労働者の雇用関係を指すものと思われる。したがって、事業者と労働者が雇用契約によって雇用関係が発生した場合、債務法の下では、事業者は労働者に対し仕事を提供する債務を負担し、この債務から労働者に対する指揮命令権が発生するのである。

同様に、労働者にとって、雇用関係から発生する債務は、労働者が提供された仕事を誠実に履行することで、その債務を履行することによって事業者に対する賃金請求権を取得するという法律関係である。そして、事業者と労働者の雇用関係から発生する債務は「法の鎖」であって、契約の両当事者を拘束する。したがって、この債務から発生する債権の効力の及ぶ範囲は契約の当事者間に限られる。すなわち、事業者は労働者に対しては指揮命令権はあるが、他人のところに行って働くよう求めることはできない。

まして、他人が、雇用という法律関係なしに労働者に対し指揮命令権を取得することはできない。

なぜならば、他人は労働者に対し法律上何らの債務も負担していない。何らの債務もないところからいかなる債権（指揮命令権）も発生しないからである。

二〇〇八年末に発生した世界的規模の金融危機は、極端な円高ドル安とともに我が国の輸出産業を直撃し、我が国の雇用に重大な危機を招いた。そして、その年の暮れには、すでに述べたところであるが、東京・日比谷公園の中に「派遣村」ができた。

ところで、民主党の代表であった小沢一郎氏の子息も派遣労働者であるということを聞いている。また、高級官僚の子息が派遣労働者であるということもある。これらの人々は、自分の息子の派遣の仕事を見て、みな憤慨している。なぜか。あまりにもひどいからである。二〇〇九年一月九日付「日刊ゲンダイ」には、「厚生省　高級官僚の反乱」という見出しで、「派遣法は間違っていた」という記事が載っていた。厚生労働省の広島労働局の落合淳一局長は、連合広島主催の旗開きに出席し、その挨拶で見直し論が噴出している労働者派遣法について「（改正を）止められず申し訳なかった」と陳謝したのである。発言のあったのは六日、四〇〇人の出席者を前に来賓の挨拶に立った落合局長は、派遣切りの温床とされる製造業への労働者派遣が認められた二〇〇四年の改正派遣法に触れ、「もともと問題があると思っていた。だれかが職を辞してでも止められなかったことを謝りたい」と持論を展開した。

このようにして債務民法の立場（欧米諸国の民法はこれである）では、我が国の労働者派遣法の定めるような派遣労働者は存在することができない。現に、麻生内閣の一員であった当時の厚生労働大臣舛添要一氏は、「個人的には、製造業にまで派遣労働を適用するのはいかがかと思う」といった。

派遣労働契約は、債務法の下ではもちろんのこと、常識で考えても到底容認できない制度であるということができる。

10 家屋賃貸借の更新料

法律の世界で最近議論になっているテーマの一つとして、賃貸借契約の更新料が有効か無効かということがある。

中でもしばしば問題になるのは、一軒家、マンション、アパートなどの居住用の建物の賃貸借に関し、二年間の契約期間終了のとき、新たに賃貸借契約を続けるには賃借人は契約の更新の際更新料を支払わなければならないかということである。

我が国の居住用の建物賃貸借契約には、ほとんどの場合、更新料支払いの条項が記載されていて、更新料契約の効力の問題は全国民的な問題となっている。しかも、家主は、更新料を支払わない借主に対し訴訟を起こすことも少なくなく、また借主も、すでに支払った更新料の返還訴訟を提起することも少なくない。このようにして、更新料の問題は、「更新料」が法律に記載されていないため、無用の混乱を引き起こしているのである。しかし、この問題の重要性にもかかわらず、ある裁判所はこれを有効と解し、また、他の裁判所はこれを無効であると解し、裁判所の見解は分かれている。学者も明確に自己の意見を明らかにしていないようで、さらに実務家である弁護士も、家主の側につく弁護士グループと借主の側につく弁護士グループに分かれ、更新料に関しては混乱の極みにあるということができよう。

この問題は、債権法を否定し債務法を主張している本書の立場と密接な関係を有する。したがって、次に更新料の特約を有効とする裁判所の見解を検討し、さらにこれを無効とする裁判所の見解を検討し、そして、これら両見解を批判した後に本書の見解を述べる。

(1)　更新料を有効とする裁判所の見解

大阪高等裁判所民事第一四部平成二一年一〇月二九日判決

(第一審、大津地方裁判所平成二一年三月二七日判決)

①事件の内容

1　賃貸借契約

賃借人は、平成一二年一一月、家主より共同住宅の一室を次の条件で賃借した。

賃料月額　五万二〇〇〇円

共益費月額　二〇〇〇円

賃貸期間　二年間

更新料　旧賃料の二カ月分（双方から異議のないとき自動更新）

2　礼金　二〇万円

3　更新料の支払い

平成一四年一一月　一〇万四〇〇〇円

平成一六年一一月　一〇万四〇〇〇円

平成一八年一一月　　　　　　　五万二〇〇〇円（合意による）

4　賃借人の不服

更新料特約が消費者契約法一〇条または民法九〇条に反し無効であると主張し、不当利得としてすでに支払った更新料合計金二六万円の返還を求めた。

5　消費者契約法一〇条

「民法、商法その他の法律の公の秩序に関しない規定の適用による場合に比し、消費者の権利を制限し又は消費者の義務を加重する消費契約の条項であって、民法第一条第二項に規定する基本原則に反して消費者の利益を一方的に害するものは、無効とする」

6　民法九〇条

「公の秩序又は善良の風俗に反する事項を目的とする法律行為は無効とする」

②大津地方裁判所平成二一年三月二七日判決（第一審）の判断は次のとおりである。

1　更新料は賃料の一部前払い。

裁判所は、更新料は賃料の一部前払いであり賃借人もこれを認識していたという。

2　賃借人は他の物件を借りることができたであろう。

3　賃貸人は自己に有利な条項を一方的に賃借人に押し付けたということはできない。

4　したがって、更新料特約は信義則に反することなく、また、前記一〇条後段に反することなく無効ではないとして訴えを棄却した。

賃借人はこれに対し控訴した。

③大阪高等裁判所民事第一四部（前記）は次のとおり判断をして、控訴を退けた。

1　消費者契約法一〇条前段につき

本件では、更新料契約は賃借人に負担を与えるものであり、同法一〇条前段に該当する。

2　同法一〇条後段につき

したがって、同条後段に該当するか否かを検討しなければならないとし、次のとおり判断した。

イ　賃貸人が賃貸借契約を締結するにあたり、賃借人に対し、賃貸借契約期間の長さに応じた賃借設定の対価の支払いを求めようとすることには一定の必要性と合理性が認められ、法的に許されないものでもない。

ロ　更新料は礼金よりも低い額であるから、新たな契約をするよりも賃借人に有利である。

ハ　仮に本件更新料を事実上の賃料として計算するならば、これを月額の賃料に加算して計算した月額賃料と、これを加算しない賃料の月額との差額は一カ月当たり五〇〇〇円未満であり、この額をもって賃貸人が知識の乏しい賃借人を誘引して本件賃貸借契約を締結させたとは認められない。

よって、賃借人である控訴人が、信義則に反する程度にまで一方的に不利益を受けていたということはできない。

3　民法九〇条につき（暴利行為の主張）

賃借人である控訴人が、本件賃貸借契約を締結した当時、二四歳の会社員であったことを併せ考えれば、本件更新料支払条項が控訴人の無知あるいは錯誤等に乗じて設定されたものとは到底認められないところ、前記判示のとおり、本件更新料の趣旨及び金額（特に礼金及び月額賃料の比較）等に照らせば、本件更新料支払条項によって賃借人である控訴人が信義則に反する程度に一方的な不利益を受けることになるものではないから、本件更新料支払条項が暴利行為に該当するものと認める余地はなく、民法九〇条に反して無効であるということはできない。

この大阪高等裁判所民事第一四部の判決は、更新契約により、賃貸人は更新料支払請求権を取得するという債権法の立場に立ち、この更新料請求権が有効であるか否かを検討していることは明らかである。

しかし、裁判所は、最初の段階で大きな過ちを犯した。

それは、裁判所が本件更新料請求権の効力を検討するに際し、本件更新料契約が通常の任意契約と比較して賃借人により重い負担を与えるとして単純に消費者契約法一〇条前段を適用しているが、しかし、問題の核心は、このような負担を賃借人に加重することが許されるか否かということである。加重することに法律上の理由があれば加重は許される。しかし、正当な理由のないとき加重は許されない。すなわち、裁判所は、違法な加重であれば、その段階で更新料契約を無効とすべきである。またそれが適法な加重であるとするならば、次に信義則に反するか否かの判断に進むべきである。裁判所がこのような検討を経ることなく、単純にこのような加重は許されるとして、進んで同法一〇条後段の規定の適用を検討したのは、裁判に理由不備の違法があるといわなければならない。

次に、裁判所は、同法一〇条後段の適用につき、「長期間の契約に関して期間に応じた更新料契約は合理的である」というが、本件は期間二年の契約で、長期の契約ではない。また、裁判所の判示はすでに結論を予想していて不当である。

　さらに、裁判所は、礼金二〇万円と更新料一〇万四〇〇〇円を比較し、更新料契約は賃借人にとって有利であるという。しかし、法律は礼金と更新料金額の比較を明示していない。法律によらない判断である。

　また、仮に更新料を賃料の前払いとしてこれを賃料に加算して計算すると、賃料の月額が五〇〇〇円弱高くなるというが、仮の事実を裁判の資料にすることは許されない。

　裁判所の判示は、法律上の根拠と論理を欠き不当である。

(2)　更新料を無効とする裁判所の見解
大阪高等裁判所民事第二部平成二一年八月二七日判決
①事実
賃貸人（被控訴人）、賃借人（控訴人）
家賃　一カ月四万五〇〇〇円（共益費、水道代を含む）
期間　約一年（平成一二年八月一五日から平成一三年八月三〇日）（以後一年更新）
礼金　六万円
更新料　一〇万円
更新料の支払い
　平成一三年八月三日頃　一〇万円

平成一四年九月二五日　一〇万円
平成一五年八月頃　一〇万円
平成一六年八月九日　一〇万円
平成一七年八月四日　一〇万円

②控訴人（一審原告）は、一審の京都地方裁判所で敗訴したため、その判決に対し大阪高等裁判所に控訴した。

1　控訴人の主張

本件更新料約定は消費者契約法一〇条、民法九〇条により無効である。

イ　更新拒絶権放棄の対価ではない。
ロ　賃借権強化の対価ではない。
ハ　賃料の補充ではない。

2　被控訴人の主張

控訴人の主張をすべて争う。

③裁判所の判断

1　更新拒絶権放棄の対価ではない。

賃貸人は、賃料収入を期待して契約を締結しているため、建て替えが目論まれる場合など頻度の少ない例外的事態を除けばそもそも更新拒絶をすることは想定しにくく、賃借人も、更新拒絶のありうることを予測していないのが普通の事態であるというべきである。

2　賃借権強化の対価にはならない。
本件賃貸借契約は、期間一年という借家法上最短であり、解約の申し入れは大幅に制限されている。したがって更新料は賃貸借強化の対価にならない。

3　賃料補充の性質を有しない。
更新料は一定しているが賃料は増減して変動する。したがって、更新料は賃料と連動していない。また、更新料をもって借地借家法上の賃料ということはできない。

4　本件更新料約定は、賃借人に任意法規より加重な負担を与えるもので消費者契約法一〇条前段に該当する。

5　消費者契約法一〇条後段について
この条項は、信義則に反し消費者の利益を一方的に害する約定を無効にするというものである。

本件では、契約期間は一年で、更新料は一〇万円、賃料は四万五〇〇〇円で、賃料に比較して更新料は割高である。また、賃料を比較的低く抑える意図があったと推認できる。さらに、控訴人と被控訴人の間には情報収集能力に大きな違いがあったといえる。そして、さらに、その他事情を考慮するとき、本件更新料約定は消費者契約法一〇条後段に照らし無効というべきである。


このようにして我が国の法社会では、更新料契約の効力を巡り有効説と無効説が対立していることがわかる。

ところで、いずれの見解も、更新契約により家主に更新料請求権という権利の発生を認め、この債権の存在を巡り有効、無効の議論を進めるものである。

しかし、この方法では、いったん成立した債権を無効にすることはなかなか難しい。

また、裁判所がその債権の効力を判断するために、法理論によるのではなく、更新料契約にまつわる諸事情を総合して判断するという方法をとっているのである。そのため、裁判所が判断の素材に用いる資料の範囲は事件ごとに異なり、今回引用した大阪高等裁判所の場合のように、民事第一四部と民事第二部が、同一裁判所内でありながら、それぞれ異なる結果に到達してもやむをえないのである。

(3)　本書の見解

ところで、本書の見解であるが、本書の債務法の立場から本件更新料契約の効力を考えるとき、これに対する答えは難しいものではない。なぜならば、本書の見解は法理論によるものであるからである。

そして、本書の見解を振り返ってみて「債務の理論」に従って考えると、更新料契約によって債務が発生し、この発生した債務から債権が発生する。したがって、家主の有する更新料請求権は、その前提として債権の発生に必要な債務の存在が必要となる。しかるに本件では、家主の債務について何一つ言及されていない。すなわち、それは、更新料請求権の発生に必要な債務が存在しないからである。

このように考えると、更新料契約は、賃貸人にのみ有利な契約で、賃借人には何ももたらさない。前記消費者契約法一〇条に規定する「消費者の利益を一方的に害するもの」ということは、事業者には何らの負担を与えないで消費者のみが負担を負うということで、衡平の精神に反するということである。

本書の「債務の理論」によれば、更新料請求権を有するという家主は、自己が賃借人に負担している債務を明らかにすべきであり、自己の債務を立証できない家主は、更新料請求権を有するということはできない。

（1）*Corpus Juris Civilis, Institutiones*, Liber III, TIT. 13. <http://upmf-grenoble.fr/Haiti/Cours/Ak/Corpus/just3.gr.htm>

（2）cf. Karl Kroeschell , *Deutsche Rechtsgeschichte, Band 1: Bis 1250* ,12 Aufl, Köln : Böhlau Verlag, 2005, pp.31-32.

（3）Ranulf de Glanville, *The treatise on the laws and customs of the realm of England commonly called Glanvill*, G. D. G. Hall, M. T. Clanchy (eds.) Oxford : Clarendon Press, 2002, p.129.

（4）Bracton, *De legibus et consuetudinibus Angliae*, Harvard Law School Library, Bracton Online, Latin, Vol. 2, p.283 <http://hlsl5.law.harvard.edu/bracton/Unframed/Latin/v2/283.htm>

（5）*Ibid.*

（6）椿寿夫・右近健男編『ドイツ債権法総論』（日本評論社、一九八八年）四頁。

（7）岡松参太郎『註釈民法理由　第三編　債権編』富井政章校閲（有斐閣書房、一八九七年）一—八頁。

第七章　結　論

第Ⅱ部「法と雇用」では、本書のテーマである「尊厳」について説明しなければならなかった。また、債権法を採用する民法の下では独占禁止法も無力になり、公共事業のマル投げ、下請けへのいじめ、出向、単身赴任、解雇の自由、「かんぽの宿」、労働者派遣契約、更新料契約などは全体的に認められ、過労死は放置されてきた。しかし、債務法の下では、これらの問題は明白に認めらないという結果が出た。

したがって、債権法の民法が正しいのか、それとも、本書の提案する債務法が正しいのかという問題が提出された。

この問題に答えるため、「法とは何か」という法の根本問題を考えることが必要になり、このためかなりのページをそれに費やした。

次に、人間の尊厳とは何かということである。そして、実際にこれを調べてみると非常に難しい問題であることがわかった。なぜならば、それは哲学に関するからである。

それで「尊厳」という言葉の語源をたどると、究極はギリシャ語の「デコマイ（δέχομαι）」であることがわかった。すなわち、「非常に喜んで受け取る」という意味が語源である。

しかし、憲法に関しては人間の尊厳を守るべきであるにもかかわらずこれに反することが少なくないため、「一票の格差」をはじめ幾つかの事例について説明した。

そして、「民法と雇用」についてはかなり詳しく説明した。

ここで述べたことを要約すると、「正義は債務の中にあり」、そして、「債権は債務から生じる」ということである。

結び

本書の第Ⅰ部「経済と労働」において、人々は、労働によってマネーを取得し、取得したマネーで必要な物資を手に入れることがわかった。したがって労働とは何かということを考え、また、マネーの意味と役割を考えるようになった。

そして、労働とは何かということを考えるとき、ヨーロッパにおける古代ギリシャ・古代ローマの奴隷制度に言及することを避けることはできなかった。

古代ギリシャと古代ローマにおける奴隷制度を考えるとき、一般の市民が奴隷を必要とし、奴隷たちがこれらの文明を支え、そして、文明の発展に寄与していたことがわかった。そして、我々はそこから人間を道具として使ってはならないという教訓を得た。

コロンブスのアメリカ大陸の発見に続いて、ヨーロッパの人々は、続々と新大陸に出かけた。その結果、最も利益を挙げる方法として三角貿易が始まった。

「経済」という言葉は古代ギリシャにもあった。しかし、これは家内の経済で、国の経済ではなかった。そして、近代的な経済学が誕生したのは、我々が考えるよりももっと後の時代であった。

本書では、世界的に著名な四人の経済学者の見解を検討し、労働とマネーの関係を知ることができた。そして、当然のことながら、銀行制度の発展とともにマネー自体の研究も進んだ。

我が国では近年までマネーの研究はタブーであった。筆者はパリ大学に留学したときマネーの研究が認められ、お陰で我が国に「マネーの理論」を持ち帰ることができた。

そして、「マネーの理論」という鏡で我が国の社会を照らしてみると、そこには多くの手付かずの分野、隠された分野が現れ、これらはいずれも国民生活に密着した重要な問題ばかりであった。

それればかりではない。マネーの研究がなぜ禁止されていたのか、その理由もわかった。それは為政者が困るからである。マネーにまつわる悪い政治がなされたとき、それが白日の下に晒されるからである。

筆者は、この鏡を用い我が国のマネー政策の暗い部分に光を当て、かなりの部分を明らかにすることができた。

輸出立国がそれで、商品を輸出しインフレを輸入する。高物価で国民生活を圧迫し、国民を貧困と格差社会に導く。

ローンがマネーを創造することもわかった。銀行は顧客にローンを与え、顧客の口座に貸与する金額を記帳する。すなわち、記帳マネーの創造である。この記帳マネーは銀行取引社会を流通し、銀行はさらにこの記帳マネーを元に貸し出しをすることができる。このマネーの創造は、銀行その他の限られた金融機関にのみ与えられた特権である。

経済学者マルクスは労働の剰余価値を発見し、経済学に大きな影響を与えた。しかし、「マネーの理論」で我が国の会社の実体を考え金銭の動きを見るとき、そこに、さらにもう一つの新たな剰余価値のあることがわかった。

我が国では、設備投資はいくらかの例外を除き銀行からの借り入れでまかなわれる。この借金はだれが払ったかというと、それは従業員である。従業員はいつの間にか知らない間に会社の借金を支払ってきた。この設備投資の支払いに充てられる労働力を、筆者は「新しい剰余価値」と呼ぶのである。

金融ビッグバンもグローバリゼーションも、一九世紀の経済理論であるレッセ・フェールの現代版であることがわかった。国は十分な準備もなしに不用意にこれらを導入し、多くの会社が倒産し、多くの人々が仕事を失った。

そして、最後に消費税の問題が控えている。現在行われている消費税率に段階を設けないまま一〇パーセントの税率にすると、低所得者は年間一カ月分以上の給与所得を失う。大きな問題であることを指摘したい。

本書の第Ⅱ部「法と雇用」では、研究方法として「債務の理論」が用いられた。この理論は、筆者がパリ大学に留学していた際、債務法であるフランス民法と債権法である日本民法を比較研究する機会があり、このときに発見したものである。

それで筆者は、日本の民法の第三編「債権」が正しいか否かというきわめて深刻な問題に直面した。そのため、本書ではこの困難を克服するために「法とは何か」という法の根本問題の検討から出発しなければならなかった。また、法は正義であり、正義でないものは法ではないという結論に達した。そして債務法小史という長い回り道をして、民法は債務法でなければならないという結論に到達した。したがって、「債務の理論」は正義の理論である。

かくして債務法は、次の二つの命題を含んでいる。

契約によって債務が発生する。

債権は債務から生じる。

先に述べたイタリア中世の著名な法律家イルネリウスは、「契約の履行が強制されるのは、契約の中に正義という滋養分が含まれているからである」と述べているが、本書に述べた右の見解はこのイルネリウスの見解に一致している。

このようにして、債務法には正義があるが、債権法には果たして正義があるのかという問題が出てくる。それで我が国の法曹界の実務を見てみると、人々は、あるときには債権といい、あるときには債務といい、またあるときには債権と債務は等しいといっている。したがってこのような債権法の下では正義は存在しない。また、論理的に考えても債務法には正義があるが、これを否定する反対の立場にある債権法には正義はないということができる。

そして、終わりに、第六章の四節「『債務の理論』による社会問題の分析と批判」において、債権法の下で認められているいくらかの法律問題を取り上げ、「債務法の理論」で批判した。その結果、これらの問題はすべて債務法の下では認められないことがわかった。

最後に、最近問題になっている更新料請求権について述べた。筆者はこのため、従来の判例を調査したところ、更新料請求権を認める判例の流れとこれを認めない判例の流れがあるが、これらの裁判に共通なことは、実にいろいろな事情を考慮しており、そして判決の理由が数ページにも亙り長いということである。

更新料請求権は、更新料契約から発生した一定の金額の支払いを求める請求権、すなわち債権である。このようにして債権法によれば多くの事情を考慮するため裁判に時間がかかる。そして、裁判の勝敗も予測することが困難で、裁判がいい渡されるまでわからない。

これに対し、「債務の理論」によれば三、四行で結論が出る。すなわち、

家主の更新料請求権は債権であるからこの債権は家主の負担する債務から生まれる。しかるに本件では更新料請求権に関する家主の債務は存在しないため、家主の更新料請求権も発生しない。したがって、家主の求める更新料請求権は不存在で家主の請求権は棄却される。

このようにして「債権は債務より生まれる」という債務法の理論により、正しくしかも迅速に裁判の結論が出る。正しい法律は債務法にあるということを理解していただきたい。

そして、結語として次の二点を政府に要望するとともに、条件が整えば国会に請願したい。

一、マネーの研究を促進するため、大学の法学部にマネーの講座を開設し、さらに、国家的事業として国際レベルのマネーの研究所を設けること。その研究の成果として、将来日本の円が国際的な基軸通貨として認められるであろう。

二、「法の鎖のない現行の債権民法」を改め、「法の鎖のある債務民法」とする。この改正により債務法に正義が戻り、国民が財産に関する真の自由と平等を享受することができるであろう。

完

謝　辞

晩年になって本書が出版されるこの時に心に浮かぶことは、過去のことばかりで未来のことは少ない。筆者をパリに呼んでくださったパリ大学国際私法教授アンリ・バチフォル先生とシュザンヌ・バチフォル奥様の大きくて本当に深いご恩を忘れることはできない。ここに改めてお二方に深甚の敬意と感謝の意を表し、ご冥福をお祈りするとともに、この小著をお二方に捧げることを許していただきたい。

また、筆者が現在ここにあるのは、実に多くの人々の厚意と温かい援助の賜物で、幸運の女神に導かれてきたような気がする。そして、いま、思いがけない幸福感が筆者の体を包んでくれている。

筆者が長い人生の間にこれらの人々から受けた厚意と温かい援助は計り知れない。多くの人はすでに他界され、筆者が受けたこれらの厚意と援助をこれらの人々にお返しすることができないのは痛恨の極みである。これからどれだけのことができるかわからないが、命のある限り思索を続け、執筆したいと考えている。

そして、末筆ながら、丸善プラネット株式会社の編集部の方々、特に、水越真一氏、公文美保氏に心から感謝とお礼の気持ちを申し上げたい。

索　引

あ　行

か　行

さ　行

た　行

な　行

は　行

ま　行

や　行

ら 行

わ

a，b，c…

著者略歴

牧 瀬 義 博（まきせ・よしひろ）

弁護士。法学博士（パリ大学）。

1930年、大阪府生まれ。1955年、東京大学法学部卒業。1962年、弁護士登録。1967年、フランス政府給費留学生としてパリ大学法経済学部に留学し、現地にてフランス弁護士と共同で弁護士業務にも携わる。1975年、同大学法学部より法学博士（Doctorat d'Université de Paris）の学位を受ける。同年帰国し、以後、日本で弁護士業務を行う。1982～88年、東京家庭裁判所調停委員。1988～92年、日本弁護士連合会国際交流委員会委員。日仏法学会会員、日本国際経済法学会会員、日仏ギリシャ・ローマ学会会員。

著書に、『通貨の法律原理』（1991年）、『新しい民法』（1992年）、『マネーと日本の進路』（1993年）、『新しい手形・小切手法』（2004年）（以上、いずれも信山社）がある。

人間の尊厳と労働

二〇一〇年一一月三〇日　初版発行

著作者　牧 瀬 義 博

発行所　丸善プラネット株式会社
〒一四〇―〇〇〇二
東京都品川区東品川四―一三―一四
電話（〇三）五七八一―〇七二二
http://planet.maruzen.co.jp/

発売所　丸善株式会社出版事業部
〒一四〇―〇〇〇二
東京都品川区東品川四―一三―一四
電話（〇三）六三六七―六〇三八
http://pub.maruzen.co.jp/

組版　ソフト・エス・アイ株式会社
印刷・製本　富士美術印刷株式会社

ISBN978-4-86345-059-2 C3032